KB158704

대박식당
사장들의

돈이 되는 전략

이 책의 정보 및 상황은 2022년 상반기가 기준입니다.
'돼지갈빗집'이 표준어이나 통상적 사용을 고려하여 '돼지갈비집'으로 표기하였습니다.

억대 월매출 식당에는 특별한 무기가 있다

대박식당 사장들의

돈이 되는 전략

박노진, 이완성, 이문규 지음 | 홍승완 기획

행성B

3장 대담: 대박식당 사장에게 배우는 경영 노하우

2부
외식경영 Q&A, 대박식당에게 묻는다

1장 창업 전에 준비할 것들

2장 창업 후에 명심해야 할 것들

3장 성장하는 식당을 위한 노하우

대박식당을 꿈꾸는
식당 경영자들과 예비창업자들에게

코로나19 이후 세상은 너무나 많이 변했습니다. 특히 외부환경의 변화에 취약한 우리 외식업은 엄청난 변화를 겪어야 했지요. 정부의 지원정책은 언제나 그렇듯이 너무 부족했고 규제는 온몸으로 다 겪어야 했습니다. 밥장사하는 게 죄라면 죄가 되는 지금의 상황이 답답하고 화도 납니다. 당장 인건비가 높아진 건 그렇다고 쳐도 사람 구하는 일이 제일 힘들어요. '마실'을 운영해왔던 지난 20년 동안 지금처럼 직원 구하기 힘들었던 적은 없었습니다.

주방 직원 한 명이 빠져나간 자리를 메우느라 거의 두 달 동안 저와 아내, 그리고 딸까지 돌아가면서 생고생을 해야만 했지요. 코로나로 인해 외국인 노동자들이 자국으로 돌아가 각종 산업체와 농수산업, 외식업 어디 할 것 없이 인력난에 시달리는 상황입니다. 사람 문제부터 해결하지 않으면 앞으로 식당하기 힘들 것 같습니다.

우크라이나 전쟁이 촉발한 전 세계 물가상승은 우리네 밥상에 영향을 미치는 것은 물론 외식업계의 전체적인 가격 인상까지 불러왔습니다. 식용유, 밀가루, 수산물, 수입고기뿐만 아니라 국내 농산물과 여러 식재료가 천정부지로 오르고 있습니다. 환율, 유가, 물가에 이어 은행의 대출이자도 올라 소상공인들에게 더욱 힘든 날들이 계속되고 있습니다. 그러다 보니 당장 음식 가격 올리기에는 좋은 핑곗거리일지 몰라도 길게 보면 좋은 상황이 전혀 아니죠.

코로나 사태가 한창일 때 무수히 많은 식당이 문을 닫았습니다. 그래서 일간에서는 앞으로 외식업에 뛰어드는 사람들이 많이 줄어들 거라 예측하는 전문가들도 있었습니다. 그러나 코로나가 기승을 부린 지난 수년 동안 배달외식업은 기존의 외식업을 뒤흔들 정도로 엄청나게 성장했지요. 게다가 큰 규모의 음식점들은 줄었지만 한두 명이 운영하는 작은 식당들이 알게 모르게 많이 오픈했답니다. 전체 외식사업자는 코로나 전보다 더 늘었으면 늘었지 줄지는 않았을 것으로 보입니다. 이건 무슨 말이냐 하면 다시 경쟁이 치열해진다는 뜻입니다.

지금 당장이야 코로나 보복 소비로 인해 여기저기 손님들이 쏟아져 나오니까 장사가 잘되는 것처럼 보이지만 조만간 다시 부익부빈익빈으로 돌아갈 겁니다. 장사가 잘되는 곳은 여전히 잘되겠지만 안 되는 곳은 다시 곡소리 나게 힘들어질 거란 거죠. 벌써부터 그렇게 잘된다던 대형 베이커리 카페들이 어려워지기 시작했다는 소식이 들립니다. 배달외식업도 전보다 주문량이 눈에 띄게 줄고 배달비가 높아져 수익 내기가 쉽지 않다고 합니다.

반면에 고객들의 다양한 이해와 요구들이 외식 트렌드에 영향을 미쳐 누구든지 영리하게 연구하고 열심히 노력하면 성장할 기회가 많아진 점은 긍정적인 요인이기도 합니다. 가령 한우 오마카세를 비롯해 고가의 음식점들이 특유의 자기 색깔을 내세우면서 손님몰이에 나서고 있습니다. 고깃집도 지난 몇 년간 생고기 위주에서 양념고기가 새로운 트렌드로 부상하고 있더군요. 돈가스, 스시 위주의 단품 음식들도 개성을 내세우는 비스트로(작은 식당) 트렌드가 주도하는 쪽으로 가고 있습니다. 또 한식도 변화에 유연하게 적응해서 유의미한 결과를 내고 있는 식당들이 많습니다. 대표적으로 '강민주의들밥', '대산보리밥', '산으로 간 고등어' 같은 식당들인데 조금 가벼우면서도 편안한 한끼를 제공해서 손님들로 연일 만석에 웨이팅을 기록하고 있지요. 저희 마실같이 무거운 음식을 제공하는 한정식집조차도 변하려고 노력하고 있습니다.

　위기는 기회를 부른다고 합니다. 기회는 성장과 발전의 출발점입니다. 준비된 식당은 엄청난 성장의 시간을 맞을 겁니다. 그러려면 어떻게 해야 하냐고요? 한 마디로 공부해야 합니다. 이젠 내 식당에서 일하는 경험만으론 턱도 없습니다. 적어도 하루 한 시간은 책을 읽거나 식당 경영에 대해 깊이 생각하는 시간을 가져야 합니다. 일주일에 한 번은 벤치마킹을 다녀야 하며, 한 달에 한 번은 외식인 네트워킹에 참여해 돌아가는 트렌드를 이해해야 됩니다.

　망하는 음식점들의 공통점 중 하나가 처음 오픈할 때 메뉴를 폐업할 때까지 판다는 겁니다. 뭘 바꿔야 하는지, 손님들이 어떤 음식을 먹고 싶어 하는지, 우리 가게 스토리를 어떻게 만들어야 손님들이 찾아올지 고민하고, 공부하고, 벤치마킹하면서 외부 전문가들과 교류하지 않으니 수억을 투자해 시작한 인생 2막이 힘들어지고 결국 폐업하는 상황에까지 이르게 되는 겁니다. 어렵고 힘든 국면에서도 극복할 방법은 많습니다. 함께 고민하고 공부하고 노력하면 3년을 버티기 어렵다는 외식업계에서도 꾸준히 성장할 수 있습니다.

이 책은 '리얼'입니다. 남의 것을 베낀 것도 아니고, 들은 이야기도 아니고, 짜깁기한 것도 아닙니다. 유학파 양식 셰프로 네 번의 실패를 딛고 대박집을 일군 '대산보리밥'의 이문규 대표와 30년간 수제 돼지갈비와 냉면에 집중하여 일가를 이룬 '오동추야'의 이완성 대표는 매일 식당에 나가 장사하는 장사꾼입니다. 고객이 소리치면 그 소리를 직접 듣는 식당 주인이며, 현장에서 발생한 문제를 다른 직원에게 전가하지 않고 직접 해결하는 책임자인 동시에 늘 공부하는 학습인입니다. 바쁜 와중에도 정기적으로 교육에 참가하고 책을 읽고 벤치마킹을 다니며 그 내용을 페이스북이나 블로그에 기록으로 남기고 있습니다. 공부한 내용을 자기 식당에 응용하고, 공부하며 떠오른 아이디어를 현장에서 실험합니다. 두 사람은 수십 년간의 현장 경험과 학습을 씨줄과 날줄로 엮어 각자의 가게를 독보적인 식당으로 키워나가고 있지요.

저는 20년간 퓨전한식당 마실을 운영하며 별도로 메뉴개발실과 함께 프랜차이즈업체를 경영하고 있습니다. 또한 서강대학교 경영

대학원에서 경영학을 공부하고 5권의 책을 펴낸 외식 전문작가이며 '데이터경영연구회'를 이끌며 10년 넘게 100여 건의 외식 컨설팅을 수행했습니다. 그런 제가 두 대박식당 주인이 오랜 시간 현장에서 체득한 노하우를 그동안의 외식업 경험은 물론이고 경영 공부와 컨설팅 등을 통해 쌓은 안목으로 검증했습니다.

이 책은 외식경영의 큰 그림과 노하우를 균형 있게 제시하고 있습니다. '1부 대박식당, 외식업의 패러다임을 바꾸다'를 통해 대박식당의 성장 과정과 경영원칙을 생생하게 전달하고, '2부 외식경영 Q&A, 대박식당에게 묻는다'에서 대박식당의 운영 지침과 노하우를 소개하고 있습니다.

1부에서는 대박식당의 본질을 네 가지 관점에서 선명하게 포착했습니다. 첫째, 각 '식당을 상징하는 다섯 가지 키워드'로 대박식당의 큰 줄기를 보여줍니다. 둘째, 두 저자(이완성, 이문규)가 식당을 경영하며 깨달은 가장 중요한 교훈을 정리했습니다. 이어서 두 대박식당(대산보리밥, 오동추야)의 '필살기(Best One)'를 알려 드리며, 마지막으로 두 대박식당의 '차별점(Different One)'을 상세하게 소개했습니다. 그리고 이러한 내용들에 기초한 세 저자의 심도 있는 '대담'을 통해 이 책을 읽는 독자들이 대박식당의 원동력을 분명히 파악할 수 있도록 했습니다.

2부는 식당 주인과 예비창업자가 꼭 알아야 할 정보를 'Q&A 57개'로 정리했습니다. 식당 창업을 준비할 때, 오픈하고 3년까지, 꾸준히 성장하기 위해 알아야 할 필수 정보들을 담았습니다. 1장은 예비창업자들이 '창업 준비를 위한 체크리스트'로 활용 가능하게끔 구성했으며, 2~3장은 3년 차 죽음의 레이스를 통과하고 초보 사장 딱지를 뗀 분들이 데이터경영시스템 구축과 경영철학을 갖춘 탄탄한 식당으로 도약할 수 있도록 '실천 로드맵'을 제시하고 있습니다.

한 마디로 이 책은 저를 포함한 세 명의 저자가 매일 식당을 운영하며 직접 겪고, 실천하고, 공부하고, 실험을 통해 검증한 내용을 담고 있습니다. 저희 셋의 식당 경험 도합 70년 체험에서 건져 올린 경험적 지혜를 바탕삼아 외식경영의 본질을 하나하나 친절하게 알려 드리고 있습니다. 그래서 신뢰할 수 있습니다.

직장 다니다 나와 식당을 해볼까 생각하는 사람은 시작하기 전에 꼭 이 책을 읽어 보시기 바랍니다. 개점휴업 상태에 있는 식당 주인이라면 반전을 꾀하기 위해 필독하시길 추천합니다. 지금 잘 나가는 식당 사장도 현재에 머물지 않고 지속적인 성장을 어떻게 만들어낼지 구상하기 위해 정독해야 할 책이라고 확신합니다. 그 이유는 우리가 이 책을 썼기 때문이 아니라 이 책 안에 오랜 세월을 견뎌낸 검증된 내용과 당장 현장에서 써먹을 수 있는 실용적 대안이 가득하기 때문입니다. 아무쪼록 이 책과 함께 대박식당의 꿈을 이뤄가시길 기원합니다.

세 저자를 대표하여 박노진

1부

대박식당,
외식업의 패러다임을
바꾸다

1장

오동추야, 미완성의 길이
곧 완성의 길이다

'오동추야'는 1991년 경기도 이천에서 문을 연 30년 넘는 역사를 가진 돼지갈비 전문점이다. 오동추야의 이완성 대표는 스물셋의 나이에 99m²(30평) 크기의 오동추야의 전신 격인 돼지갈비집을 혼자 맡아 꾸려 나갔고, 수많은 곡절을 겪으며 현재 오동추야는 지역 맛집을 넘어 전국에 이름을 알리고 있다. 2016년 하반기 월평균 매출이 1억 2,000만 원 내외였는데, 매달 계속해서 매출을 끌어올려 2017년부터는 2억 원의 월평균 매출을, 그리고 2022년에는 매달 4억 원이 넘는 매출을 올리고 있다. 평일 낮부터 손님들이 줄을 서서 먹는 고깃집, 향후 연매출 100억 원을 목표로 하고 있는 오동추야와 이완성 대표의 이야기를 들어보자.

대박식당 오동추야를 상징하는 다섯 가지 키워드

'오동추야' 하면 **가장 먼저 떠오르는 건 단연 '돼지갈비'**다. 돼지갈비는 오동추야의 대표메뉴로 내가 지금까지 식당을 하는 동안 메뉴판에서 한 번도 빠지지 않았다. 지금의 오동추야를 있게 해준 음식이기에 돼지갈비는 오동추야와 떼려야 뗄 수 없다. 처음 돼지갈비를 시작할 때만 해도 이렇게 오랫동안 함께하게 될 줄 몰랐는데, 지금은 운명 같은 음식이 되었다. 30년 넘게 손님들에게 조금이라도 더 나은 돼지갈비를 대접하기 위해 끊임없이 연구해왔다. 이에 대해서는 뒤에서 다시 이야기하겠다.

오동추야를 찾는 고객층은 남녀노소 불문하고 아주 다양하다. 이 글을 쓰며 지난 몇 년간 방문 고객을 상세히 분석해 보니 큰 비중을 차지하는 특정 연령대가 없고 남녀성비도 거의 같다. 말 그대로 온 가족이 방문한다. 그 이유 중 하나가 돼지갈비라고 생각한다. 돼지 갈비는 남녀노소 누구나 좋아하는 메뉴로 호불호가 적다. 손님 입 장에서도 한우보다 저렴해서 경제적 부담이 덜하고 맛도 좋아서 가 족 모두 즐기기 좋다.

오동추야의 **두 번째 키워드는 '함흥냉면'**이다. 함흥냉면도 돼지갈 비와 마찬가지로 처음 식당 오픈할 때부터 함께했다. 그 당시에 돼 지갈비와 함흥냉면은 하나의 공식과 같아서 밥과 국 같은 관계였 다. 냉면은 겉으로 보기엔 간단해 보이지만 만들기 까다로운 음식 이다. 양념 구성과 육수의 비율을 맞추기 어렵고 손도 많이 간다. 그 래서 요즘은 양념과 육수를 비롯해 면도 공장에서 만든 제품을 사 용하는 식당이 많다. 공장 제품이라고 해서 맛이 없는 건 아니지만 개성은 없다고 봐야 한다.

냉면에 공을 들이는 고깃집은 그리 많지 않다. 그에 비해 오동추 야는 양념과 육수, 그리고 면까지 모두 직접 만든다. 그래서 우리 냉 면은 다른 데서 맛볼 수 없는 고유한 개성을 가지고 있다. 오동추야 의 냉면에 대해 나는 30년 냉면 장인의 걸작이라는 자부심을 가지 고 있다. 어찌 보면 흔한 음식인 냉면을 내가 두 번째 키워드로 꼽은 이유다.

세 번째, '고객 대기실'. 우리 식당을 처음 방문한 손님들은 고객 대기실이 인상적이라는 반응이 많다. 지금 같은 고객 대기실을 만든 건 2019년이니 별로 오래되지 않았다. 그런데도 오동추야의 세 번째 키워드로 꼽은 건 여기에 많은 애정과 투자를 쏟고 있기 때문이다.

처음엔 장사하기 바빠서 고객 대기실을 마련할 생각을 못 했다. 다행히 영업이 잘되면서 손님들이 줄 서는 식당이 되었는데, 장사가 잘될수록 손님들이 기다리는 시간이 점점 길어졌다. 그러다 보니 대기하다 지쳐 이탈하는 손님이 눈에 보였다. 비나 눈이 오는 날은 기다리는 손님들이 특히나 불편했다. 그래서 처음엔 천막으로 간이 대기실을 만들었다가 여름과 겨울에 고생하는 손님들을 보면서 지금의 고객 대기실을 새롭게 마련했다.

고객 대기실을 만드는데 5천만 원 정도가 들었다. 일단 규모가 꽤 커서 9평 정도 된다. 새로 공간을 공사하는데 3천만 원이 들어갔고, 에어컨, 커피머신, 뻥튀기 기계, 소프트아이스크림 기기, 냉동고, 제빙기, 슬러시 기계 등 설비에도 약 2천만 원을 투자했다. 기왕 만드는 거 정이 가득하고 편안한 공간으로 꾸미고 싶었다. 그래서 여러 식당을 벤치마킹하며 투자를 아끼지 않았다.

네 번째는 '상차림'이다. 상차림을 빼고는 오동추야를 말할 수 없다. 오동추야의 상차림은 일반 돼지갈비집과 확연히 다르다. 실제로 손님들의 블로그 후기를 보면 상차림을 찍은 사진이 돼지갈비나 냉면만큼 많다. 돼지갈비와 냉면은 대표메뉴이니 그렇다손 치더라도 손님들이 상차림을 많이 찍는 이유는 무엇일까? 오동추야만의 매력이 있기 때문은 아닐까.

손님상에는 일단 우리 주방에서 직접 조리한 육회와 육전이 나간다. 이 둘이 상차림의 시그니처여서 손님들 사진에도 육회와 육전 사진이 많다. 오동추야는 고깃집이지만 상차림은 한정식과 비슷하다. 그릇도 다르다. 대부분 고깃집은 멜라민이나 스테인리스 그릇을 사용하지만 오동추야는 도자기에 음식을 담는다. 여기엔 음식뿐 아니라 우리 식당을 찾아준 손님에 대한 마음도 담겨 있다.

마지막으로 고른 키워드는 'SINCE 1991'이다. 우리 식당은 30년 넘은 전통을 가지고 있다. 족보 없는 돼지갈비집이 아니라는 뜻이다. 한 지역에서 오래 장사한 세월이 있다 보니 어릴 때 엄마 아빠 손을 잡고 와서 처음 돼지갈비를 먹었던 아이가 지금은 성인이 되어서, 또는 자신의 아이와 함께 식사하러 오는 모습을 종종 본다. 이 때 말로는 설명할 수 없는 감동이 밀려온다. 식당 일의 고단함도 순간 사라지고 내가 하는 일이 진정 의미가 있다고 느낀다.

다른 한편으로 우리 식당이 꽤 오래되었다는 걸 아는 손님들은 오동추야가 노포 같이 보이지 않는다는 말을 많이 한다. 노포라고 하면 허름하고 빛바랜 분위기가 있는데, 오동추야는 시설이나 상차림 등 겉모습만 보면 최근에 오픈한 곳처럼 보인다고 한다. 그 이유 중 하나는, 늘 새로운 변화를 모색하면서 음식과 시설과 운영 방식을 끊임없이 개선해 나가고 있기 때문이 아닐까 싶다. 나는 '전통 있는 돼지갈비 · 함흥냉면 전문점'이라는 오동추야의 본질적 정체성을 중시하되 그 외의 규칙과 운영 방식 등은 얼마든지 바꾸고 나날이 개선해야 한다고 믿는다.

2022년을 기준으로 외식업에 뛰어든 지 30년이 되었다. 앞으로도 오동추야는 끊임없이 성장할 것이다. 오동추야를 아끼고 사랑해주시는 많은 분에게 개성 있고 맛있는 음식을 대접하는 식당으로 계속해서 기억되고 싶다. 현재도 돼지갈비와 함흥냉면 조합을 맛보기 위해 지역 주민은 물론이고 멀리서 찾아오는 손님들이 점점 많아지고 있다. 이렇게 되기까지 정말 많은 일이 있었다. 지금부터 그 이야기의 문을 열어보려고 한다.

돼지갈비와 냉면으로
30년 동안
승부하다

오동추야를 빼고는 내 삶을 이야기할 수 없다. 내가 없는 오동추야도 마찬가지다. 어디 가서 자기소개를 할 때 나는 늘 이렇게 말한다.

"이천에서 30년 동안 돼지갈비와 함흥냉면을 전문으로 성장해 온 외식인 이완성입니다."

이 한 문장에 내 인생의 큰 줄기가 흐르고 있다. 오동추야의 전신은 1990년 7월 이천에 문을 연 '마포갈비'다. 나의 형이 1991년 7월 이 가게를 인수해서 같은 이름으로 운영을 시작했고, 나는 2년쯤 지나 형 가게에 합류했다. 여기서 내 어린 시절 이야기를 간단히 하는 게 좋을 듯싶다.

나는 충남 대전에서 태어났다. 우리 집은 동네에서 가장 늦게 전기가 들어올 정도로 아니, 애당초 초롱불만으로 여섯 식구가 생활할 정도로 가난했다. 동네에서 유일하게 우리 집만 초가집이었다. 비만 오면 지붕에서 물이 새서 양동이로 받쳐 놓았다. 지금이야 이렇게 추억 삼아서 얘기하지만 당시에는 이루 말하기 어려울 만큼 힘들었다.

어릴 적부터 장사나 식당 일이 나랑 잘 맞았던 것 같다. 내가 어릴 때 부모님은 일을 하기 위해 대전 시내로 나가시고 집안일은 둘째인 내가 도맡아 했다. 지게를 지고 땔감을 구하러 온 산을 누비고 다녔다. 지게도 좀 컸을 때나 지었지 더 어렸을 때는 칡넝쿨을 엮어 한 짐 지고 내려오곤 했다. 또 하나 기억나는 일이 있다. 당시 어머니는 새벽에 일어나 사남매의 도시락을 매일 싸주셨다. 내 기억에 어머니는 반찬 걱정을 많이 하셨는데, 워낙 시골이라 변변한 재료가 없었기 때문이다. 다행히 학교에서 집으로 돌아오는 길에 조그만 시장이 있어서 자식들에게 시금치, 두부, 콩나물 등을 사 오라고 심부름을 시켰다. 그런데 언젠가부터 시장 심부름을 나 혼자 하게 되었다. 같은 돈으로 형과 동생들보다 내가 유독 식재료를 푸짐하게 사 왔기 때문이다. 예를 들어 어머니가 100원을 주며 콩나물을 사 오라고 하면 나는 누가 알려준 것도 아닌데 한 채소가게에서 50원어치를, 그리고 다른 곳에서 50원어치를 사 왔다. 채소가게 주인은 어린애가 자주 심부름을 오는 게 기특했는지 콩나물을 넉넉히 넣어주었다. 이 점을 재빨리 파악한 나는 콩나물 두 봉지를 가득 손에 들고 왔다. 그러니 어머니가 매일 나한테만 심부름을 시킬 수밖에. 너무 자주 심부름한다고 입이 나온 나에게 어머니는 가끔 심부름 값으로 100원을 주머니에 슬쩍 넣어주곤 하셨다.

동네에 잔치가 벌어지면 나는 어김없이 음식을 나르고 상을 치웠다. 누가 시키지 않아도 신이 나서 콧노래 흥얼거리며 일을 했다. 그 당시만 해도 모든 잔치는 식당이 아닌 동네에서 해서 이런 행사가 적지 않았다. 이뿐인가. 방학이 되면 군고구마 장수, 봉제공장 시다, 노가다, 신문 배달 등 온갖 일을 하며 돈을 벌었다. 중학교부터 고등학교 졸업 때까지 학비도 손수 벌어 다녔다.

대학은 애당초 갈 생각이 없었다. 고생하는 부모님을 생각하면 하루라도 빨리 돈을 벌어야 했다. 중학생 때 수학여행을 부산으로 갔는데 바다와 배가 어우러진 풍경이 마음에 쏙 들었다. 고등학교 졸업하면 부산에서 살고 싶었다. 인연이 닿은 건지 부산에서 군대 가기 전까지 한 제과업체에서 첫 직장생활을 시작했다. 입대하기 전까지 월급을 알뜰히 모아두고 제대하고 나면 다시 부산으로 돌아올 생각이었다. 그런데 형이 경기도 이천에서 식당을 연다고 해서 당시 모아둔 300만 원을 빌려주고 곧 나는 입대했다. 제대하고 나서는 형이 있는 이천으로 갔다. 무엇을 하며 먹고살지 정하지 못한 상태였고 돈도 없었기에 자연스러운 선택이었다.

숙명처럼 다가온 장사

형 식당으로 처음 출근한 날을 아직도 정확히 기억한다. 1993년 4월 25일. 식당에 첫 발걸음을 들이는 순간부터 장사가 숙명처럼 느껴졌다. 어린 시절 동네잔치에서 신나게 일했던 것처럼 주방에서 채소 썰고, 홀에서 서빙하는 게 너무 재미있었다. 그 당시 이천에 갈비집이 아주 많았는데 장사가 다 잘됐다. 조금 과장해서 말하면 1990년대 초는 식당 문만 열면 손님이 알아서 들어 올 정도로 호황이었다. 우리 식당도 월매출 3천만 원으로 순조롭게 운영되고 있었다. 일이 재밌고 장사까지 잘되니 형 밑에서 차근차근 경험을 쌓아 나도 번듯한 식당을 하고 싶다는 목표가 생겼다. 그래서 매일 열심히 배우며 열정적으로 일했다.

그런데 내가 식당에 출근하고 두 달이 채 안 되어 형이 갑자기 세상을 떠났다. 그때 형 나이 스물여덟 살, 내 나이 스물세 살이었다. 이제 막 식당 일을 알아가는 상황에서 어떻게 해야 할지 암담했다. 대전에 계신 부모님은 얼른 정리하고 내려오라고 했지만 나는 식당을 계속하고 싶었다. 좋아하는 일이기도 했지만 어떻게든 가난에서 벗어나고 싶었기 때문이다. 빈곤한 환경에서 사남매를 키우려 너무나 고생하신 부모님을 호강시켜드리기 위해서라도 식당으로 성공하고 싶은 마음뿐이었다.

나이도 어리고 아무것도 모르는 사람이 혼자 식당을 맡게 되니 정말이지 막막했다. 그래도 죽으란 법은 없는지 당시 나와 나이가 같았던 주방장이 내가 딱해 보였는지 적극적으로 도와주었다. 나는 무엇보다 음식을 만들 줄 알아야 식당을 제대로 할 수 있겠다는 생각에 그에게 칼 만지는 법부터 요리, 찬 구성하는 방법 등 하나부터 열까지 일일이 물어보며 배웠다. 매일 식당 문을 닫고 난 후엔 주방에서 그날 배운 내용을 반복해서 연습하고 혼자 이것저것 만들어 먹어보기도 했다. 시간이 갈수록 주방일 배우는 게 재밌었다. 그래서 주방에서 거의 살다시피 하면서 돼지갈비와 냉면, 그리고 반찬들까지 하나하나 다 만들어봤다. 한두 번에 그치지 않고 반복해서 조리했다. 이 과정에서 내가 요리에 재능이 있다는 사실도 알게 되었다. 내게는 정말이지 천운이었다.

지금 생각하면 이때가 나의 외식 인생에서 결정적인 시기였다. 다른 데 한눈팔지 않고 음식에 집중했던 게 주효했다. 요리에 아는 게 없어서 처음엔 힘든 시간을 보내긴 했지만, 또 그래서 어떤 고정관념 없이 스펀지처럼 기본을 철저히 흡수할 수 있었다. 한 걸음 나아가 나만의 경쟁력, 내 표현을 빌리면 원천기술을 체득하는 바탕도 이때 다질 수 있었다. 다행히 시장 상황이 좋았고 운도 따라준 덕분에 식당을 맡은 지 1년 만에 가게를 조금 넓혀 확장했다. 그리고 그 일대 고깃집 중에 원탑을 찍고 웨이팅도 처음으로 경험했다.

이렇게 계속 잘되었으면 좋았겠지만 다른 모든 식당처럼 그런 일은 일어나지 않았다. 오히려 많은 시련과 위기가 매년 불어닥치는 태풍처럼 반복되곤 했다. 우리나라 경제의 최대 위기라 할 수 있는 1990년대 말 IMF 외환위기 때가 유독 기억에 남는다. 당시 내 나이 스물일곱 살, 식당 시작하고 4년 정도 지난 시점이었다. 그때는 정확하게 체감하지 못했지만, 외환위기가 터지기 직전까지 우리 경제는 초호황이었다. 이천만 해도 우리 식당 주변에 돼지갈비집이 여럿 있었는데 다 잘됐다. 그런데 IMF 구제 금융 사태가 터지자마자 상황이 돌변했다. 모든 사람이 약속이라도 한 듯 허리띠를 졸라매기 시작했고 외식업계는 직격탄을 맞았다. 손님이 빠르게 줄기 시작하더니 하루 두세 팀으로 급락했다. 불과 몇 달 사이에 주변 식당 절반 이상이 문을 닫았다. 해고가 일상이 되고 대기업도 여럿 부도나는 판국이었으니 동네 식당은 오죽했겠는가.

엄청난 위기였다. 일부 식당 주인들은 재료비와 인건비라도 아끼기 위해 재빨리 손 털고 나가기도 했다. 견딜 재간이 없으니 선제적으로 대응한 셈이다. 나도 하루라도 빨리 폐업해야 하나 고심했다. 밤에 잠이 오지 않았다. 부모님이 눈에 밟혔다. 이제야 좀 자리 잡고 부모님을 편히 모시려고 했는데…. 형이 부재한 상황에서 나는 장남 아닌 장남이 되어서 부모님을 부양해야 한다는 책임감이 컸다. 그런데 식당 문을 닫으면 무엇을 해야 할지 도무지 떠오르지 않았다. 식당 말고는 할 줄 아는 게 없었다. 어떻게든 버텨야 했다.

살아남으려면 뭐라도, 아니 뭐든 해야 했다. 일단 가격을 30% 내렸다. 전단을 만들어 계속 돌리고 현수막을 활용해 홍보에 매진했다. 가격 인하 효과와 함께 주변 돼지갈비집이 거의 다 문을 닫은 상황 때문인지 손님이 조금씩 늘기 시작했다. 그렇다고 수익이 난 건 아니었다. 가게만 겨우 유지할 정도였다. 목표는 오로지 생존, 살기 위해 버텼다. 불행 중 다행으로 외환위기는 많은 이의 예상보다 길게 가진 않았다. 그렇게 큰 파도를 한번 넘었다.

폐업과 개업,
벼랑 끝에서 답을 찾는 길

형 식당으로 첫 출근하고 10년이 지난 2003년 10월, 드디어 오동추야를 오픈했다. 형의 그늘에서 벗어나 내 가게를 만들고 싶었다. 기존의 돼지갈비에서 벗어나 소갈비를 하고 싶어 야심차게 준비했다. 그런데 문 열고 두 달이 채 되기도 전에 광우병 사태가 터졌다. 하루아침에 손님이 뚝 끊겼다. 어떻게든 가게를 살리고자 주방장을 내보내고 직접 주방에 들어가 음식을 만들고, 새로운 찬모를 영입해 '반찬이 맛있는 갈비집'으로 자리매김하기 위해 정말 많이 노력했다. 그리고 한우 대신 이미 맛이 검증되고 노하우도 쌓인 돼지갈비를 다시 시작했다. 발 빠른 조치 덕분에 차츰 맛집으로 소문이 나기 시작해서 매출이 계속해서 올랐다.

오동추야를 개업하고 5년 후인 2008년 새로운 공간으로 확장 이전했다. 그동안 모은 7억 원을 투자해서 식당 면적을 80평에서 200평으로 2배 넘게 키우고, 인테리어도 당시 이천의 여타 갈비집에서는 볼 수 없는 방식으로 새롭게 꾸몄다. 1층은 카페테리아 스타일로 화사하게 연출하고, 2층은 단체석과 개별룸으로 고급스럽고 프라이빗한 공간으로 꾸몄다. 식당은 오픈하자마자 센세이션을 일으키며 대박을 터트렸다. 당시 서른여덟 살, 그야말로 탄탄대로가 열리는 듯했다. 그러나 대박의 기쁨은 오래가지 않았다. 사업과는 상관없는 개인적인 이유로 전 재산이었던 아파트와 식당을 모두 잃게 된 것이다.

우여곡절 끝에 2013년 은행과 부모님 등을 통해 자금을 끌어모아서 지금의 오동추야 자리에 다시 식당 문을 열었다. 이렇게 오동추야의 '2막'은 밑바닥에서 시작했다. 남들이 보기엔 무모한 시도로 여겨졌을지도 모른다. 하지만 나는 자신이 있었다. 이제껏 몇 번의 큰 위기를 극복하면서 위기관리 능력도 키웠고, 무엇보다 돼지갈비와 냉면은 잘할 수 있다는 확신이 있었다. 확신의 근거는 내가 원천기술을 가지고 있었기 때문이다. 위기일수록 자기 자신이 가장 잘하는 걸로 승부해야 성공 확률이 높다. 원천기술이 부재하면 아무리 좋은 조건으로 시작해도 예상 못 한 위기에 무너지기 쉽고 장기간 성장할 수 없다. 나는 지금도 자기 자신이 가장 잘할 수 있는 강점을 바탕으로 하고 여기에 타 분야의 것들을 접목해 변화해야 경쟁력이 세진다고 믿는다.

절치부심. 나는 다시 한번 돼지갈비와 함흥냉면을 업그레이드하고 반찬의 퀄리티를 끌어올리는 작업에 몰두했다. 식당의 승부는 결국 압도적인 상품력이며 오동추야의 경우 돼지갈비와 냉면이 관건이었다. 손님들은 고깃집에서 맛있는 냉면을 원하는데, 냉면에 신경을 많이 쓰는 고깃집은 찾아보기 어렵다. '맛있는 돼지갈비 먹고 시원한 냉면으로 마무리하기 딱 좋은 음식점'이 되면 성공하리라. 나는 명실상부 수제 돼지갈비와 수제 함흥냉면 명가로 거듭나기로 결심했다.

상차림에도 변화를 주었다. 대체로 돼지갈비집의 반찬은 어딜 가나 비슷하다. 그렇다면 이 부분에서도 오동추야의 차별점을 보여줄 수 있겠구나 싶었다. 벤치마킹을 통해 육회와 육전을 만들어서 제공하고, 음식 담음새도 고급 한정식처럼 스타일리쉬하게 표현했다. 그릇도 도자기로 바꿨다. 여기엔 나만의 철학이랄까 신념이 있다. 보통 가정집에서는 멜라민이나 스텐 그릇을 사용하지 않는다. 음식 담음새가 예쁘지 않고 저렴해 보이기 때문이다. 한 마디로 격이 떨어진다. 우리 식당에 온 손님들에게 식당 편하자고 값싼 그릇에 대충 내놓는 건 안 된다는 게 내 생각이다. 수많은 식당 중에 우리 가게를 찾아준 손님을 제대로 대접하는 건 당연하다. 다시 말해 도자기 그릇은 그저 폼내려고 사용하는 게 아니라 손님 한 분 한 분을

고급스러운 상차림은 오동추야의 무기가 되어주었다.

컨설팅을 통해 점포 내 POP도 업그레이드했다.

정성을 다해 모시겠다는 자세이기도 하다.

　나는 절박했다. 부모님을 모셔야 하고 빌린 돈도 갚아야 했다. 더 물러설 곳이 없었다. 어디서든 배우고 매일 고민하며 우리 식당에 적용할 만한 아이디어가 있으면 일단 실행에 옮겼다. 메뉴와 음식 업그레이드 작업을 얼추 완성하고 나서는 외식경영 전문가에게 컨설팅도 받았다. 컨설팅의 골자는 메뉴판과 점포 내 POP를 비롯해 전반적인 홍보와 마케팅 능력을 향상시키는 일이었다. 컨설팅을 통해 본격적으로 온오프 마케팅을 병행해나가면서 오동추야의 양적·질적 성장이 몇 배 이상 가속화됐다.

　새롭게 문을 연 오동추야는 계속해서 성장해왔다. 코로나19가 한

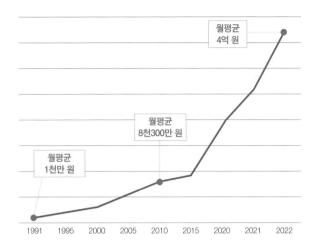

오동추야의 월평균 매출 성장 과정

창인 와중에도 2021년 5월 3억 2천만 원으로 역대 최고 매출을 기록했다. 그리고 정확히 1년 후인 2022년 5월에는 4억 3천만 원으로 또다시 최고 매출 기록을 경신했고 하반기에는 4억 원 이상 월매출이 평균이 되었다. 이 정도면 같은 규모의 국내 돼지갈비집을 통틀어서도 월 최고 매출이 아닐까 싶다. 감사하게도 오동추야와 나 자신 모두 지난 10년 동안 꾸준히 우상향의 과정을 밟아왔다. 단순히 경제적 숫자만 늘어난 게 아니라 매장 운영 측면에서나 개인적 관점에서도 많은 변화가 있었다. 아마 독자들은 이 같은 결과 자체보다 어떻게 이런 성과를 이뤄냈는지가 궁금할 것이다. 여기에 대해서는 이어지는 글에서 풀어보겠다.

30년 동안 다져온
대박식당 경영 비법
다섯 가지

〈생활의 달인〉이라는 TV 프로그램이 있다. 자신이 몸담은 직업에서 발군의 실력을 발휘하는 인물을 소개하는 프로그램이다. '달인'이 하는 일은 족발 요리, 명품 수선, 진학 지도 등 다양하다. 이들 직업 각각에 종사하는 이들은 수천 명이 넘지만 달인의 경지에 오르는 사람은 극소수다. 왜일까? 그저 그런 수준으로 일하는 사람과 어떤 일을 월등히 잘하는 사람의 차이는 무엇일까? 누구나 한번쯤 고민해 봤을 질문일 것이다.

단골을 붙잡는 힘은 바로 '꾸준함'

내가 생각하는 첫 번째 답은 '꾸준함'이다. 어떤 일이든 10년 혹은

1만 시간 정도의 혹독한 수련을 해야 달인의 경지에 오를 수 있다. 이 점은 이미 여러 연구와 수많은 사례로 검증되었다. 세계적인 교육 심리학자인 하워드 가드너는 한 분야에 특별한 업적을 남기거나 근본적 혁신을 일으킨 창조적 대가들을 집중적으로 연구한 결과를 바탕으로 '10년의 법칙'을 제시했다. 그에 따르면 한 분야에서 창조적 도약을 이루려면 그 분야에서 통용되는 전문지식과 기술에 통달해야 하는데 그러기 위해서는 10년 정도 꾸준히 노력해야 한다. 생활의 달인에 출연한 이들도 대부분 10년 정도의 수련기를 거쳤다. 같은 맥락에서 작가 말콤 글래드웰은 책《아웃라이어》에서 '1만 시간의 법칙'을 강조했다. 물론 글래드웰의 단언과 달리 연습하는 사람과 분야에 따라 탁월함에 이르는 시간은 다르지만 최고가 되려면 대략 그 정도의 시간이 걸린다는 점은 이론의 여지가 없어 보인다.

멀리 갈 것도 없이 주변에서 어떤 일을 아주 잘하는 몇 사람을 골라 어떻게 그 경지에 올랐는지 물어보라. 표현은 다를지 몰라도 대략 10년 동안 치열하게 수련해왔음을 확인할 수 있을 것이다. 나도 마찬가지다. 내 외식업의 이력은 '돼지갈비 외길 30년'으로 요약할 수 있다. 30년은 짧은 시간이 아니다. 꾸준함을 통해 지금의 오동추야가 만들어졌다. 다른 건 몰라도 꾸준함에 대해서는 나 자신을 칭찬해주고 싶다.

내게 꾸준함의 중요성을 각인시켜준 경험이 있다. 나는 이 이야기를 인터뷰나 강의에서 '어머니 열무 대 할머니 열무'라는 제목으로 소개하곤 한다. 내가 어릴 때 어머니는 작은 텃밭에서 열무를 키워 대전의 한 시장에 내다 팔곤 했다. 번듯한 가게가 아닌 노상에 좌판을 벌여 팔았다. 우리 어머니 옆에서 나이 지긋한 할머니도 비슷한 방식으로 열무를 팔았다. 그런데 어찌 된 일인지 늘 할머니 열무가 더 잘 팔리는 게 아닌가. 누가 봐도 우리 어머니 열무 품질이 더 좋은데 사람들은 우리 것을 살펴보다가도 결국에는 할머니에게 가서 샀다. 그런 모습을 볼 때마다 어린 마음에도 속상했다. 또 그 이유가 궁금해서 관찰해보았는데, 이유는 어린 내가 이해할 수 있을 정도로 아주 간단했다.

할머니는 한자리에서 오랫동안 장사를 해왔다. 열무뿐 아니라 호박과 쑥, 냉이 등 계절에 맞춰 채소를 팔았다. 그에 비해 우리 어머니는 1년 내내 꾸준히 장사를 하지 않았다. 긴 시간 한 자리를 지킨 할머니에게는 단골이 많았다. 할머니를 오래 알고 지낸 손님들은 할머니의 채소가 아닌 할머니의 신용을 믿고 구입했다. 반면에 상시적으로 장사를 하지 않은 어머니에게는 단골이 없었을뿐더러 숫기도 부족해서 손님을 살갑게 대하지 못했다. 그러니 물건이 좋아도 경쟁에서 밀렸다. 오죽했으면 할머니가 대신 팔아줄 정도였다.

나는 여기서 중요한 교훈을 얻었다. 꾸준함. 할머니처럼 비가 오나 눈이 오나 가게 문을 열어야 한다. 똑같은 일을 매일 반복하는 건 쉽지 않다. 지루하고 힘들다. 그래서 꾸준함 자체가 경쟁력이고 강점이 될 수 있다. 오동추야는 명절을 포함해 연중무휴 쉬는 날이 없다. 365일 문을 연다. 이를 위해 식당 주인에게 자기관리는 필수다.

나는 무슨 일이 있어도 매일 아침 일찍 출근해서 식당 문을 열기 전에 냉면 육수와 갈비 양념 등 그날 해야 할 일을 다 해 놓는다. 이건 하나의 루틴이자 기본 중의 기본이다.

유능한 '직원'은 시스템의 핵심

물론 꾸준함만으로는 대박식당이 될 수 없다. 하지만 성실하지 않은 사람은 대박식당은커녕 오래 살아남지도 못한다. 어떤 식당을 운영하든 꾸준함을 대체할 수 있는 것은 없다.

장기적인 관점에서 연중무휴로 영업하기 위해서는 자기관리만으론 부족하다. 식당 주인도 사정이 생길 수 있으며 언제 무슨 일이 발생할지 아무도 알 수 없다. 따라서 사장 없이도 식당이 돌아가도록 시스템을 갖춰야 한다. 그러니까 내가 강조하는 꾸준함은 사장의 성실함뿐만 아니라 식당이라는 조직의 꾸준함 둘 다를 포괄한다.

식당의 꾸준함에서 핵심은 두말할 것도 없이 직원이다. 직원은 곧 경쟁력이다. 유능한 직원 없이는 식당을 제대로 운영할 수 없다. 장사가 잘될수록 직원은 중요하다. 요즘처럼 사람 구하기 어려울 때는 더욱 그렇다. 그래서 평소에 미리미리 직원들에게 마음을 써야 한다. 법규에 맞게 근로계약을 체결하고 법정 근무시간과 휴일 준수는 기본이다.

오동추야는 직원 월급을 경쟁사보다 높게 책정하고 영업 실적에 따라 추가 보상도 지급하고 있다. 코로나19가 절정으로 치달아 매출이 곤두박질칠 때 직원들을 해고하지 않은 것도, 식당 내에 직원 전용 냉장고를 마련해서 시원한 음료수와 건강음료를 구비해 놓은 이유도, 직원을 그저 '관리' 대상으로 보지 않고 '관계'를 중시하는 마음에서 나온 것이다. 또한 적지 않은 돈을 투자해 직원 전용 숙소를 마련한 것도 같은 이유 때문이다.

집중과 꾸준함으로 완성하는 '원천기술'이란 경쟁력

오랫동안 식당을 경영하며 꾸준함과 함께 또 하나 깨달은 점은 '집중'의 힘이다. 내가 보기에 삶을 살아가는 방식에는 두 가지가 있다. 깊이 파기와 넓게 파기. 과연 무엇이 더 현명한 방법일까? 아마

오동추야의 직원 숙소. 4곳을 운영하고 있으며 총 12명이 생활할 수 있다.

사람마다 다를 텐데 나는 깊이 파기를 택했다. 나는 다재다능하지 않으며, 강점과 약점을 가진 평범한 사람이다. 그래서 나는 한 우물을 정해 깊이 파기로 했다.

10년 넘게 수백 개가 넘는 식당을 벤치마킹하면서 알게 된 점이 있다. 잘 나가는 식당은 어김없이 자신만의 경쟁력과 개성이 뚜렷하고, 나름의 운영 시스템이 정립되어 있다. 그래서 식당 주인이 하루 이틀 없어도 잘 돌아간다. 그런데 잠깐 반짝하다 사라지거나 서서히 추락하는 식당, 그리고 한해 한해 근근이 유지하는데 급급한 음식점을 보면 거의 원천기술이 부족하다.

내가 말하는 원천기술은 식당 경영(음식)에 대한 본질적 경쟁력이다. 동시에 원천기술은 우리 식당만이 제공할 수 있는 필살기의 원

원천기술로 내놓는 시그니처 돼지갈비와 함흥냉면

동력이다. 대표메뉴의 경쟁력을 키우는 일만 해도 그 메뉴를 집중적으로 탐구하고 꾸준히 개선하는 과정이 필수적이다. 오동추야는 돼지갈비와 함흥냉면에 원천기술을 가지고 있다. 예를 들어 돼지갈비 숙성 방식만 해도 20년 동안 연구한 결과이다. 냉면 육수 원액도 수십 년 동안 무수한 시행착오와 실험을 거쳤으며, 우리 냉면의 레시피도 같은 과정을 거쳐 완성됐다. 돼지갈비와 냉면이 괜히 오동추야의 필살기가 아닌 것이다.

그럼 원천기술은 어떻게 확보할 수 있을까? 한마디로 집중이다. 일시적 집중이 아닌 꾸준히 집중해야 한다. 그러니까 꾸준함과 집중을 겸비해야 한다. 꾸준함 없는 집중은 강력할 수 없고 집중 없는 꾸준함은 분산되기 일쑤다. 가령 본인이 첫 식당을 오픈했다 치면 적어도 5년은 집중해야 한다. 이를 통해 식당의 중심을 잡아야 한다. 식당이 살아남으려면 자기만의 노하우가 필요한데 노하우는 거저 생기지 않는다. 경험과 시간, 그리고 학습이 필요하다는 말이다.

맛집이 되기 위해서는 무엇보다 입소문이 나고 손님이 많아야 한다. 이를 위해 뭐가 됐든 손님이 우리 집에 와야 할 분명한 이유가 있어야 한다. 신생 식당일수록 그 이유부터 확실히 다져나가야 한다. 이 역시 집중하지 않으면 결실을 맺을 수 없다. 이 모든 걸 미리 준비하면 되지 않냐고? 그럴 수 있다면 이상적이지만 외식업 경력이 어느 정도 되고 식당 사업으로 여러 번 성공과 실패를 경험해보지 않은 이상, 특히 처음 식당을 개업하는 사람이 이 모든 것을 미리 준비하는 건 불가능에 가깝다. 그보다는 한눈팔지 말고 집중하는 게 최선이다.

그래서 누군가 내게 식당 창업에 있어서 가장 중요한 한 가지를 꼽으라면 내 대답은 늘 같다. 집중, 집중, 또 집중. 제대로 집중 안 하고 뜬구름 잡듯이 에너지가 분산된 상태로 일을 하면 한 가지가 제대로 손에 익기도 전에 다른 일에 관심이 가기 때문에 결과적으로 아무것도 이루지 못한다. 초점을 맞춰 뭔가 한가지라도 날카롭고 강력하게 완성하는 습관을 몸에 심어야 차근차근 더 큰 일을 도모할 수 있다. 그런데 정작 현실을 보면 이와 반대로 가는 경우가 태반이다. 집중해도 될까 말까 한데, 누구누구의 말에 따라 이리저리 흔들리는 식당 주인들을 많이 봤다. 자칭 외식 전문가들의 그럴듯한 조언에 혹해서 그나마도 충분치 않은 자원을 분산하고, 트렌디한 메뉴나 독특한 레시피로 크게 한 방을 노리곤 한다. 그 결과는 잘해 봐야 일시적 성공이고, 십중팔구는 처절한 실패다. 왜? 꾸준한 집중으로 키워낸 원천기술이 부재하기 때문이다.

생각해보라. 자꾸 한눈팔고 힘이 흩어지면 될 일도 안 된다. 나처럼 평범한 사람이 장기적으로 성장하기 위해서는 꾸준하게 집중할 줄 알아야 한다. '생활의 달인'에 등장하는 주인공들도 다재다능형이 아닌 하나의 분야에서 탁월한 수준에 오른 경우가 압도적으로 많다. 100도에 이르러야 물이 끓듯이 식당 경영도 꾸준한 집중으로 임계치를 넘어설 때 비로소 성공으로 가는 문이 열린다.

'버티기'도 실력이고, 실력이 있어야 버틴다

얼마 전 어느 식당의 요리사와 대화를 나누던 중에 있었던 일이다. 오동추야의 성장 과정을 듣고 나서 요리사가 내게 말했다. "대표님, 지금까지 잘 버티셨네요." 어찌 보면 별말 아닌데 왠지 이 말이 훅 들어왔다. 왜일까? 앞에서 내 외식업의 이력을 돼지갈비 외길 30년이라고 표현했는데, 그 길은 그야말로 크고 작은 위기의 연속이었다. 그래도 잘 견뎠구나 싶다. 지금까지 버틴 것만 해도 용하다는 생각이 든다. '버티기', 이것이 내가 네 번째로 짚어보고 싶은 주제다.

스물세 살 젊은 나이에 시작한 외식업, 별의별 일들이 많았던 건 어쩌면 당연하다. 나이가 어리다 보니 손님이나 직원들이 얕잡아보는 수가 허다했다. 하루 매출이 100만 원에서 30만 원으로 곤두박질친 적도 있었고, IMF 때는 난생처음 폐업의 위기감에 사로잡히기도 했다. 2003년엔 LA갈비를 판매하기 시작하고 불과 2개월 만에 광우병 파동이 일어나기도 했다. 돌아보면 좀 순조롭다 싶으면 어김없이 대내외적인 어려움과 직면했던 것 같다. 그래도 그때마다 매장 리모델링, 돼지갈비 할인 판매, 반찬 구성 업그레이드, 신메뉴 개발 등의 전략으로 위기를 극복했다.

나를 잘 아는 지인들은 힘들고 어려운 상황 속에서 어떻게든 돌파구를 찾기 위해 애쓰고 새로운 시도를 하는 모습이 인상적이라고 말한다. 나는 꼭 위기가 아니더라도 그 자리에 머물러 있는 건 정체가 아니라 퇴보라고 생각한다. 때문에 언제든 뭐라도 더 배우고 시도하려고 한다. 거의 모든 재산을 잃었을 때도 낙심만 하고 있지 않고, 여기저기서 돈을 끌어모아 오동추야를 다시 오픈해서 2년 만에 15억 원의 손실과 채무를 모두 갚았다. 물론 그 과정에서 시련과 굴곡이 있었지만 찌푸린 표정으로 예민해진다고 해서 어려운 상황이 해결되진 않는다. 기존의 것을 과감하게 버리고 새로운 뭔가를 받아들이는 자세, 이러한 변화가 발전을 가져온다고 나는 믿는다.

지금도 끝나지 않은 코로나19도 큰 위기이다. 그래도 내가 보기엔 IMF 시절보다는 나은 것 같다. 그동안 모아둔 여유자금이 있어서 버틸 수 있는 여력이 있고 나도 더 이상 초보 사장이 아니다. 그동안 온갖 위기를 겪어봤다. 2020년 3월 코로나가 본격화되면서 거짓말처럼 손님 발길이 뚝 끊겼을 때, 나는 일주일 동안 가게 문을 닫았다. 그리고 식당을 재정비하는 시간을 가졌다. 3천만 원을 투자해 그동안 손대지 못했던 홀 인테리어와 주방 설비를 보수했으며 주방 동선도 개선했다. '이 또한 지나가겠지. 또 좋은 날이 오겠지' 하는 마음으로 버텼다. 사실 이렇게 오래갈지는 몰랐다. 앞으로 코로나19가 어떻게 전개될지 확실히 알 수는 없지만 적어도 지금까지는 잘 버티고 있는 것 같다.

IMF 외환위기나 광우병 사태, 코로나19 확산 같은 일은 한 개인이 통제할 수 있는 사건이 아니다. 언제 일어날지 짐작조차 할 수 없는 내 능력 밖의 일이다. 그렇다고 누가 대신 해결해주지 않으니 손 놓고 마냥 기다릴 수도 없다. 이런 상황에서 그래도 가장 믿을 수 있는 건 본질적 경쟁력, 즉 원천기술밖에 없다. 나는 현실적인 사람이다. 그동안 온갖 위기에 처해보고 밑바닥도 경험했다. 다시 떠올리고 싶지 않은 기억이지만 최악의 경우를 상상해 본 적도 있다. 그때조차도 망하지 않을 자신이 있었다. 원천기술을 갖고 있으므로 정말 최악의 상황이 오면 식당 규모를 줄이고, 그조차 안 되면 혼자서라도 다시 시작할 수 있다는 믿음이 있었다.

버티는 게 실력이라고들 한다. 맞다. 그런데 버티기도 실력이 있어야 가능하다. 결국 버티기도 꾸준함과 집중으로 원천기술을 확보해야 할 수 있다.

빠르고 단단한 성장을 위한 '공부'

마지막으로 강조하고 싶은 것은 '공부'이다. 나는 공부하는 외식인이 되고자 한다. 안 그래도 바쁜 식당 사장이 무슨 공부까지 해야 하는가 싶을지도 모르겠다. 하지만 단언컨대 외식업계에서 롱런하기 위해서 이제 공부는 옵션이 아닌 필수다.

생각해보라. 예전부터 식당 창업은 쉽지 않은 일이었다. 10개의 식당이 생기면 8개의 식당이 5년을 버티지 못하고 폐업한다고 하지 않는가. 그럼에도 불구하고 외식업계의 경쟁은 더하면 더하지 전혀 줄지 않고 있다. 실제 전체 식당의 수도 줄지 않았다. 오늘도 전국 곳곳에서 누군가 식당을 새로 개업하고 있다.

무한경쟁에서는 공부하는 식당이 오래 갈 수 있다. 식당을 운영하며 쌓는 경험도 공부지만 이젠 한 걸음 더 나아가야 한다. 관련 책을 읽고 전문 교육도 수강해야 한다. 정기적으로 다른 식당에 가서 벤치마킹하고 외식인들과 교류하는 일도 필요하다.

나도 외식경영을 깊게 공부한 것은 몇 년밖에 안 됐다. 코로나19 확산으로 장사가 덜 되면서 아무래도 시간 여유가 생겼다. 다른 한편으로 이런 위기는 처음 겪다 보니 어떻게 헤쳐나가야 할지 고민하는 마음으로 공부를 시작했다. 물론 그전에도 음식 방면으로 계속 연구하고 2016년에 컨설팅을 받은 경험도 있다.

본격적으로 외식경영을 공부하며 처음 5개월 넘는 교육 과정을 들을 때는 수업을 따라가기가 벅찼다. 음식은 나름 자신 있었지만, 경영 쪽은 전문 교육을 들어본 적 없고 용어 자체가 생소해서 힘들었다. 그래도 수업에 빠지지 않고 열심히 배웠다. 감명 깊게 읽은 책은 시간을 쪼개 필사하며 공부했다. 외식 콘셉트 기획자인 김현수 대표의 책《줄 서서 먹는 식당의 비밀》을 처음부터 끝까지 한 글자도 빼먹지 않고 필사해서 매일 블로그에 올렸다. 책 분량이 370쪽이 넘다 보니 매일 3시간씩 총 3개월 가까이 걸렸다. 비슷한 시기에 마실을 경영하는 박노진 대표가 진행하는 '데이터경영' 교육을 수강했는데, 이게 또 새로운 전환의 계기가 되어주었다. 교육을 통해 데이터로 식당을 바라보는 관점을 익히고 경영에 활용하는 방법을 배울 수 있어 큰 도움이 되었다. 여기에 더해 교육에 참가한 이들의 모임인 '데이터경영연구회'를 통해 다양한 외식업계 종사자들과 인연을 맺었다. 이 연구회는 전국의 식당 대표들이 함께하는 외식경영 공부 모임이다. 관심사가 일치하고 공감대가 높다 보니 만날 때마다 각자의 고민과 아이디어를 허심탄회하게 나누면서 긍정적인 자극을 받고 있다. 데이터경영 교육의 모태라 할 수 있는 책《박노진의 식당 공부》도 정독하고 모두 필사했다. 책의 내용을 온전히 소화하고 내 생각도 정리하는 뜻깊은 시간이었다.

공부하면서 외식경영에 대해 새롭게 눈을 떴다. 공부로 얻은 가장 큰 소득 중 하나는 벤치마킹 방식을 완전히 새롭게 바꾸었다는 점이다. 나는 꽤 오래전부터 벤치마킹을 꾸준히 해왔지만, 사실 벤치마킹이 뭔지도 모르고 했었다. 천성적으로 호기심 많은 성격에 식당을 하다 보니 자연스레 다른 식당의 음식과 운영 방식이 궁금했다. 그래서 처음엔 별생각 없이 일주일에 한두 곳씩 이름난 식당을 찾아갔다. 외부에서 약속을 잡을 때도 약속 장소에서 가까운 맛집을 검색해서 일부러 방문하곤 했다. 그런데 벤치마킹 방식은 주먹구구식이었다. 식당에 들어가 스윽 살펴보고 대표메뉴를 시켜서 맛보고 눈에 띄는 게 있으면 사진 찍는 게 전부였다.

돼지갈비와 냉면을 오랫동안 만들어왔기 때문에 내 음식에 나름의 자부심이 있었다. 하지만 여러 외식경영 교육을 수강하고 다양한 식당을 벤치마킹 다니며 공부하다 보니, 내가 우물 안 개구리라는 걸 알게 됐다. 또 전문가들이 선정해준 식당들을 찾아가 하나하나 자세히 살펴보면서 자연스레 '보는 눈'도 생겼다. 오동추야의 장단점이 더욱 선명하게 보였고, 함께하는 외식인들과의 대화를 통해서도 유용한 아이디어를 얻을 수 있었다.

벤치마킹 측면에서 이전과 가장 크게 달라진 점은 '기록'이다. 벤치마킹의 내용을 기록으로 남기면서 글쓰기의 중요성을 비로소 깨달았다. 이전에도 다른 식당을 보면 배울 점이 떠오르곤 했는데 기록을 안 하니 어느 순간 증발해 버렸다. 그리고 실제로 글쓰기를 해보니 정리가 되어야 글을 쓰는 게 아니라 글을 써야 정리가 된다는 걸 알게 되었다. 그래서 지금은 어떤 식당을 벤치마킹 다녀오면 꼭 글로 분석해서 내 생각을 다듬고, 우리 식당에 응용해서 접목한다. 벤치마킹의 끝은 실행이다. 기록하고 실행해야 비로소 벤치마킹은 완성된다. 언젠가 내 책을 쓰고 싶다는 생각도 좋은 책을 필사하고 벤치마킹 기록을 남기면서 하게 되었다.

효과적인 벤치마킹은 식당 경영에 실질적인 도움을 주고 있다. 예전에는 익숙한 방식이나 내가 고안해낸 방식을 고집하는 경우가 많았는데 지금은 많이 달라졌다. 두 가지만 예를 들어보겠다. 보통 돼지갈비집에서는 반찬이나 서비스로 육회를 주지 않는다. 육회를 주면 손님들이 갈비를 적게 먹을 게 뻔하지 않은가. 나도 그렇게 생각했다. 그런데 과연 그럴까?

언젠가 우연히 대전에 위치한 돼지갈비집에 갔는데 반찬으로 육회가 나왔다. 플레이팅이나 맛은 별로였지만 육회를 준다는 자체가 상당히 인상적이었다. 나도 해봐야겠다는 생각이 들었다. 그래서 집으로 돌아와 바로 육회를 만들어 보았다. 20년 넘게 고기를 손질해

왔기에 육회 만드는 건 어렵지 않았고 맛도 자신 있었다. 다만 대전에서 본 것과 다르게 서울식 육회로 바꿨다. 배를 가늘게 썰어 계란 노른자와 함께 고명으로 올리고 그릇과 플레이팅에도 신경을 썼다. 며칠 후 바로 서비스 형태로 손님들에게 육회가 나가자 반응은 폭발적이었다. 나는 대전 식당에서 준 것처럼 육회를 반찬으로 생각했는데 손님들은 요리로 받아들였다. 여기에는 고급스러운 그릇과 담음새도 영향을 미쳤다. 육회를 주면 갈비를 덜 먹을 거라는 생각도 선입견에 불과했다. 오히려 육회가 손님들의 식욕을 자극해 돼지갈비 매출이 늘었다.

다양한 후식코너도 벤치마킹의 소산이다. 어느 날 이름난 짬뽕

서비스로 나가는 육회, 일품요리처럼 담음새에 공을 들였다.

전문집에 갔는데 내가 평소 즐기는 아이스 아메리카노를 무료로 주는 게 아닌가. 얼큰한 짬뽕을 먹고 시원한 아메리카노를 마시니 아주 상쾌했다. 짬뽕집에 대한 호감도가 급상승했다. 그때 퍼뜩 아이디어가 떠올랐다. '짬뽕보다 돼지갈비가 더 비싸다. 그렇다면 우리가 손님에게 아이스 아메리카노를 못 드릴 이유가 없지 않은가.' 며칠 후 커피머신을 주문했다. 뻥튀기는 추어탕집에서 배웠다. 유명한 추어탕집은 대부분 대기실을 갖추고 있다. 그리고 처음엔 몰랐는데 여러 곳에 가보니 공통적으로 대기실에 뻥튀기 기계가 구비되어 있었고, 유독 아이들이 뻥튀기를 연신 가져다 먹는 모습이 눈에 띄었다. 생각해보니 추어탕은 중장년층은 좋아하지만 아이들이 선호하는 음식은 아니다. 그런데 뻥튀기 기계가 있으니 추어탕집이 온 가

다양한 후식코너는 오동추야의 새로운 상징이 되었다.

족이 즐길 수 있는 공간으로 변신하는 게 아닌가. 이거다 싶었다. 오동추야의 대표 고객도 가족 손님 아닌가.

이 모든 게 외식경영을 심도 있게 공부하며 변화된 모습이다. 솔직히 공부하기 전의 나는 장사꾼에 불과했다. 공부하면서 마음이 트이고 안목이 생기는 걸 스스로 체감하고 있다. 한 가지 아쉬운 건, 수많은 외식인들 가운데 공부하는 사람이 그리 많지 않다는 거다. 전체 외식인 중 5%나 될까. 그래서 어떤 교육 프로그램에서 만난 식당 사장들을 다른 교육 프로그램에서 또 만나게 된다. 이를 통해 공부하는 식당 사장들은 계속해서 스스로를 업그레이드하고 있음을 내 두 눈으로 확인하고 있다.

독학도 필요하다. 하지만 혼자 책이나 인터넷을 통해 자료 찾고 공부하는 건 분명 한계가 있다. 그보다는 전문 교육을 받고 많은 사람과 교류하는 게 더 빠른 성장을 가져온다. 한 분야에서 일가를 이룬 고수들을 만나고 공부하고 실행하면 달라진다. 나는 앞으로 외식업 외의 다른 분야 사람들도 만나 생각과 시선의 폭을 넓히고 싶다. 그게 결국 나 자신의 성장뿐만 아니라 오동추야의 발전으로도 연결될 것이다.

오동추야의 필살기,
냉면이 맛있는
돼지갈비집

내가 보기에 오동추야가 많은 손님에게 사랑받는 이유는 맛도 맛이지만 30년이라는 역사를 가지고 있기 때문이다. 그동안 무수히 많은 돼지갈비집이 생겼다가 사라졌다. 오동추야는 자리를 몇 번 옮기긴 했지만 이천에서만 계속 영업해왔다. 다른 데는 몰라도 적어도 이천 시민들은 우리 식당을 믿고 신뢰할 거라 자부한다.

물론 오래된 식당이라는 점 자체가 오동추야의 필살기(Best One)는 아니다. 우리 식당보다 더 오래된 식당은 쌔고 쌨다. 질문을 바꿔보자. 필살기란 과연 무엇인가? 한 마디로 '죽여주는 나만의 무기' 아닌가. 그렇다면 오동추야만의 끝내주는 무기는 무엇일까? 내 대답은 간단하다. 돼지갈비와 냉면이라는 강력한 투 콘셉트(Two Concept). 고기와 면의 상승효과, 이른바 '선육후면先肉後麵'. 요컨대 본질이 강력하다.

사람들은 돼지갈비와 냉면 둘 중 하나만 맛있는 식당과 둘 다 맛있는 집 중에 어디를 선택할까? 당연히 후자다. 그런데 현실에선 돼지갈비와 냉면 둘 다 맛있는 곳은 볼 수 없다. 매우 드무니까. 돼지갈비는 물론이고 앞서 언급했듯이 냉면도 그리 만만하지 않다. 그래서 돼지갈비를 잘하면서 냉면이 평타 이상만 되어도 손님이 몰린다. 즉, 냉면이 맛있는 돼지갈비집은 잘 될 수밖에 없다.

20년 가까이 연구하고 다듬은
돼지갈비라는 비기

오동추야는 30년 역사를 가진 돼지갈비·함흥냉면 전문점이다. 여기서 30년 역사는 그저 같은 메뉴를 오랫동안 해왔다는 의미가 아니다. 그렇다고 같은 맛을 유지해왔다는 말도 아니다. 오히려 오동추야의 전체 이력은 개선의 역사다.

모든 음식은 일단 재료 품질이 좋고 신선해야 한다. 그래서 오동추야는 이천에 본사를 둔 검증된 정육업체에서 국내산 최고 등급의 돼지갈비를 공급받아 직접 포 작업을 한다. 손님이 많은 식당일수록 신선한 재료를 확보하는 일종의 선순환이 일어난다. 즉 테이블 회전이 잘 될수록 음식을 최상의 상태로 가장 맛있을 때 내놓을 수 있다. 오동추야도 테이블 회전이 빠르다 보니 늘 싱싱한 식재료로 조리한 음식을 손님들에게 대접할 수 있다.

신선한 고기와 조화로운 양념이 돼지갈비의 핵심

돼지갈비 양념은 어떤가? 양념은 간장과 설탕, 과일, 채소의 비율이 잘 맞아야 조화로운 맛을 낼 수 있다. 물론 오동추야는 고유한 갈비 양념 레시피를 가지고 있다. 갈비를 잴 때도 맹물이 아닌 일곱 가지 한약재를 우려낸 물을 쓴다. 무엇보다 내가 생각하는 돼지갈비의 핵심은 숙성이다. 사람도 냉탕, 온탕 왔다 갔다 하면 근육이 풀어지듯이 고기도 적절한 온도 변화를 거치면 육질이 연해지고 숙성이 잘 된다. 숙성에서는 온도와 시간이 매우 중요하다. 숙성 기간이 너무 길면 안 좋은 냄새가 날 수 있고 맛도 짜질 수 있다. 반면에 너무 짧으면 양념이 덜 배어서 맛이 덜하다.

돼지갈비는 여러 숙성 단계로 부드러움을 완성한다.

오동추야에서는 한 번 만들 때 200kg 돼지갈비를 준비하며 오랜 연구 끝에 찾아낸 최상의 숙성 방식을 사용한다. '82시간 5단계 숙성'. 구체적으로 얘기하면 처음 2시간은 상온(약 10도)에서 숙성한다 (1단계). 이어서 3~4도에서 24시간(2단계), 영하 3도에서 48시간(3단계), 0도에서 6시간(4단계) 숙성한다. 마지막으로 손님에게 나갈 때는 상온에서 2시간 보관하여 냉기를 뺀 후에 나간다. 이렇게 하다 보니 고기 숙성하는 데만 냉장고 3대를 사용하고 있다. 한 가지 팁이라면 1단계와 2단계에 해당하는 저온숙성이 가장 중요하다. 이런 숙성 방식으로 자리 잡은 지 10년쯤 됐다. 바꿔 말하면 최적의 숙성 방법을 알아내기 위해 20년 가까이 숙성 온도와 시간을 바꿔가며 연구해왔다는 말이다.

직접 뽑은 면과 육수,
냉면은 오동추야의 또 다른 필살기

　오동추야의 냉면은 어떨까? 냉면도 계속 궁리하고 실험하면서 진화해왔다. 오동추야의 초창기 냉면과 지금 냉면은 많이 다르다. 면과 육수와 양념 모두 달라졌고 그에 맞춰 맛도 많이 발전했다. 그렇다고 내가 전문 교육기관에서 냉면 만드는 법을 따로 배운 건 아니다. 냉면은 내가 태어나기 전부터 존재했던 음식이다. 이 세상에 수많은 냉면집이 있으므로 많은 식당에서 여러 번 맛보며 스스로 연구했다.

　어떻게 보면 메뉴는 곧 레시피다. 나는 어떤 특정 메뉴를 개발하면 레시피를 자세히 기록해둔다. 레시피는 한번 작성했다고 끝이 아니다. 오히려 첫 레시피는 출발점과 같다. 오동추야 냉면도 육수 원액 레시피가 있고, 육수와 면 등을 담아 손님에게 나가는 후속 작업 레시피가 따로 있다. 레시피를 처음 만들고 30년 동안 크고 작은 개선을 해왔다. 개선의 기준은 손님의 입맛이다. 식당 주인에게 아무리 맛있어도 손님에게 별로면 소용없다. 손님 없이 식당은 존재할 수 없다는 마음으로 지난 30년 동안 변화하는 손님의 입맛에 맞춰 부단히 연구했다. 그래서 우리 집 냉면을 꾸준히 먹은 손님들의 블로그 후기를 보면 육수 맛이 조금씩 달라져 왔음을 확인할 수 있다.

　나는 돼지갈비만큼 냉면에 대한 자부심이 크다. 스스로를 30년

냉면 장인이라 여긴다. 사실 돼지갈비는 상향 평준화되었다. 그에 비해 냉면은 연구하고 공들이는 만큼 필살기로 만들 수 있는 가능성이 더 크다. 그러기 위해서는 직접 육수를 만들고 면도 손수 뽑아야 한다. 그래서 처음 식당하는 사람이 냉면으로 차별화하기는 만만치 않다. 실제로 이 글을 쓰고 있는 2022년 기준으로 자가제면自家製麵하는 곳이 20%나 될까. 대부분은 공장에서 일괄적으로 만든 면과 육수를 사용한다. 공장 제품을 사용하는 식당의 냉면 가격이 싼 것도 아니다. 그에 비해 오동추야는 육수뿐 아니라 면도 국내산 메밀과 고구마 전분을 혼합해서 직접 만든다.

최근(2022년 봄)에는 '한우물회냉면'을 새롭게 선보였다. 돼지갈비와 함흥냉면의 조합도 강력하지만 고기와 냉면 둘 다에서 독보적인

한끼 식사로도 손색없는 한우물회냉면

식당이 되려면 뭔가 하나가 더 필요하다는 생각이 몇 년 전부터 들었다. 그러다가 2년쯤 전에 한 식당에서 '한우물회'를 보고 이걸 냉면에 응용해보면 어떨까 하는 아이디어가 떠올랐다.

기왕 만들 거면 우리 식당만의 비법과 노하우를 담아서 손님들에게 내놓고 싶은 마음이 컸다. 그러자면 좋은 재료는 필수. 한우물회냉면에 쓰는 우둔은 1+ 등급의 국내산 한우를 사용한다. 면은 고구마 전분과 쓴메밀을 섞어 만든다. 고구마 전분은 다소 질기고 쓴메밀은 잘 끊어져서 두 가지를 섞으면 적당히 쫄깃하면서 식감이 좋다. 여기서 자세히 밝힐 수는 없지만 양념 소스를 개발하는데 생각보다 많은 시간과 공을 들였다. 냉면 육수는 한우 뼈와 설깃살로 12시간 동안 푹 끓여 만든다. 사과와 배, 양파, 대파, 마늘, 무 등 국내산 최상급 과일과 채소를 듬뿍 넣고, 몸에 좋은 일곱 가지 한약재까지 넣어서 다시 6시간을 끓인다. 여기에 가을무로 직접 담근 동치미를 섞어 최종 완성한다.

한우물회냉면은 한끼 식사로도 손색없다. 손님에게 나갈 때는 함흥냉면과 마찬가지로 물회냉면의 면도 주문 즉시 뽑아 삶고, 새콤달콤한 소스에 오이와 배 등 각종 고명과 함께 육회를 올리고 정성껏 만든 육수를 붓는다. 선홍빛 때깔 좋은 한우물회냉면은 식감이 특히 좋다. 직접 뽑아낸 면발도 쫄깃쫄깃, 육회도 쫄깃쫄깃, 여기에 시원하고 감칠맛 나는 육수는 특유의 청량감을 선사한다. 돼지갈비 먹고 고급스러운 한우물회냉면으로 마무리하면 함흥냉면과는 또 다른 매력이 있다.

숯불로 구운 수제 돼지갈비에 면과 양념, 육수 모두 직접 만든 청량한 냉면 조합은 그야말로 무적이다. 오동추야에서 돼지갈비와 냉면은 바늘과 실이다. 돼지갈비 먹고 냉면 먹는 게 정석이다. 수제 돼지갈비와 수제 냉면 조합 덕분에 고객 만족도가 높아지고, 그에 따라 재방문 요소가 확실해지며, 객단가(고객 1인당 평균구입액)도 상승하니 식당 입장에서는 일석삼조다.

오동추야는 조립 음식을 팔지 않는다. 오랜 시간 스스로 탐구하고 직접 조리한 검증된 음식을 대접한다. 이것이 내가 생각하는 오동추야의 확실한 아이덴티티이다. 내 이름은 '완성完成'이다. 어릴 때 '미완성'이라고 놀림을 많이 받았다. 그때는 그 별명이 참 싫었다. 그런데 장사를 하다 보니 식당과 음식은 항상 미완성이라는 생각이 든다. 그렇다. 지금의 나와 오동추야는 미완성이다. 가야 할 길이 멀고도 멀다. 언제 될지 모르지만 완성의 날까지, 아니 설사 거기에 도달하지 못하더라도 '이완성', 내 이름 석 자를 걸고 스스로 만족하지 않고 항상 연구하여 하루하루 오동추야를 완성해 나갈 것을 우리 손님들과 이 책을 읽는 모든 분에게 약속드린다.

오동추야의
가장 큰 차별점은
무엇인가?

오동추야가 여느 돼지갈비집과 가장 다른 점, 즉 차별점(Different One)은 무엇일까? 나는 세 가지로 답하고 싶다.

가격은 저렴하게 만족은 최상으로
극강의 '가심비'

가장 먼저 '가심비', 즉 손님의 마음을 사로잡는 메뉴 구성을 꼽을 수 있다. 오동추야의 대표메뉴는 수제 돼지갈비인데 2022년 10월 현재 250g 1인분에 17,000원이다. 식당에서 직접 포를 뜨고 손수 제조한 특제 양념과 고유한 숙성 방식을 취했다고 해도 가격과 메뉴 자체는 다른 돼지갈비집과 크게 다를 게 없다. 하지만 17,000원이라는 가격에 육회와 육전과 같은 요리를 비롯해 한정식 풍의 각종 반찬이 돼지갈비와 함께 나온다면 어떨까? 이런 구성은 어떤 돼지갈비집에서도 쉽게 따라올 수 없다고 자부한다.

오동추야는 음식 담음새에도 세심하게 신경을 쓰고 있다. 가볍고 싸고 깨지지도 않는 멜라민 그릇 놔두고 무겁고 비싼 도자기 그릇을 사용하는 데는 그만한 이유가 있다. 멜라민이나 스텐 그릇에 음식을 담는 것과 도자기에 담는 건 차원이 다르다. 그릇과 플레이팅에 따라 손님의 식욕과 기분이 미묘하게 달라지고, 다시 강조하건대 우리 식당이 손님을 어떻게 대접하고자 하는지를 가시적으로 전할 수 있다. 심지어 담음새만으로 반찬을 고급 요리로 인식하게 할 수도 있다. 육회와 육전이 나가고 담음새가 특별하다고 해서 오동추야의 상차림을 파인 다이닝 수준으로 여기는 손님은 없을 것이다. 그래도 손님들이 다른 갈비집과는 확실히 다르게 인식할 거라고 확신한다. 오동추야를 방문한 손님들이 후기에 상차림 사진이 많이 올리는 것도 그저 우연은 아니지 않을까.

주중 점심 메뉴인 '수제 돼지갈비 정식'은 돼지갈비 1인분보다 1,000원 저렴한 가격에 같은 양(250g)의 고기를 제공하면서도 손님이 된장찌개와 함흥냉면 둘 중 하나를 고를 수 있다. 단, 점심 식사임을 감안해 육회와 육전은 제공하지 않는다. 점심에 오동추야를 찾는 손님 중 90%가 갈비 정식을 주문하는데 매일 만석에 웨이팅이 기본이다. 점심에는 주로 주부들이나 회사원들이 주 고객인데 이 정도 구성에 16,000원이면 결코 비싸지 않다고 느낀다.

점심 메뉴 '수제 돼지갈비 정식', 저렴한 가격과 푸짐함으로 만석이 기본이다.

육회, 육전, 해초쌈 등
반찬이 잘 나오는 돼지갈비집

앞에서 소개했듯이 오동추야의 필살기는 30년 역사를 가진 돼지갈비와 함흥냉면의 조합이다. 더불어 나는 오래전부터 우리 식당을 '반찬 잘 나오는 갈비집'으로 포지셔닝하고자 노력해왔다. 이를 위해 지속적으로 '신메뉴 개발'에 매진해 왔는데 이 점이 오동추야의 두 번째 차별점이다. 나는 기본적으로 신메뉴 개발은 꼭 필요하다고 생각한다. 우리는 매년 평균 잡아 3~4개의 신메뉴를 개발하고 있다. 확고한 대표메뉴(돼지갈비, 함흥냉면)가 있기에 주로 곁들임 메뉴나 반찬을 개발한다. 특히 새로운 반찬을 고안하기 위해 공들이

반찬으로 제공되는 해초쌈, 돼지갈비와 묘하게 잘 어울린다.

고 있는데, 손님들이 꾸준히 좋아하는 육회와 육전 같은 건 그대로 두고 손님들 반응이 시원찮거나 너무 오래 나간 찬 위주로 매년 2개 정도 바꾼다.

하나만 예를 들면 수년 전에 웰빙 트렌드에 맞춰 해초쌈을 새롭게 도입했는데 반응이 꽤 좋다. 해초의 독특한 식감과 슴슴한 맛이 돼지갈비와 묘하게 잘 어울린다고 한다. 해초쌈 때문에 돼지갈비를 더 많이 먹게 된다는 손님들도 있다. 사실 해초쌈은 보기보다 손이 많이 간다. 생물이라서 재료를 잘 골라야 하고 준비도 까다롭다. 물론 모두 우리 가게에서 직접 손질한다. 일은 많지만 손님들이 좋아하니 그걸로 충분하다.

그동안 많은 반찬을 개발해서 메뉴에 넣고 빼기를 반복했다. 손님들의 피드백이 좋으면 일단 유지하고 반응이 별로면 그걸 만드는데 얼마나 공을 들였든 과감히 뺀다. 중요한 건 내가 들인 노력이나 시간이 아니라 손님의 만족이다. 어떤 메뉴든 손님을 끌기 위해서, 그리고 손님의 만족도를 조금이라도 높이기 위해 존재한다. 그리고 갑자기 특정 식재료의 공급이 어렵거나 값이 급등할 때 새로운 곁들임 메뉴와 반찬은 가격 경쟁력을 유지하는 대안이 될 수 있다. 또한 신메뉴는 단골 손님들에게 우리 식당이 꾸준히 발전하기 위해 노력하고 있다는 인식도 심어줄 수 있다.

뻥스크림, 커피 등 온 가족이 즐기는 후식코너

오동추야는 '후식 맛집'으로 유명하다. 이 점이 우리 식당의 세 번째 매력 포인트이다. 처음 오동추야를 방문한 손님은 정문 바로 옆에 자리한 고객 대기실을 보고 일단 놀란다. 꽤 큰 공간에 다채로운 주전부리와 디저트가 준비되어 있기 때문이다. 오동추야의 고객층은 남녀노소 불문, 다양한 연령대의 가족 손님이 많다. 그렇다면 디저트도 그에 맞춰야 하지 않을까. 그래서 삼대三代가 즐길 수 있는 후식을 준비했다. 따뜻한 커피는 물론이고 아이스 아메리카노, 믹스커피, 뻥튀기, 슬러시, 소프트아이스크림도 구비하고 있다.

최근 오동추야에서 가장 핫한 후식은 이른바 '뻥스크림'이다. 후식 중에 소프트아이스크림 기계가 가장 나중에 들어왔는데 어느 날부턴가 손님들이 뻥튀기에 아이스크림을 살짝 얹어 먹거나, 뻥튀기

뻥튀기에 아이스크림을 올려 먹는 '뻥스크림'

에 아이스크림을 얇게 바르고 그 위에 다른 뻥튀기를 덮어서 샌드
위치처럼 먹기 시작했다. 그리곤 페이스북과 인스타그램 등 SNS에
올리는 게 아닌가. 덕분에 오동추야의 고객 대기실과 후식코너가
입소문을 타고, 뻥스크림은 시그니처 후식이 되었다. 나로서는 손님
들이 절로 홍보해주는 셈이니 고마울 따름이다. '뻥스크림'을 돈 받
고 파는 식당이 있다는 사실도 나중에야 들었다.

　모두 무료로 제공하다 보니 후식코너를 운영하는 비용이 적지는
않다. 하지만 아깝지 않다. 그냥 비용이 아닌 훌륭한 투자이기 때문
이다. 어차피 광고나 홍보하는 데도 돈이 든다. 매달 500만 원 정도
를 홍보비로 책정해 두고 있는데, 실제 마케팅 업체에 쓰는 비용은
한 달에 100만 원 정도이고 나머지는 디저트 코너에 투자하고 있다.

손님들의 만족도가 높고, 재방문 요인이 되어주고, 입소문과 SNS를 통한 자발적 홍보 효과도 있으니 전혀 손해가 아니다.

정리하면 오동추야의 차별점은 복합적이고 입체적이다. 돼지갈비와 냉면을 비롯해 모든 음식을 우리 주방에서 손수 조리하고, 상차림도 육회와 육전 등 다양한 찬들이 어우러져 쉽게 따라 할 수 없게 구성했다. 겉모습은 모방할 수 있을지 몰라도 맛의 세심함과 담음새, 좋은 재료 그리고 신메뉴 개발과 다양한 디저트를 위한 아낌없는 투자는 흉내낼 수 없다.

어떤 식당으로
기억되고
싶은가?

오동추야는 '냉면이 맛있는 갈비집'으로 널리 알려져 있다. 실제로도 많은 손님이 이렇게 기억할 것이다. 맞는 말이고 감사한 일이다. 나는 가끔 조금 다른 관점에서 스스로에게 질문해 본다. '오동추야가 문을 닫는다면 누가 가장 우리 식당을 그리워할까? 그리고 그 이유는 무엇일까?' 아마 오동추야를 종종 찾았던 가족 손님들이 가장 아쉬워하지 않을까 싶다.

한 지역에서 30년 넘게 식당을 하다 보니 오동추야에서 돼지갈비를 처음 맛본 아이, 그리고 엄마 손을 잡고 식당에 왔던 아이가 다 커서 부모가 되어 자녀를 데리고 다시 오는 모습을 보곤 한다. 생각해보면 음식만큼 그리운 기억을 환기하는 매개체도 없는 것 같다. 어린 시절 부모님과 처음 외식한 음식, 중학교 졸업식 날 온 가족이

축하하는 자리에 나온 요리, 할아버지와 할머니랑 즐겁게 먹은 식당은 특별한 기억으로 남기 마련이다. 그런 음식은 어떤 의미에서는 '소울푸드'이고 그런 공간은 '소울 식당'이 될 수도 있지 않을까. 실제로 가끔 내게 "어릴 때 엄마랑 자주 와서 먹었는데, 그때 기억이 떠올라 일부러 자녀를 데리고 왔다"고 밝히는 손님도 있다. 이런 일이 반복된다면 오동추야는 '백년식당'이 될 수 있으리라.

누군가 내게 오동추야가 어떤 식당으로 기억되기를 바라는지 묻는다면 이렇게 답하겠다. **"삼대가 즐겁게 식사할 수 있는 음식점으로 남고 싶다"**고. 할 수만 있다면 메뉴부터 반찬, 접객, 고객 대기실, 후식 등에 이르기까지 오동추야의 모든 것도 여기에 최대한 적합하게 맞춤하고 싶다.

'삼대가 함께 즐길 수 있는 소울 음식이 나오는 백년식당'은 너무 앞서나간 생각일지도 모른다. 어쩌면 불가능한 꿈일지도 모른다. 그래도 내게 삼대가 함께 즐기는 백년식당은 북극성과 같다. 갑자기 웬 북극성? 밤하늘에 떠 있는 헤아릴 수 없는 별 중에서 우리 인간과 오랫동안 각별한 인연을 맺어온 별이 있다. 바로 북극성. 이 별은 태양보다 2,000배나 밝고, 북쪽이 어느 방향인지를 알려준다. 그래서 북극성을 찾을 수만 있으면 어디에 있든 내 위치를 가늠할 수 있다. 이런 이유로 북극성을 '길잡이별'이라 부르지 않던가. 생각해보라. 북극성에 도달하는 것은 불가능하다. 그런데 거기에 가닿을 수 없기에 끊임없이 영감을 제공하며 늘 길잡이별로 함께할 수 있지 않은가. 핵심은 그 방향으로 계속 나아가 나의 세계를 창조하는 것이다. '삼대가 함께 즐길 수 있는 소울 음식이 나오는 백년식당', 이한 문장은 내 마음속 길잡이별과 같다.

오동추야가 그런 존재가 되려면 무엇이 가장 중요할까? 내가 찾아낸 답은 한 단어다. 초심初心. 초심은 시작하는 사람의 마음이다. 어찌 보면 투명하게 비어 있는 상태, 그래서 어떤 도그마dogma나 선입견 없이 가능성을 맘껏 받아들일 수 있다. 초심과 비슷한 마음가짐으로 발심發心이 있다. 발심은 초심을 거듭 되새기는 태도이자 처음 시작할 때의 마음을 잊지 않는 자세다.

나는 식당의 성패가 초심과 발심에 달려 있다고 믿는다. 이것이 외식경영에 대한 나의 철학이다. 초심은 몰두의 다른 이름이며 발심은 지속적으로 몰두할 수 있는 힘이다. 처음 시작할 때의 간절함을 항상 기억한다면 좋은 외식인이라 할 수 있다. 남다른 각오로 식당을 시작했으나 위기에 직면해 무너지거나 일시적인 성취에 도취해 추락하는 경우가 얼마나 많은가. 그래서 발심이 중요하다. 초심을 거듭 되새기는 사람, 즉 발심자는 가능성에 주목하기 때문에 실패에 굴하지 않고 다시 시작할 수 있으며, 처음의 간절함을 품고 있기에 늘 새롭게 넓어질 수 있다.

내가 지금껏 숱한 위기를 넘길 수 있었던 원동력도 원천기술과 초심에 있다. 돌아보면 최악의 경우에도 원천기술을 가지고 있다는 자신감과, 어디서든 다시 시작하면 된다는 마음으로 위기를 돌파해왔다. 내가 발심하지 못했다면 부침이 심한 외식업계에서 오늘까지 견디지 못했을 것이다. 앞으로 오동추야가 대박식당으로 얼마나 롱런할 수 있느냐도 발심에 달려 있다고 생각한다.

나는 매일 초심을 되새기는 체험을 한다. 사실 내가 처음 고객 대기실을 만든 이유는 줄 서기 싫어서 다른 식당으로 가는 손님을 잡기 위해서였다. 잘 꾸민 대기실이 있지만 지금도 1분을 기다리지 않는 손님을 하루에 몇 번씩 만난다. 그럴 때마다 반성한다. '오동추야가 10분은커녕 1분도 기다려서 가고 싶은 식당이 아니구나!' 이런 경험을 매일 하면서 더 노력하겠다고 결심한다.

지나온 30년을 짚어보며 앞으로의 30년을 그려본다. 오동추야는 또 한 번의 도약을 꿈꾸고 있다. 이에 맞춰 초심이라는 마음가짐 외에 정량적인 목표도 수립해 뒀다. 일단 빠른 시일 안에 남의 땅에서 벗어나 내 땅에 건물을 지어 오동추야의 새로운 시대를 열고 싶다. 그래야 나답게 오래오래 오동추야를 운영할 수 있으리라. 두 번째로 매출에 대한 목표도 세워두었다. 연간 100억 원. 현재 우리 식당의 1년 매출액은 약 50억이 최대다. 100억을 달성하려면 향후 자가 건물로 확장 이전해서 매출이 는다 해도 오동추야 같은 식당이 최소 하나는 더 필요하다. 아직 확정한 건 아니지만 오동추야 2호점을 낼 생각을 품고 있다. 추가로 매출 증진을 위해 스마트스토어나 전용몰을 통한 밀키트 판매도 검토하고 있다. 이 모두를 현재의 오동추야에서 한 단계씩 업그레이드하는 과정으로 바라보고 있다.

대산보리밥, 365일 매일 먹어도 질리지 않는 식당

'대산보리밥'은 충청북도 청주를 대표하는 맛집이다. 2016년 문을 연 첫해에 연매출 4억 원을 시작으로, 다음 해에 9억 원, 세 번째 해에는 10억 원을 달성했으며, 2021년 매출은 16억 원에 이른다. 이 식당이 매주 하루 반을 휴무한다(2022년 8월부터 주 5일 영업으로 전환했다)는 점을 감안하면 더욱 놀라운 성과다. 이처럼 대산보리밥은 지금껏 꾸준히 내실을 다지며 한해도 빠짐없이 매년 성장해온 말 그대로 대박식당이다.

대박식당 대산보리밥을
상징하는
다섯 가지 키워드

나는 종종 궁금하다. 우리 식당을 방문하는 고객들은 '대산보리밥' 하면 무엇을 떠올릴까? 같은 질문을 이 책을 함께 쓰는 사우師友들에게 물어보았다. 다음과 같은 단어들이 나왔다.

보리밥, 건강, 청국장, 가성비, 전문 셰프, 약고추장, 접객 서비스, 인심, 고객 대기실, 엄마

여러 키워드 중에서도 보리밥, 청국장, 가성비, 이 세 가지가 가장 많이 등장했다. 내가 예상했던 것도 있었고 생각 못 한 키워드도 있었다. 그렇다면 식당 경영자로서 내가 생각하는 대산보리밥을 상징하는 다섯 가지는 무엇일까? 지난 시간과 나 자신을 다시금 돌아보

는 심정으로 우리 식당이 고객들의 마음에 어떤 모습으로 남기를 바라는지 스스로에게 물어보았다.

가장 먼저 떠오르는 건 '엄마'라는 단어다. 마케팅 용어로 치면 핵심 고객층이라 말할 수 있겠지만 그와 상관없이 내게 대산보리밥 존재 이유를 하나만 꼽으라고 한다면 한 단어, 바로 '엄마'를 들겠다. 엄마를 빼고는 대산보리밥을 얘기할 수 없다. 우리 식당에서 일하는 '이모(직원)'들도 다 엄마이고, 오시는 손님들도 누군가의 엄마 또는, 엄마의 하나뿐인 아들과 딸이다. 여기에 대해서는 뒤에서 좀 더 살펴보겠다.

두 번째는 '보리밥'이다. 식당 간판에도 들어 있는 만큼 보리밥은 우리 식당의 본질이라 할 수 있다. 어쩌면 전체 메뉴에서 보리밥은 다른 음식들 뒤에 가려져 있지만 뿌리 같은 역할을 담당하고 있으며, 우리 상차림의 바탕이라 해도 과언이 아니다. 씹을 때 고슬고슬, 꼬들꼬들한 특유의 식감을 담당하고, 보리밥이라는 단어에서 많은 사람, 특히 중장년층 손님들은 젊은 시절의 아련한 추억을 떠올리기도 한다. 일부러 의도한 건 아니지만 보리밥은 식당과 손님의 관계를 끈끈하게 연결하는 효과도 있다.

세 번째는 '청국장'이다. 이 또한 뻔한 대답처럼 보인다. 그래도 '보리밥 하면 청국장, 청국장 하면 보리밥'은 수학의 정석과 같다. 메뉴에 된장찌개가 있지만 손님의 90%가 청국장을 주문한다. 그래서 청국장의 품질과 맛에 각별히 신경 쓴다. 명색이 식당을 운영하면서 맛없는 걸 팔 수는 없지 않은가. 또 맛도 맛이지만 충청도 분들은 정말로 청국장을 좋아한다. 특히 연세 있는 손님들은 이구동성으로 '담뿍장'을 달라고 한다. 담뿍장이라니? 충청도가 고향이 아닌 나는 처음에 이게 무슨 말인지 못 알아들었다. 알고 보니 청국장이 충청도 사투리로 담뿍장이었다. 사전에서 '담뿍'을 찾아보니 '많거나 넉넉한 모양'으로 나와 있어서 나도 이 표현이 마음에 들었다.

대산보리밥을 상징하는 **네 번째 키워드**는 '**이벤트**'이다. 특히 '엄마의 행복'에 초점을 맞춘 이벤트를 꾸준히 하고 있다. 예비 엄마인 임산부를 위한 고등어구이 서비스, 군대에 자식을 보낸 엄마의 마음을 생각해서 군인이 오면 고등어구이 서비스, 생일인 분들을 위한 고등어구이 서비스, 수능이 지나고 수능 준비하느라 아이들보다 더 고생한 엄마들을 위한 이벤트 등을 상시 또는 한정으로 꾸준히 진행하고 있다.

마지막 키워드는 '**청주시민**'이다. 사실 내 고향은 부산이다. 역마살 때문인지 어릴 때부터 이리저리 국내외를 50군데 이상 떠돌다가 마침내 정착한 곳이 청주다. 처음 청주에 왔을 때는 여기에 뿌리내릴 거라 예상하지 못했다. 그런데 지금은 청주 사람으로서 자부심이 있고, 청주에 대한 마음이 남다르다. 물론 처음엔 시도한 식당이 여러 번 잘 안 돼서 빚을 지는 등 힘든 과정을 겪었다. 무협지를 보면 주인공이 처음부터 고수가 아닌 것처럼 말이다. 그래도 대산보리밥은 처음 문을 열 때부터 많은 분이 꾸준히 찾아주셨다. 지금은 타 지역 분들도 많이 오시지만 처음엔 청주시민뿐이었다. 그러니까 이곳 시민들이야말로 지금의 대산보리밥을 키워준 은인이다.

시간이 흐를수록 청주시민에게 감사한 마음이 나도 모르게 가슴에 자리를 잡았다. 세계적으로 유명한 프로 축구팀도 열렬한 홈팬이 없다면 어떤 모습으로도 존재할 수 없다. 이와 마찬가지로 대산보리밥이 성장할 수 있었던 가장 큰 이유도 청주시민 덕분이다. 그래서 보답하는 마음으로 청주에 작게나마 보탬이 되는 일을 하나둘 실천하려고 노력하고 있다.

지금까지 내가 생각하는 대산보리밥의 핵심 다섯 가지를 소개했다. 이렇게 정리하고 보니 맨 처음에 던진 질문, 즉 "우리 식당을 방문하는 고객들은 '대산보리밥' 하면 무엇을 떠올릴까?"라는 물음과 내가 정리한 다섯 가지가 상당 부분 일치하는 듯하다. 바로 그 점이 많은 분이 대산보리밥을 좋아하고 우리 식당이 매년 지속해서 성장하는 이유인 것 같다.

이 책을 손에 든 식당 경영자와 예비창업자들도 스스로에게 질문해보길 바란다. '고객이 우리 식당에 대해 무엇을 떠올리는가? 그리고 경영자인 내가 생각하는 우리 식당을 대표하는 다섯 가지는 무엇인가?'

네 번 폐업한 셰프에서
대박집
사장님으로

대산보리밥은 2016년 5월에 문을 열었다. 그런데 나의 외식업 인생은 20년을 훌쩍 넘는다. 지금의 대산보리밥은 이제까지의 내 외식업 여정 없이는 설명할 수 없다.

차라리 폐업이 편했던 순간들

나는 어릴 때부터 만화책을 좋아했다. 그중에서 요리와 관련된 만화를 특히나 좋아해서 요리 만화를 보며 요리사에 대한 꿈을 가지게 되었다. 그래서 고등학교를 졸업하고 조리학과가 있는 대학교에 진학했다. 그런데 막상 학교에 들어가 보니 내 생각과 많이 달랐다. 집안 형편이 어려워서 하루빨리 현장에서 일하고 싶은 마음이 컸는데 학교에서는 바로 실무에 나갈 수 없었다. 지금 생각하면 당연한 건데 경험이 일천한 나는 이것조차 알지 못했다. 결국 한 달 만에 학교를 그만두고 지인 소개로 서울에 있는 한정식집에 취업했다. 그렇게 요리에 첫발을 내디뎠다. 음식점에 들어가서 설거지부터 시작해서 갖가지 종류의 채소를 관리하는 법에 이르기까지 크고 작은 일을 하나하나 배워나갔다.

한정식집에서 일하던 중에 아는 선배를 통해 양식을 전공한 주방장을 만나게 되었다. 이때의 인연으로 그 주방장 밑으로 들어가면서 양식으로 전공을 바꿨다. 조금은 갑작스럽게 전공을 바꾸게 된 이유는 요리사로서 초기에는 다양한 경험을 통해 시야를 넓히는 게 중요하다는 선배들의 충고를 많이 들었기 때문이다. 그렇게 양식당에서 3년 정도 일했을 때 우연히 식당을 개업할 기회가 생겼다. 부모님이 청주로 이사를 가게 되면서 청주에서 식당을 할 기회가 생긴 것이다. 호기롭게 첫 식당으로 파스타집을 차렸지만 3개월 만에 문을 닫았다. 처음 경험한 폐업이었다.

이때는 다른 거 생각 없이 맛 하나만 믿고 시작했다. 근데 그게 패착이었다. 셰프는 요리 실력과 맛으로 승부하면 될지 모르지만 식당 경영, 즉 외식업은 맛만으로 되는 게 아니었다. 당시 나는 주변 상권 조사도 하지 않고 무턱대고 가게부터 차렸다. 식당 경영자로서 지식과 경험이 없어도 너무 없었다. 외식경영의 기본을 갖추지 못했던 것이다.

운도 따르지 않아서 경기가 나빠지면서 매출이 점점 떨어지다 보니 스트레스가 점점 커졌다. 스트레스가 극심해지면서 나중에는 미각까지 상실했다. 아무리 먹어봐도 맛이 안 느껴졌다. 예전에는 소금간을 보고 쉽게 맛을 잡아냈는데 그걸 못하게 된 것이다. 단순히 요리만 하는 게 아니라 매출을 올려야 하고 직원도 관리해야 하는 등 처음 해보는 일들을 동시에 하면서 스트레스가 엄청났다. 당연히 컨디션이 나빠지기 시작했고, 건강이 안 좋아지다가 결국엔 미각까지 잃으니 음식 맛이 흔들렸고 그때부터는 걷잡을 수 없었다.

이상하게 들릴지 모르지만 폐업하고 나서 오히려 행복했다. 당시에는 식당에 있는 순간순간이 고통이어서 '그냥 배 타고 도망갈까?' 하는 생각이 들 정도였다. 막상 폐업했을 때는 '이 지옥에서 떠나는구나!' 싶어서 마냥 기뻤다.

해방감도 잠시, 폐업하고 나니 빚이 남았다. 빚을 갚기 위해 다시 돈을 벌어야 했다. 얼마쯤 시간이 지나 미각이 돌아오자 서울의 한 식당에 들어갔다. 그래도 첫 폐업에서 배운 게 있어서 그때부터는 요리사 마인드에서 조금씩 벗어나 식당 사장을 계속 관찰했다. 어떻게 직원을 관리하고, 무슨 일을 하는지 지켜봤다. 그 모습을 보는데 이상하게 다시 창업하고 싶다는 생각이 들었다. 어쩌면 그게 사람들이 말하는 '사업병'인지도 모르겠다.

호주 요리학교에서 실력을 닦았지만
경영은 몰랐다

　다시 창업을 하기 위해서는 경영도 경영이지만 요리 실력을 갈고닦아야 했다. 뭔가 체계적으로 배우고 익히는 과정이 필요했다. 그래서 2007년 호주의 프랑스 요리학교에 진학했다. 스스로 요리의 기술적인 부분이 늘 부족하다고 느껴서 거기에 대한 갈증이 항상 있었다. 기술적인 공부를 위해 호주에 있는 르 코르동 블루(Le Cordon Bleu)에 진학했다. 커머셜 쿠커리(Commercial Cookery) 과정에 입학해서 요리 실습 9개월에 현장 체험과 외식산업 이론 과정과 매니지먼트 과정을 각각 6개월씩, 총 2년 3개월 동안 공부했다.

　호주에서의 생활과 공부는 만족스러웠다. 그때만 해도 한국에서

호주에서 체계적으로 요리를 배우며 기본기를 익혔다.

양식 요리를 제대로 배우기가 쉽지 않았는데 호주에서는 다양한 나라에서 온 전문 요리사와 교수들이 체계적으로 교육을 진행했기에 그동안 애매하게 알고 있던 많은 것을 정확하게 이해하고 실습하면서 기초를 튼튼하게 다질 수 있었다. 그래서 처음엔 한국으로 돌아올 생각이 없었다. 호주에서 요리 원천기술을 다양하게 활용할 수 있으니 여기서 자리 잡아도 되겠구나 싶었다.

그런데 호주에서 3년 넘게 지내다 보니 외로웠다. 한국 음식과 한국 사람에 대한 그리움이 점점 커졌다. 결국 한국에 돌아와서 지금의 아내를 만나 결혼했다. 아내가 청주 사람이어서 자연스레 청주에서 두 번째 음식점을 열었다. 파스타 전문점이었는데 손님들이 꾸준히 늘어 줄을 서서 먹을 정도로 반응이 좋았다. 월매출도 오픈하고 얼마 안 되어 6~7천만 원까지 올라갔다. 첫 식당보다 준비 기간이 훨씬 길었고, 이번엔 음식 맛도 흔들리지 않았다.

하지만 식당 경영이란 게 매출만 높다고 되는 게 아니었다. 손님은 많은데 실제로 주머니에 들어오는 건 크지 않았다. 나름 전문 요리사 출신이어서 식재료에 신경을 많이 쓰다 보니 재료비가 너무 많이 들었다. 물론 다른 문제도 있었지만 이 부분이 가장 컸다. 더욱이 두 번째 식당은 투자를 받은 상황이었다. 투자자 입장에서는 손님들이 줄 서는 식당이고 매출 올라가는 게 눈에 보이는데 남는 게 없다고 하니 이상할 만도 했다. 지금이라면 원가관리를 철저히 하고, 또 투자자에게도 자세한 매출과 비용 내역을 포함해 필요한 정보를 정리해서 매달 보고했을 것이다. 투명하게 정보를 공유하면

서로 신뢰할 수 있고 개선 방안도 마련할 수 있었을 것이다. 그런데 당시에는 그런 생각을 못 했다. 그러니까 나는 요리사로서는 한층 성장했지만, 식당 경영자로서는 여전히 많이 서툴렀다.

오히려 투자자가 계속 돈 이야기를 해서 반감만 커졌다. 수익만을 강조하는 모습을 보면서 이건 아니다 라는 생각에 손 털고 나왔다. 두 번째 폐업을 한 것이다. 이 경험을 통해 장사가 잘돼도 폐업할 수 있다는 걸 깨달았다. 또한 투자를 받는다는 게 큰 힘이 되지만 그에 걸맞은 책임과 신경 쓸 일이 많아진다는 사실도 절감했다.

서른여섯 살이 되기도 전에 두 번째 식당의 문을 닫았다. 사정이 이렇다 보니 많은 이가 다시 창업을 결심하기까지 고민이 크지 않았냐고 묻곤 한다. 그런데 사실 그다음 창업은 별로 고민하지 않았다. 당연히 해야 한다고 생각했고 몇 달 안 되어 김밥집을 열었다. 그런데 이번에는 이전과는 또 다른 문제가 터졌다. 오픈하고 몇 달 후 갑자기 호흡기 감염병인 메르스가 우리나라를 강타한 것이다.

신종 전염병이다 보니 정보가 부족해서 당시에는 메르스가 얼마나 심각한지 가늠도 못 했다. 매출이 계속 떨어지고 있는데도 막연히 괜찮아질 거라고 여겼고, 내 순진한 예상은 빗나갔다. 결과적으로 외부 상황을 제대로 파악할 수 있는 안목이 내게 없었다. 문제는 이뿐만이 아니었다. 김밥집의 수익구조를 모른 채 매출을 올리기 위해 인력에 과도하게 투자하다 보니 매출이 올라도 수익이 발생하지 않는 현상이 계속 이어졌다. 그런데 당시에는 이것이 문제란 걸 제대로 파악하지 못했다. 지금은 데이터경영을 배워서 수익구조를 파악하고 조율하면서 식당을 운영하고 있지만, 그 당시에는 그런 준비가 전혀 되어 있지 않았다. 또한 여유자금 운용에도 미숙해서 초반에 자금을 다 소진해서 정작 돈이 필요할 때는 대출을 받아야 하는 등 악순환의 고리에 더 깊이 빠져들게 되었다.

이런 상황에서 전에 했던 파스타 전문점의 투자자가 찾아와 다시 한번 파스타집을 운영해 보자고 제안했다. 처음에는 김밥집도 잘 안 되는데 음식점 2개를 제대로 운영할 수 있을지 걱정이 앞섰다. 그래도 그전에 했던 파스타집이 매출이 좋았고 단골들도 꽤 있었기에 일단 도전해보자는 마음으로 2개의 음식점을 운영하기 시작했다. 그런데 얼마 시간이 지나지도 않아 이런 생각이 매우 안이한 태도였음을 처절하게 깨닫게 되었다.

2개의 식당을 운영한다는 건 내 생각과 달라도 너무 달랐다. 김밥집이 잘 안 되는 이유가 메르스도 메르스지만 시스템을 제대로 갖추지 못한 이유가 결정적인데, 그런 상황에서 파스타집의 시스템까지 동시에 잡는다는 게 말이 안 되는 일이었다. 아니나 다를까 파스타집에 있으면 김밥집에서 일이 터지고, 김밥집으로 넘어오면 파스타집에 문제가 생겼다. 거기서 오는 스트레스가 어마어마했다. 결국 얼마 못 버티고 파스타집을 정리했다. 이후에는 김밥집 하나에 매진해서 어떻게든 살려보려고 했는데, 이미 흐름이 꺾인 상태에서 전세를 역전하는 건 역부족이었다.

또 한 번 식당 문을 닫으면서 금융권 대출부터 지인 채무까지 빚만 1억 원이 넘게 쌓였다. 잠깐 쉴 여유도 없이 돈을 갚기 위해 면접을 보러 다녔다. 처음에는 양식 요리사로 취업할 생각이었다. 그런데 최상의 조건으로 취업해도 빚을 갚고 가정을 책임지기는 거의 불가능해 보였다. 그 시기에 첫 아이가 태어났고, 아무리 생각해도 답이 안 나왔다. 앞으로 어떻게 살아야 할지 막막했다. 어떻게든 다시 창업해서 돌파구를 마련해야겠다는 생각이 들었다.

네 번의 폐업이 가져온 절박함,
그리고 보리밥

지금껏 네 번을 망했다. 정말이지 다시 떠올리고 싶지 않은 기억이지만, 여러 번 폐업하며 처절하게 겪은 아픔과 거기서 깨우친 것들은 그 과정을 고스란히 감내한 내 가슴에 오롯이 저장되었다. 정말이지 많은 걸 배웠다. 이 모든 경험이 든든한 바탕이 되어주리라 믿으며 다시 창업의 길로 돌아갔다.

이번에 망하면 정말 끝이라는 생각이 들었다. 마음가짐이 이전과는 다를 수밖에 없었다. 절박했다. 이번에는 1~2년 된 식당이나 핫한 메뉴가 아닌 10년 정도 운영하며 자리 잡은 음식점들의 메뉴를 살펴봤다. 그중 눈에 들어온 게 보리밥이었다. 10년 이상 된 보리밥집을 집중적으로 관찰해보니 이 메뉴라면 메르스 같은 돌발변수에도 비교적 영향을 덜 받고 오래 갈 수 있을 것 같았다. 그렇게 2016년 5월 대산보리밥을 시작했다.

대산보리밥 주인장의
웃픈 창업&폐업 이야기

2004년

파스타 전문점 오픈 ⋯ 첫 폐업 ㅜㅜ
20대의 패기로 덤볐지만 경영을 너무 몰랐다.

2013년

파스타 전문점 또 오픈 ⋯ 두 번째 폐업
영업이 잘되었고, 단골도 꾸준히 늘었지만
원가관리를 몰라서 앞으로 남고 뒤로 밑지는 상황에 직면

2014년 10월

프리미엄 김밥집 오픈
김밥집 업종에 대한 경험 부족으로 시스템 관리 실패

2015년

예전 파스타 전문점 재창업
2개 식당 동시 운영 ⋯ 세 번째 폐업
두 마리 토끼를 잡으려다가 원래 잡았던 한 마리도 놓쳤다.
일단 저질렀지만 금방 접게 된 파스타 전문점.

2016년 2월

김밥집 ⋯ 네 번째 폐업
2개 식당을 하다가 1개에 집중하기 시작했지만
이미 꺾인 흐름을 되살리기엔 역부족!
어느새 폐업 전문가가 되어버린 웃픈 현실…

2016년 5월

대산보리밥 창업! 현재까지 영업중

폐업하지 않기 위해 항상 긴장 100%
자나 깨나 손님 생각!

이문규 대표의 여러 폐업 과정을 정리한 이미지

폐업이 선물한
대박식당 경영 비법
네 가지

나는 스물네 살에 첫 식당을 시작하고 이후 네 번을 내리 폐업했다. 이 사실을 알게 된 이들은 하나 같이 연거푸 실패한 후에도 다시 창업할 용기가 어디서 생겼냐고 묻는다. 아마도 실패를 쉬이 용인하지 않는 세상살이에서 네 번의 폐업은 다시 일어설 수 없는 절망일 수도 있기에, 내 모습이 용기 있게 보였나 보다. 그런데 사실 나는 용기 있는 사람이 아니다. 나중에는 창업 외에는 다른 길이 없어서 그 길을 택한 이유도 있다. 또 하나 중요한 건 식당을 하나씩 말아먹을 때마다 뼈저리게 배운 점들이 있었고, 그 모든 교훈이 모여지금의 대산보리밥의 밑거름이 되어주었다는 것이다. 그렇다면 나는 여러 번 식당 문을 닫으며 무엇을 배웠을까?

식당을 이어가는 힘은 '끊임없는 공부'

첫 번째 교훈은 창업은 공부와 매우 비슷하다는 점이다. 그것도 단거리경주 같은 짧은 공부가 아니라 꾸준히 오래 달려야 하는 마라톤 공부에 가깝다. 모의고사를 매달 본다고 성적이 오르지 않듯이 여러 번 창업하고 폐업한다고 실력이 느는 건 아니다. 물론 마음가짐은 달라질 수 있지만, 기본 실력은 이전 창업보다 약간 나아지는 정도가 대부분이다. 관건은 끊임없는 학습이다. 학교 공부와 마찬가지로 식당 경영에도 공부는 필수적이다.

경제는 좋을 때보다 어려울 때가 더 많고, 자영업의 세계로 내몰린 사람들이 가장 많이 선택하는 일이 외식 창업인 점 역시 누구나 아는 사실이다. 외식 창업에 관한 언론의 기사를 봐도 열에 여덟은 실패한다고 하는데 여전히 음식점을 하려는 이들이 많다.

문제는 전쟁에 나서는 전사가 시간에 쫓겨 갑옷도 걸치지 않고 달랑 칼 한 자루 들고 싸움터로 달려 나가듯 무모하게 창업시장에 뛰어든다는 점이다. 시장조사는 물론이고 무엇을 잘할 수 있는지조차 모르면서 무한경쟁의 현장으로 뛰어들어 꿈을 펼쳐볼 기회도 가져보지 못한 채 장렬하게 전사하는 경우가 태반이다.

센 놈이 강한 자가 아니라 살아남는 자가 강자라는 말이 있다. 외식업은 출발선에서 먼저 달리는 것보다 얼마나 오랫동안 달리는가가 점점 더 중요해지고 있다. 순간적인 폭발력보다 지구력이 생존에 필수 불가결하다. 그런데 내가 만나본 예비창업자들은 대부분

6개월 이내에 창업 결정부터 오픈까지 일사천리로 진행하는 경우가 많았다. 다들 자신감 넘쳤고 장밋빛 미래를 품고 있었다. 자신이 무엇을 잘할 수 있는지, 음식서비스업이라는 환대산업에 잘 맞는지, 그리고 힘들고 지쳤을 때 함께할 사람이 곁에 있는지 알아보지 않은 채 부나방처럼 전광석화의 속도로 창업시장에 뛰어들었고 대부분은 참담한 실패로 끝나고 말았다. 이것은 사실 다른 누구의 이야기가 아니다. 나 자신이 바로 그랬으니까. 미욱한 나는 여러 번 폐업하고 나서야 창업 준비와 식당 경영 모두에 마라토너처럼 공부하는 태도가 필요하다는 걸 배웠다.

운이 좋았던 건지 대산보리밥을 오픈하고 3개월 정도는 순조로웠다. 따로 홍보를 하지 않았음에도(사실 홍보할 여력도 없었지만) 손님이 점점 늘었다. 그런데 3개월이 지나는 시점부터 매출이 조금씩 떨어지기 시작했다. 그동안의 폐업 경험에 의하면 한 번 매출이 꺾였을 때 돌파구를 마련하지 않으면 계속 떨어졌다. 과거의 아픈 기억이 떠오르자 너무 불안했다. 그런데 걱정에 사로잡힌 탓에 뭐가 문제인지 정확히 파악할 수가 없었고, 당연히 해결책도 요원했다. 그러던 중에 한 지인이 "왜 반찬을 안 바꾸냐?"고 조심스레 물었다. 그러고 보니 비슷한 얘기를 이전에도 들은 적이 있었다. 실제로 3개월 내내 콩나물무침이 손님상에 나가고 있었다.

'왜 이걸 몰랐을까?' 나의 둔감함을 질책하며 문제점을 빠르게 잡아야 한다는 마음에 바로 밑반찬을 바꿨다. 이어서 또 다른 지인과 몇몇 고객이 지나가듯 던진 말이 떠올랐다. 우리 식당의 사이드메뉴 중에 피자가 있었는데, 맛이 별로라는 반응이었다. 유학까지 다녀온 양식 셰프가 만드는 피자여서 기대가 컸는데 그만한 맛이 아니어서 실망이라는 얘기였다. 나는 밑반찬에 이어 피자 맛을 개선하는 작업에 돌입했다. 이전까지는 명색이 유명 요리학교 출신이라는 자부심에 내 입맛을 기준으로 삼으면 고객들도 좋아할 거라 여겼다. 하지만 결과는 정반대였다. 그래서 먼저 다른 여러 피자를 벤치마킹하고 소스를 연구했다. 그리고 직원들과 테스트를 꾸준히 진행하며 보완점을 찾았고, 손님들에게도 무료로 제공하면서 피드백을 받고 완성도를 높여나갔다. 그 결과로 남녀노소 누구나 좋아하는 지금의 피자가 탄생했다. 이후에도 밑반찬 교체와 피자 개선 작업처럼 어떤 문제가 생기면 가급적 신속하게 해결하는 과정을 여러 번 반복했다.

이 경험을 통해 식당의 문제는 식당이라는 현장에 있기 마련임을 새삼 깨달았다. 그렇다면 해결책은 어디에 있는가? 식당 경영자? 직원? 컨설턴트? 아니다. 해결책 또한 현장, 특히 고객에게 있다. 그러므로 현장에서 배워서 현장에 적용하고, 고객의 반응을 잘 관찰하고 손님의 피드백에 귀 기울여야 한다. 어찌 보면 식당 경영은 문제 발생과 해결의 연속이다. 따라서 학습 능력이 곧 식당 생존의 필수 요건이라 해도 과언이 아니다. 모든 일에는 양면이 있어서 네 번의 폐업 경험도 절망적인 실패만이 아닌 학습 능력을 키워주는 효과가 있었다.

내가 만나본, 맨손으로 시작해 대박식당을 일군 경영자들은 한결같이 늘 연구하고 공부했다. 내 경우에도 공부하는 시간이 늘어갈수록, 더 열심히 할수록 손님들이 늘어나고 긍정적인 고객 후기가 증가했으며 그에 맞춰 수입도 늘어났다. 아무리 바빠도 정기적으로 다른 식당을 벤치마킹하고 책을 읽고 글로 정리하며, 전문 강의를 수강하는 이유가 여기에 있다.

시스템으로 빈틈을 없앤다. '데이터경영'

둘째, 식당을 운영하는 데도 시스템이 필요하다. 즉 시스템적으로 경영을 할 줄 알아야 한다. 내가 창업에 관해 이야기할 때 가장 강조

이문규 대표는 데이터경영 교육에 참여하는 등 꾸준히 공부하고 있다.

하는 게 바로 시스템이다. 부실한 시스템 또는 시스템의 부재로 폐업한 경험이 있기 때문이다. 시스템의 기본은 데이터와 분석이다. 데이터와 분석이 없는 시스템은 모래 위에 지은 집과 같다. 대산보리밥은 매일 들어오는 매입 자료를 늘 확인하고, 당일 매출 역시 당일 정산한다. 이 작업이 한 달이 되고 3개월, 6개월, 그리고 1년이 되면서 데이터가 쌓인다.

이렇게 데이터를 관리하고 분석하는 활동 역시 처음부터 했던 건 아니다. 처음엔 누구나 그렇듯 주먹구구식으로 식당을 운영했다. 대산보리밥을 3년 정도 운영할 때도 상황은 별반 다르지 않았다. 다행히 장사는 잘되었지만 데이터에 기반을 둔 시스템 경영은 먼 나라 이야기였다. 그러던 중에 지인의 추천으로 박노진 대표의 데이터경영 수업을 듣게 되었고 이 일을 계기로 2019년 5월부터 현재까지 다양한 데이터를 기록하고 있다.

꼼꼼하게 모은 데이터를 바탕으로 매출과 비용 분석은 물론이고 회전율 파악까지 가능하다. 데이터에 기반을 둔 시스템이 있다는 건 계절별로 무엇을 할지 미리 알 수 있다는 뜻이기도 하다. 하나만 예를 들어보겠다. 과거 우리 식당은 매년 11월에 유독 손님이 줄었다. 처음에는 이유를 알지 못해서 마땅한 해결책도 찾지 못했다. 그런데 데이터경영을 시작하면서 수년간의 매출 데이터가 차근차근 쌓였고, 그 결과 해마다 11월이 되면 매출의 보릿고개가 다가오는 이유를 알 수 있었다. 그 원인은 김장 때문일 수도, 수능시험 때문일 수도 있었다. 하지만 이제 나는 더 이상 날씨나 경기를 핑계 대지 않는다. 고객 데이터를 단골과 신규 손님으로 구분해보니 11월은 신규 손님이 확연히 줄어든다는 사실을 확인했다. 막 추위가 시작되는 11월, 사람들은 굳이 차를 타고 보리밥을 먹으러 오지 않는다(대산보리밥은 청주 도심에서 다소 떨어진 곳에 위치해 있다). 대신 단골 손님들의 방문율은 거의 변화가 없었다. 이 데이터를 바탕으로 손님이 많은 여름부터 일찌감치 단골들을 관리하기 시작했다. 기존 손님을 단골로 만들고, 이미 단골인 분들은 한번이라도 더 우리 식당을 찾고 지인들에게 추천해주기를 바라면서 말이다. 손님이 많다고 식당 문을 일찍 닫지도 않았다. 그 결과는 전년 대비 50% 성장한 11월 매출로 고스란히 돌아왔다.

매출은 떨어지려는 성질을 갖고 있어서 항상 받쳐줘야 한다. 인건비와 재료비는 계속 오르면 올랐지 떨어지지 않기 때문에 지금 매출을 유지하는 건 엄밀히 말하면 퇴보에 가깝다. 늘 매출을 올릴 방안을 찾아야 하는 까닭이 여기에 있다. 적합한 데이터는 우리 식당을 보다 객관적으로 들여다볼 수 있는 창문과 같아서 식당이 잘못된 길로 가는 걸 막아준다. 또한 데이터경영은 막연히 어떨 것이다가 아닌 정확한 데이터와 분석 작업으로 식당이 나아갈 방향을 알려준다. 데이터경영을 통해 우리 가게가 우상향으로 성장하고 있는지 하향곡선을 타고 있는지 감이 아닌 수치로 확인하고, 어떤 비용을 절감하고 어떠한 손님의 유입을 촉진할 건지 판단할 수 있다.

'한정된 인력과 재화 속에서 효율을 극대화할 방법은 무엇일까?'

모든 식당 주인들이 답을 찾고 싶어 하는 질문이다. 그러면서도 좀처럼 확실한 답을 찾지 못하고 있는 문제이기도 하다. 이 큰 질문을 좀 더 구체적으로 나눠보면 아래와 같다.

- 나는 객관적으로 우리 가게를 바라보고 있는가?
- 매출을 올리는 게 맞을까? 원가를 절감하는 것이 나을까?
- 메뉴 가격(객단가)을 올리는 게 맞을까? 가성비 메뉴를 만들어야 할까?
- 고객 수(주부, 가족, 회사 동료, 연인 등)를 늘릴까? 객단가를 올릴까?
- 주 2회 휴무가 나을까? 연중무휴로 운영하는 게 나을까?
- 우리 식당의 적정 원가율은 어느 정도일까?
- 지금 시행 중인 마케팅(인스타그램, 페이스북, 네이버 플레이스 등)은 매출향상에 어느 정도 도움이 되고 있을까?

이 질문들 또한 식당을 운영하는 사람이라면 누구나 적어도 한번쯤 고민해 본 것들이 아닐까 싶다. 이와 같은 질문은 감이나 경험만으로는 제대로 된 답을 찾기 어렵다. 더욱이 우리 식당에 딱 맞는 해결책을 찾기 위해서는 정확하고 적합한 데이터와 분석이 필수적이다. 최소 1년 이상의 상세 데이터가 축적되면 데이터를 통해 식당을 바르게 진단할 수 있다. 이를 통해 가게를 접을 것인지 계속할 것인지를 판단할 수 있으며, 신규 매장을 열 때도 과거 데이터를 기반으로 시뮬레이션을 돌려보면 수익을 가늠할 수 있다. 데이터의 양과 질이 좋다면 얼마를 투자했을 때 수익률이 어느 정도 나올지도 꽤 정확하게 알 수 있다. 대표메뉴 가격과 전체 테이블 개수를 넣으면 매출이 얼마나 나오고 거기에 맞춰 몇 명의 직원을 둬야 하는지도 파악할 수 있다. 데이터 없이 감이나 막연한 추측으로는 어림도 없는 일이다.

식당을 운영하다 보면 성수기와 비수기가 있고, 코로나19 사태처럼 예측할 수 없는 위기가 덮칠 때도 있다. 이런 비상 상황에서는 고정화된 시스템보다 유연하게 움직일 수 있는 시스템이 필요하다. 이때도 충실한 데이터와 분석을 통해 미래를 조망하고 앞으로의 전략을 세울 수 있다. 물론 데이터가 모든 것을 해결해주진 않는다. 데이터를 꾸준히 정리하고 분석하는 일 역시 쉬운 일은 아니다. 그래도 그 끈을 놓지 않고 꾸준하게 정진한다면 엄청 도움이 된다는 걸 그간의 경험을 통해 나는 잘 알고 있다.

'엄마가 행복한 식당'
우리 식당만의 철학과 정체성 찾기

혁신의 아이콘으로 한 시대를 풍미했던 애플의 창업자 스티브 잡스는 자신만의 독특한 일의 철학을 가지고 있었다. 그는 종종 "우리는 우주에 흔적을 남기기 위해 여기에 있다"고 말하곤 했는데, 잡스 자신이 추구한 '흔적'은 "직원들이 동기에 충만해 위대한 제품을 만드는 영속적인 회사를 구축"하는 것이었다. 이를 위해 그는 몇 가지 원칙을 정했는데, 그 가운데 하나가 '예술가 정신'이다. "진정한 예술가는 작품을 출하한다"는 게 그의 신념이었다. 애플에서 만드는 제품은 디자인과 기능은 물론이고 작은 부분 하나하나에도 완벽을 추구했으며, 심지어 고객들이 볼 일도 없는 컴퓨터 내부의 회로 기판에도 같은 기준을 적용했다. 그는 입버릇처럼 "훌륭한 목수는 아무도 보지 않는다고 해서 장롱 뒤쪽에 저급한 나무를 쓰지 않는다"고 강조했다. 실제로 잡스는 매킨토시 신제품이 완성되었을 때 개발팀 45명의 서명을 컴퓨터 내부에 새기기도 했다. "진정한 예술가들은 작품에 사인을 남긴다"는 이유에서였다.

뜬금없이 왜 스티브 잡스와 애플 이야기를 꺼내는지 의아할지도 모르겠다. 그런데 내가 네 번의 폐업을 거치며 세 번째로 깨달은 교훈이 바로 철학이 중요하다는 점이기 때문이다. 내가 중시하는 가치, 또는 나만의 식당 철학이라고 할까, 뭐라 부르든 이게 굉장히 중요하다. 자기 식당을 경영할 때, 특히 창업할 때 자신만의 철학이 없으면 다른 사람이나 외부 요인에 너무 쉽게 흔들린다. 나 역시 분명한 철학이 없을 때는 누군가의 말에 쉽게 흔들리고 이리저리 치이면서 때로는 서서히 어떤 때는 한순간에 무너졌다.

애플 같은 대기업이나 잡스처럼 유명한 인물에게만 철학이 필요한 게 아니다. 애플의 첫 사무실은 잡스의 부모님 집 차고였고, 잡스도 한때는 어떻게 살아야 할지 몰라 방황하는 평범한 청춘에 불과했다. 잡스가 특별해서 그만의 철학을 가진 게 아니라 자신의 철학을 정립하고 거기에 충실했기에 특별해진 게 아닐까. 같은 맥락에서 식당 경영자에게도 철학이 있어야 한다고 나는 확신한다. 여기서 철학은 대학에서 철학자들이 연구하는 학문이 아니다. 오히려 식당 주인은 철학을 공부할 게 아니라 나만의 철학을 만들어야 한다. 나의 철학을 식당에 녹이고, 식당이라는 구체적 현장에서 실현해야 한다.

내가 말하는 철학은 잡스와 마찬가지로 식당의 존재 이유와 중시하는 가치를 포괄한다. 또한 철학은 의사결정의 주요 기준이기도 해서 철학이 없으면 앞으로 나타나는 숱한 갈림길에서 중심을 못 잡고 헤매게 된다. 자신의 철학이야말로 앞날의 방향을 잡는 나침반이 되어줄 수 있다. 어떤 사람이든 철학에서 멀어지면 삶은 먹고 과시하는 저잣거리의 인생으로 전락한다. 식당도 다르지 않아서 이 세상에 돈 잘 버는 식당은 많아도 사람들에게 사랑받는 식당은 드물다. 오랜 시간 고객들이 찾고 아끼는 식당들은 그만의 고유한 철학을 가지고 있다.

식당이 손님들에게 오래오래 좋은 기억으로 남기 위해서는 특색이 있어야 한다. 여기서 말하는 특색은 음식이나 서비스, 인테리어 이상을 말한다. 음식과 서비스와 인테리어는 모방할 수 있다. 그런데 철학은 다르다. 메뉴나 서비스, 운영 방식은 쉬이 바꿀 수 있지만 철학은 쉽게 변하지 않는다. 식당의 중심이자 뿌리이기 때문이다. 뿌리가 굳건한 나무는 쉽게 흔들리지 않는다.

보리밥집을 처음 오픈할 때 우리 음식점을 '청주에서 엄마가 제일 행복한 식당'이라고 정의했다. 지금도 힘든 순간이 오면 항상 이 문장으로 돌아간다. 그러면 내 욕심을 내려놓고 거기에 오롯이 집중하게 된다. 솔직히 예전에는 그런 철학이나 신념이 없었다. 식당 경영에 뛰어든 초기에는 '일단 돈 벌고 보자. 맛있고 트렌드에 맞으니까 손님이 오겠지'하고 쉽게 생각했다. 우여곡절을 거치며 여러 변화를 목격하면서 어느 순간부터는 자기 철학이 가장 중요하다는 생각이 들었다. 내가 보기엔 철학의 부재가 시스템의 부재보다 더 치명적이다. 철학이 먼저이고 그다음으로 필요한 게 시스템이다. 철학이 없으면 좋은 시스템도 소용없다. 철학은 시스템의 바탕이자 길잡이이며, 시스템은 철학을 실제로 구현하는 실행체계이자 실천력에 해당한다.

일례로 대산보리밥에서는 임산부와 현역 군인, 그리고 당일 생일을 맞은 손님에게 무료로 고등어구이를 선물한다. 많은 손님이 대산보리밥의 특별한 점으로 기억하는 '고등어 이벤트'는 두 가지 이유에서 사실 이벤트가 아니다. 보통 이벤트는 한시적으로 진행하지만 우리 고등어 이벤트는 항상 진행 중이다. 식당이 문을 열고 있는 날에는 변함없이 제공한다는 뜻이다. 고등어 이벤트는 나, 아니 대산보리밥의 철학에서 나온 구체적 행동이다.

또 다른 예로 대산보리밥 곳곳에서 볼 수 있는 시인 백석의 시를 들 수 있다. 백석의 시는 식당 홍보나 장식을 위한 용도가 아니다. 내가 그의 시를 읽으며 공명한 울림을 손님들과 조금이라도 나누고

대산보리밥은 예비 엄마, 현역 군인, 오늘 생일인 손님에게 항시 고등어구이 이벤트를 제공하고 있다.

싶은 마음에 새겨 넣은 것이다. 많은 시인 중에서 백석 시인의 시를 선택한 이유는 그의 시에 음식과 식재료가 자주 등장하기 때문이다. 그의 시를 보면서 식사를 하면 단순히 끼니를 때우는 것이 아닌 어떤 의미가 있는 시간을 보낼 수 있지 않을까 생각했다.

식당은 음식만 제공하는 공간이 아니다. 식당 고유의 철학은 그곳의 '정신적 맛'이다. 맛없는 식당이 필패하듯이 철학 없는 식당도 오래갈 수 없다. 나는 지금도 종종 스스로에게 물어본다. "손님들에게 대산보리밥이 어떤 식당으로 기억되기를 바라는가?" 식당을 운영 중인 분이나 예비 식당 창업자에게도 아래 질문을 권하고 싶다.

'우리 식당의 존재 이유는 무엇이며, 앞으로 어떤 식당이 되길 바라는가?

장사의 성패는 결국 '고객 만족'

여러 차례 창업과 폐업을 경험하며 또 하나 깨달은 건 고객의 중요성이다. 마지막으로 꼽았지만 사실 가장 뼈아프게 깨우친 교훈이 아닐까 싶다. 그래도 고객이 중요하다니, 이거 너무 당연한 거 아니냐고? 그런데 그 중요한 고객을 쉽게 잊는 경우는 또 얼마나 많은가.

네 번을 폐업하고 나니 지금도 '자나 깨나 손님 생각'으로 가득하다. 보리밥집이 자리 잡은 지금도 과거에 폐업했던 경험 때문에 '내가 잘못하면 또 폐업하지 않을까' 걱정이 앞선다. 그래서 손님에게 음식이 나가기까지 재료 하나하나 깐깐하게 따지며 긴장의 끈을 놓지 않는다. 누군가에게는 이런 모습이 너무 예민하게 보일지도 모른다. 그래도 나는 늘 미래에 대해 노심초사하는 내 마음의 에너지도 방향을 바꾸면, 즉 안주하지 않고 개선하려는 동력으로 삼으면 생산적으로 활용할 수 있다고 믿고 있다. 누가 뭐라 하든 나는 기본이 튼튼한 요리가 중요하다고 생각한다. 뿌리 깊은 나무 같은 식당을 만들고자 하는 노력은 현재 진행형이다.

모든 비즈니스는 결국 하나의 단어, 바로 고객이다. 식당에서도 모든 수익은 고객에게서 나온다. 식당은 고객이 방문해야 살아남고, 그 고객이 다시 찾아야 성장하며, 단골이 많아질수록 오래 번영한다. 구본형 선생의 표현을 빌리면 "식당도 서비스업임을 잊어서는 안 된다. 서비스업의 목적은 '고객을 돕는 사업(customer-helping business)'이다. 따라서 고객과 고객 만족 없이는 존재할 수 없다. 그래서 식당 경영의 핵심은 거래가 아닌 관계다." 다시 말해 고객이 원하는 것에 귀를 기울이고, 고객의 요구를 얼마나 잘 맞추고, 고객과 어떤 관계를 어떻게 맺는가에 따라 식당의 성패가 좌우된다.

고객이 없으면 사장도 직원도 없다. 고객이 원하는 음식과 서비스를 제공하면 고객은 오게 되어 있다. 누가 생각해도 당연한 이치다. 내 입맛에 맞는 맛과 내가 하기 편한 서비스를 벗어나서 고객이 원하는 맛과 서비스를 시대의 흐름에 맞춰서 제공한다면 한번 왔던 고객이 다시 올 것이다.

음식과 서비스는 한 번 완성했다고 해서 멈춰서는 안 된다. 계속해서 개선해야 한다. 한 번의 개선은 어렵지 않다. 그러나 지속적인 개선은 대단히 어려운 일이다. 한 번의 개선 결과는 말 그대로 개선일 뿐이지만, 지속적인 개선의 결과는 혁신적일 정도로 크다.

대산보리밥은 다른 식당과 경쟁하지 않는다. 대신에 어제의 대산보리밥과 경쟁한다. 나는 매일 스스로 '타도 대산보리밥'을 외친다. 어제와 경쟁하여 더 나아지겠다는 다짐이다. 나는 대산보리밥이 끊임없이 개선하는 식당이 되기를 꿈꾼다.

그렇다면 어떻게 개선을 지속할 수 있을까? 내가 사용하는 방법은 두 가지다. 첫 번째는 고객에 초점을 맞추는 것이다. 고객의 욕구는 늘 진화하기 때문에 개선에 끝이 있을 수 없다. 내가 고객이 원하는 것을 직접 듣기 위해 애쓰는 이유다. 고객이 원하는 것을 알 수 있는 가장 확실한 방법은 직접 듣는 것이다. 실제로 들어 보면 머리로 생각한 것과 다른 경우가 부지기수다.

두 번째 방법은 어떤 문제를 해결하거나 개선할 때 '왜'를 다섯 번 반복하는 것이다. 손님이 불만족한 후기를 올렸다면, 그 이유를 제대로 찾기 위해 '왜'를 다섯 번 반복한다. 왜라는 질문을 다섯 번 거듭하는 건 쉬운 해결책에 만족하지 않고 문제를 심층적으로 분석하여 근본 원인과 개선 방안을 밝혀내려는 노력이다. 다섯 번 왜를 묻는 것은 간단한 것 같지만 실제로 해보면 매우 힘들다. 처음으로 던지는 '왜?'는 쉽게 답할 수 있지만 세 번째 정도 되면 답을 찾기가 어려워진다. '왜를 다섯 번 반복한다'는 것은 그만큼 철저하게 생각하고 개선하겠다는 뜻을 담고 있다. 이어지는 글에서 소개할 대산보리밥의 비법이라 할 수 있는 약고추장과 묵은지 청국장 개발도 거듭해서 '왜'라는 질문을 던지는 여정과 다름이 아니었다.

대산보리밥의 필살기,
비밀의 맛과
상차림

내가 자신하는 대산보리밥의 필살기(Best One)는 맛과 상차림이다. 먼저 '맛'부터 살펴보자.

"엄마가 살아계실 때 해주던 보리밥보다 더 맛있어요."

"보통 보리밥은 까칠까칠하고 싱거운데 여기는 탱글탱글하고 톡톡 터지는 맛이에요."

"내가 집에서 하는 청국장은 80점, 여기 청국장은 100점!"

"소화가 잘되고 반찬이 정갈하고 맛있어요."

"여기 약고추장은 누구도 따라 할 수 없는 맛인 것 같아요."

"점심에 먹었는데 저녁에 또 먹고 싶어요."

우리 식당을 방문한 손님들이 공개적으로 남긴 후기다. 종종 손님들이 묻곤 한다. "며칠 전에 먹은 대산보리밥의 음식이 문득문득 계속 생각나요. 왜일까요?" 처음엔 과분한 칭찬으로 감사하게만 여겼다. 우리 음식이 입맛에 잘 맞아서 그저 다행이란 생각이 컸다. 그런데 여러 번 같은 질문을 받게 되면서 깊이 생각해보게 되었다.

왜 먹고 나면 문득문득 생각이 날까? 아마도 내 입맛과 관련이 있을 것 같다. 나는 어릴 때부터 입맛이 까다로웠다. 아이들이 좋아하는 햄이나 소시지를 안 먹었다. 이상하게 느끼하고 비릿해서 먹기가 싫었다. 대신 된장찌개, 김치찌개, 추어탕, 김치, 각종 젓갈 등 순수 한식을 정말 좋아했다. 당시에는 몰랐지만 어릴 적부터 내 입맛은 한식에 특화되어 있었던 셈이다.

요리를 처음 배운 곳도 한정식 전문점이었다. 고생도 했지만 그곳에서 기본적인 걸 많이 배웠다. 특히 음식의 간을 맞추는 방법을 선배 요리사에게 혼나면서 철저히 배운 게 두고두고 큰 도움이 되고 있다. 여기에 더해 호주에서 양식, 특히 프랑스 요리를 집중적으로 공부하면서 한식이 양식과 비교해서 조리 과정과 맛이 어떻게 다르고 한식이 가진 장점과 단점이 무엇인지 이해할 수 있었다.

한식과 양식을 넘나들며 요리사 생활을 20년 이상 하면서 많은 요리사를 만났다. 그런데 소금간을 잘 맞춰서 손님들의 입맛을 사로잡는 요리사는 의외로 아주 적었다. 음식을 예쁘고 화려하게 하는 기교가 출중한 요리사는 많았지만 정작 단순하게 맛 하나만 잘 내는 요리사는 드물었다. 양식을 예로 들면 진한 크림소스나 토마

토소스 같은 것들은 재료를 많이 넣어서 졸인다고 무조건 맛있어지지 않는다. 그보다는 마지막에 소금간을 어떻게 하느냐에 따라서 풍미가 달라지고 맛나고 밸런스 좋은 음식을 만들 수 있다. 때문에 소금간을 잘하도록 혀를 단련하는 일도 요리사가 가져야 하는 기본자세다.

손님들에게 따로 알리지는 않지만 대산보리밥은 비용이 더 들어도 요리할 때 주로 흑설탕을 쓰고, 천일염도 신안에서 4년 이상 간수 뺀 걸로 사용한다. 간장도 요리에 따라서 다르지만 풍미가 좋은 양조간장과 등급이 높은 걸로 사용하고 있다. 사실 이런 부분은 겉으로는 드러나지 않는다. 그런데 한식에 특화된 내 입맛에는 이런 재료들을 사용할 때 맛이 확실히 더 좋다. 그러니 재료든 양념이든 질 좋은 걸 고르게 된다.

무수한 실패 끝에 찾아낸
'약고추장'과 '묵은지'라는 비밀병기

우리 보리밥은 '오색 보리밥'으로 불린다. 보리밥과 함께 비벼 먹는 봄동, 무생채, 콩나물, 당근, 김 가루 등이 보여주는 다채로운 색깔 때문이다. 그런데 보리밥에 정점을 찍어주는 부기는 따로 있으니, 바로 매콤하고 달착지근한 약고추장이다. 내가 직접 만드는 약고추장은 주연 아닌 조연처럼 보이지만 사실 대산보리밥의 비밀병기다. 이미 방송을 통해 다채로운 단맛이 조화로운 최고의 약고추장으로 유명해졌는데, 〈한식대첩3〉 우승자인 임성근 요리사는 우리 약고추장을 두고 "맛이 엄청 부드러우면서도 삭은 느낌이 난다"고 극찬했다. 비결은 역시 손수 제조하는 보리식혜에 있다. 우리 약고 추장에는 특이하게도 보리식혜가 들어가는데, 오랫동안 수백 번의 실험 끝에 보리식혜를 약고추장에 넣으면 내가 원하는 부드러우면 서도 고급스러운 단맛이 난다는 걸 알게 되었다. 보기엔 간단해 보이는 고추장도 오랜 시간 끝에 나온 결실이다.

보리밥은 청국장과 잘 어울린다. 청국장은 투박하면서도 오감을 자극하는 매력을 가지고 있다. 보글보글 끓는 소리로 한 번, 진하고

오색 보리밥과 청국장

구수한 냄새로 다시 한 번 손님들을 유혹한다. 따끈따끈한 보리밥에 청국장을 듬뿍 넣고 비벼 먹으면 알알이 씹히는 식감과 함께 자극적이지 않고 담백한 맛이 입맛을 사로잡는다. 오죽하면 청국장을 '보리밥의 환상의 짝꿍'이라고 할까. 대산보리밥을 찾는 손님들도 80% 이상이 '된장보리밥'이 아닌 '청국장보리밥'을 주문한다. 그중에서도 우리 식당의 대표 선수라 할 수 있는 '묵은지 청국장'의 탄생에는 남다른 사연이 있었다.

우리 청국장은 부드럽고 냄새가 별로 안 난다. 묵은지 청국장에 들어가는 김치는 묵은지 특유의 감칠맛과 함께 식감은 엄청 부드러워서 입에서 사르르 녹는다. 청국장은 오래 끓이면 몸에 좋은 유용한 효소가 다 죽는다. 그래서 효소가 파괴되지 않도록 5분 이내로 끓여야 한다. 손님들은 우리 청국장 맛은 5분 이상 끓이지 않은 듯한데 김치만 봤을 때는 1시간 이상 끓인 것 같다고 한다. 그래서 다들 어떻게 김치가 이렇게 부드러운지 궁금해한다.

여기서 다 밝힐 순 없지만 그 비결을 대략적으로나마 공개한다. 일단 한 달 이상 저온숙성한 김치를 사용한다. 그 김치를 양파와 무와 함께 볶는다. 처음엔 청국장에 볶지 않은 김치를 넣었더니 맛이 제대로 안 나왔다. 그래서 이런저런 시도 끝에 김치를 볶아서 넣으니 풍미가 한결 나아졌다. 김치를 볶을 때는 쉬지 않고 계속 휘저어주어야 한다. 안 그러면 고춧가루가 타버린다. 또 하나 포인트는 새우가루다. 마른 새우를 풍미를 살리기 위해 볶아서 곱게 갈은 다음 볶은 김치에 넣는다. 새우가 들어간 볶은 김치는 맛이 하나로 농축

된 느낌을 주는데, 이것은 새우에서 우러나오는 감칠맛의 효력이다. 또한 새우가루는 청국장 특유의 쿰쿰한 냄새를 잡아주는 건 물론이고 김치와의 조화도 살려준다. 누군가의 표현처럼 새우가루야말로 '신의 한 수'가 아닐 수 없다.

약고추장과 묵은지 청국장은 쓰러져도 다시 일어서는 오뚝이처럼 무수한 실패 끝에 찾아낸 맛이다. 바꿔 말하면 무수한 실험과 학습의 결실이다. 나는 이 과정을 통해 어떤 음식이든 시간과 정성을 들이면 특별한 맛을 낼 수 있음을 배웠다. 지금은 주로 식당 경영자로 소개되지만 나 스스로는 '기본을 중시하는 요리사'라는 정체성을 잊지 않고 있다. 아무래도 내가 가장 많은 시간을 보내는 우리 식당에도 그런 면이 알게 모르게 스며들어 있을 것이다. 물론 나도 맛을 놓치고 실수할 때가 있지만 그래도 꽤 오랜 시간 셰프로서 몸에 익힌, 즉 최대한 빨리 제자리로 돌아와 기본을 지키려고 하는 습관만큼은 유지하고 있다. 그리고 항상 연구하고 더 맛있는 음식을 만들기 위해 꾸준히 공부하고 있다.

대산보리밥의 음식이 계속 생각나는 이유는 어떤 한가지 이유 때문만은 아닐 것이다. 앞서 언급한 여러 요인이 뭉치고 쌓여서, 그리고 내가 만드는 음식이 꾸준히 발전하면서 손님들의 입맛에 잘 들어맞게 되었다는 게 내가 내린 결론이다.

고급스러운 상차림은
또 하나의 마케팅

'문득문득 생각나는 맛'과 함께 대산보리밥의 또 다른 필살기는 '상차림'이다. 우리 식당을 처음 방문하는 손님, 특히 젊은 분들은 음식이 나오면 십중팔구 휴대폰을 꺼내서 사진을 찍는다. 왜일까? 일반적인 보리밥집에서 볼 수 없는 잡채, 수육, 샐러드 등이 기본 찬으로 나오고, 보리밥에 비벼 먹는 나물도 개인별로 접시에 담아서 하나씩 받는다. 그릇도 도자기와 유기그릇을 적절히 사용해서 알록달록 예쁜 상차림을 만들었기 때문에 처음 접한 분들은 대부분 카메라에 담으려고 한다. 요즘은 SNS가 일상이 되어서 손님들이 페이스북과 인스타그램 등에 상차림 사진을 올리면 절로 홍보가 되는 선순환 효과가 일어난다.

지금의 상차림을 완성하기까지 꽤 긴 시간이 걸렸다. 1~2년 만에 만들어진 상차림이 아니라는 뜻이다. 조금 과장해서 말하면 아기가 걸음마 배우는 듯한 과정을 거쳤다. 아내와 함께 우리가 꿈꾸는 상차림에 잘 맞는 그릇을 찾아서 서울과 이천, 여주를 자주 다녔다. 왜 그렇게 다녔을까? 기존의 보리밥집과는 다른 보리밥집이 되고 싶었기 때문이다. 내가 보기에 일반적인 보리밥집은 풍성함은 있지만 그릇까지 신경을 쓰는 미적 감각과 섬세함은 부족했다. 이 점이 상당히 아쉬웠다. 플레이팅을 중시하는 양식 셰프로 활동해서인지 음식의 맛뿐만 아니라 담음새도 매우 중요했다.

물론 처음부터 지금 같은 상차림이었던 건 아니다. 처음 식당 문
을 열었을 때는 우리도 비용을 아끼고자 멜라민 그릇을 주로 사용
했다. 그런데 얼마 지나지 않아 그릇의 코팅이 벗겨지면서 지저분
해 보였다. 그래서 3개월 만에 그릇을 도자기로 바꾸고 상차림에 본
격적으로 신경을 쓰기 시작했다. 아내와 같이 시간이 날 때마다 이
름난 식당들을 벤치마킹 다니면서 그릇을 집중적으로 눈여겨보았
고, 매년 1~2번 꾸준히 그릇을 교체하면서 상차림을 발전시켰다. 3
년 차 되던 해부터는 손님들이 상이 나오면 사진을 찍는 모습을 볼

도자기와 유기그릇으로 완성한 고급스러운 상차림

수 있게 되었다. 그렇게 꾸준히 노력한 결과가 지금은 상차림이다. 그래서 대산보리밥의 상차림을 흉내 내는 곳은 있어도 디테일한 깊이는 못 따라 하는 거 같다.

오랫동안 살아남는 존재는 사람이든 식당이든 자신만의 '끝내주는 한 가지'를 가지고 있다. 우리는 이것을 '필살기'라 부른다. 대산보리밥의 필살기는 '한번 먹으면 문득문득 생각나는 맛과 사진 찍고 싶은 상차림의 결합'이다. 그런데 생존과 성공을 넘어 한 분야에서 독보적인 위치에 오른 1인자들은 필살기 외에 또 하나의 무기를 가지고 있으니, 경쟁자들과 확연히 구분되는 매력적이고 신선한 뭔가, 즉 차별화 포인트가 그 주인공이다. 차별화에 대해서는 다음 장에서 이야기해보려 한다.

대산보리밥의
가장 큰 차별점은
무엇인가?

대산보리밥에 있는 것과 없는 것

많은 식당이 차별화를 외친다. 이제 식당 비즈니스도 '부러우면 지는' 게 아니라 '비슷하면 지는' 세계다. 기회가 있을 때마다 식당 주인들과 대화하는데 치열하게 경쟁하다 보면 자연스레 차별화가 이뤄진다고 생각하는 경우가 적지 않다. 경영학자들이 말하는 이른바 '경쟁을 통한 차별화(competitive differentiation)'이다. 그런데 내가 보기에 실제 상황은 정반대로 돌아가고 있다. 식당들이 경쟁할수록 서로 유사해지고 있다는 말이다.

이는 비단 식당만의 문제가 아니다. 가령 비누, 세제, 신발처럼 친숙한 제품 카테고리를 하나 정한 다음, 대형 마트에 가보라. 그리고 해당 카테고리에 속한 제품들의 차이점을 찾아보라. 회사명과 포장 같은 몇 가지 다른 점 말고는 대동소이하다. 아무도 이런 제품을 차별화되었다고 생각하지 않는다. 기업들 역시 이 정도를 가지고 "우리 제품은 다르다"라고 주장하기는 부끄러울 것이다.

외식업은 어떤가? 주변 식당을 둘러보라. 오늘날 식당들은 벤치마킹이란 이름으로 차별화가 아닌 모방에 매진하고 있다. 오해하지 말기 바란다. 벤치마킹이 나쁘다는 뜻이 아니다. 진정한 벤치마킹은 자신만의 독창성을 창출하기 위한 발판이 되어야 하는데, 대다수가 모방 수준에 그치고 있다는 말이다. 더욱이 어떤 식당들은 경쟁자와 다른 사소한 차이를 앞세운 과대광고로 고객들을 현혹시키고 있다.

냉정히 말하면 우리 식당들은 차별화를 추구하면서 차별화를 잃어가고 있다. 오늘날 식당 산업이 보여주는 차별화의 역설이다. 식당처럼 오래된 카테고리일수록 차별화된 가치를 제공하는 곳을 찾기 어렵다. 그래서 독창적인 가치와 매력적인 개성을 갖춘 식당에 손님들이 줄을 서는 게 아니겠는가.

유사한 식당들 사이에 아무런 차이가 없다는 말은 아니다. 그 차이의 경계가 희미하거나 점점 희미해지고 있다는 뜻이다. 멀리 갈 것도 없이 식당 경영자라면 뭔가 새로운 요소로 본인에게 기쁨을 선사한 식당이 얼마나 되는지 되짚어보길 바란다. 내 말이 무슨 뜻인지 알 수 있을 것이다. 오늘날 본질적인 차별화를 통해 기쁨을 주는 식당은 극소수다. 그렇다면 차별화란 무엇일까? 내가 생각하는 차별화란 '새로운 사고의 틀'이자 '새로운 눈으로 세상을 바라보는 태도'이다.

나는 대산보리밥의 차별점에 대해 체계적으로 조사해보았다. 이를 위해 규모, 인테리어, 메뉴, 상차림, 주차장, 대기 공간, 후식, 접근성, 이벤트 등 상세 항목을 뽑아서 우리 식당과 다른 보리밥집의 다른 점을 하나하나 비교 분석해보았다. 그 가운데 세 가지만 간단히 소개하면 다음과 같다.

기본 반찬

- 대산보리밥: 수육, 잡채, 샐러드 등 한정식에서 볼 수 있는 반찬 구성
- 기존 보리밥: 단순한 채소 위주의 찬 구성

대산보리밥의 대기 공간

주차장

- 대산보리밥: 40대 이상 무료 주차 가능
- 기존 보리밥: 식당 앞 또는 골목, 유료 주차장

대기 공간

- 대산보리밥: 10명 이상 수용 가능한 별도 공간
- 기존 보리밥: 대기 공간이 없거나 좁음

이 외에도 대산보리밥은 보통의 보리밥집과 다른 점이 많다. 가령 유학 다녀온 전문 요리사 출신 사장이 네 번의 창업과 폐업을 겪

후식코너에 마련된 보리강정, 뻥튀기, 슬러시, 커피 등 9종의 후식

고 만든 식당이라는 스토리(?)가 있고, 여느 보리밥집과 달리 양식 셰프가 조리한 고르곤졸라 피자가 있으며, 청국장을 2인분 주문하면 피자와 고등어구이와 순두부 중에서 1개를 서비스로 고를 수 있다. 고객 대기실 겸 셀프 후식코너에서 맛난 보리강정과 건빵, 강냉이, 즉석 뻥튀기와 미숫가루 음료, 커피 등 9종의 후식을 온 가족이 즐길 수 있다.

스티브 잡스가 말한 것처럼 고수는 무엇을 하느냐만큼 무엇을 하지 않느냐가 중요하다는 걸 안다. 차별성을 확보하는 일에서도 무엇을 하느냐만큼 뭔가를 하지 않거나 줄이는 것도 중요하다. 많은 경쟁자가 한다는 이유로 따라 하는 건 가장 위험하다. 차별화의 반대, 즉 범용의 늪으로 직행하는 길이기 때문이다.

대산보리밥은 마진이 높다는 이유로 주류 판매에 힘쓰지 않는다. 돈이 된다는 이유로 주류나 술상에 욕심내면 보리밥과 청국장이라는 중심 메뉴와 '청주에서 엄마가 제일 행복한 식당'이라는 철학이 흔들린다. 우리 식당은 주 5.5일 문을 열고 매일 점심 이후 브레이크타임을 가진다(2022년 8월부터 주 5일 영업으로 전환했다). 매출을 생각하면 휴일이 없을수록 이득이지만 이 또한 우리가 지향하는 가치와 맞지 않는다. 누군가의 소중한 엄마인 직원들을 위한 배려인 동시에 나 또한 가족과 함께하기 위해서, 그리고 나 스스로 꾸준히 공부하는 식당 경영자가 되기 위한 방편이다.

서로를 보완하는 경영자 부부가
가장 큰 차별점

그렇다면 이 모든 것 중에서 대산보리밥의 가장 큰 차별점(Different One)은 무엇일까? 단 하나만 꼽으라면 나 자신과 아내라고 답하겠다. 갑자기 이건 또 무슨 말일까? 앞서 이야기한 다양한 차별점을 만든 게 바로 우리 부부이니, 가장 핵심적인 차별화 요인이라 말해도 되지 않겠는가. 우리 부부 이야기를 조금 나누고 싶다.

앞서 밝혔듯이 나는 20년 넘는 경력을 가진 요리사이다. 그런 만큼 기본적인 요리 실력과 음식 연구를 꾸준히 하는 습관이 몸에 배어 있다. 또 여러 식당과 레스토랑에서 오래 일하면서 다양한 서비스 훈련을 받았다. 특히 호주에 있는 프랑스 요리학교에서 2년 넘게 영어로 요리와 외식 서비스 교육 등을 꾸준하게 받았고, 현지에 있는 레스토랑에서 실무 경험도 쌓았다.

아내는 외식업과 관련 없는 사무직으로 직장생활을 했는데, 내게 부족한 여성 특유의 감성과 미적 감각을 가지고 있다. 실제로 대산보리밥에서 사용하는 그릇은 전부 아내가 골랐다. 그리고 온갖 잡다한 물건들을 깔끔하게 정리하는 재주가 있다. 물건뿐만 아니라 식당 경영에 필요한 서류들도 효율적으로 정리할 줄 안다. 직원과 소통하는 일도 주로 아내가 맡고 있어서 직원들은 나보다 아내를 훨씬 편안해하고 좋아한다. 이 밖에도 고객 응대를 비롯해 외식업 특유의 다양하고 섬세한 일들을 아내가 꼼꼼하게 해주어서 얼마나 든든한지 모른다.

다른 보리밥집의 주인은 대부분 우리보다 나이가 많다. 우리 부부처럼 젊은 보리밥집 사장은 상대적으로 드문 편이다. 단순히 나이 문제는 아니겠지만 젊은 관점을 가진 나와 아내는 메뉴와 식당 운영에 최신 트렌드를 반영하는 데도 유리한 점이 있다. 게다가 우리는 식당을 벌써 몇 번이나 말아먹은 화려한(?) 전적이 있지 않은가. 폐업의 아픔이 짙다 보니 위기의식과 손님에게 귀 기울이고 잘해야 한다는 태도를 뼛속까지 내장하고 있다. 어찌 보면 차별화의 핵심이라 할 수 있는 '관점'과 '태도'가 발달해 있는 것 같다.

내 입으로 말하려니 쑥스럽지만 대산보리밥은 지금까지 설명한 필살기와 차별점을 결합해 청주를 대표하는 넘버 원(Number One) 보리밥집이 되었다. 그리고 뼈아픈 폐업 경험들과 거기서 배운 교훈들이 쓰지만 몸에 좋은 약이 되어주었다.

어떤 식당으로
기억되고
싶은가?

 이 질문은 '우리 식당의 본질은 무엇인가?'라는 물음과 일맥상통하다. 이 질문을 앞에 두고 있으니 처음 대산보리밥의 슬로건을 만들던 때가 생각난다. 모든 식당은 이름을 가지고 있지만, 여기에 식당을 대표하는 한 문장, 즉 슬로건까지 갖춘 식당은 많지 않다. 아마도 식당을 대표하는 메시지는 외부업체에 식당의 간판과 명함을 의뢰하듯 마케팅이나 홍보 전문가의 손에서 나온다고 생각하기 때문인 듯싶다. 그런데 대산보리밥의 중심이라 할 수 있는 한 문장은 내가 직접 만들었다.

 식당 이름을 정하고 나서 보니 상호가 손님들 마음에 오롯이 전해지지 않을 수도 있겠다는 염려가 들었다. 그래서 우리 식당의 지향점을 함축하는 짧은 문장으로 보완하면 좋겠다 싶었고, 그때부터 혼자 고민을 거듭했다.

당시만 해도 마케팅이나 홍보에 대해 잘 몰라서 단순하게 접근했다. '우리 식당은 누구를 위해 존재하는가?' 이 질문에서 시작했다. 먼저 장사를 하는 곳이 청주니까 일단 청주를 넣었다. 이어서 누가 우리 음식을 먹으면 좋을지 생각했다. 식당 주인 입장에서야 모든 사람에게 팔고 싶고, 특히나 가장 돈 많이 벌 수 있는 고객층을 겨냥하면 좋겠지만 내 생각은 달랐다. 나는 고객 수나 수익보다 누가 우리 식당에 꼭 왔으면 좋겠는지 생각했다. 바꿔 말하면 우리 음식을 진심으로 대접하고 싶은 존재를 찾고자 했다. 그런데 의외로 답은 금방 나왔다. 여성 손님. 사실 거의 모든 보리밥집의 주력 고객이 50~60대 여성이다. 여기서 한 번 더 고민했다. 그냥 뭉뚱그려 여성 손님보다는 우리 식당에 가장 잘 어울리는 누군가가 있을 것 같았다. 며칠 동안 여기에만 몰두했는데 어느 순간 엄마라는 단어가 떠올랐다.

'엄마…' 어쩌면 너무 뻔한 듯하지만 여기엔 나름의 이유가 있었다. 엄마는 항상 가족을 먼저 생각한다. 자녀와 남편을 걱정하고 늘 가족 모두에게 조금이라도 좋은 음식을 먹이고 싶어 한다. 가족에게 그저 배만 부르면 그만인 끼니 때우기식 밥상을 주고 싶어 하는 엄마는 없다. 우리 엄마가 그랬고, 내 친구 엄마도 그랬으며, 내가 아는 모든 엄마가 그러했다.

우리 식당은 다양한 채소와 잡채, 샐러드, 겉절이, 돼지수육이 기본으로 나온다. 거기에 영양 만점인 청국장과, 쌀밥보다 몸에 좋은 보리밥이 메인이다. 뿐인가. 고등어구이, 피자 등 다양한 연령대의 남녀노소 누구나 잘 먹을 수 있는 사이드메뉴까지 저렴하게 주문할 수 있다.

이 모든 음식을 집에서 엄마 홀로 다 준비한다면? 모르긴 몰라도 만만치 않은 일이다. 건강하고 맛있는 한끼 주려다 허리가 휠지도 모른다. 그런데 엄마의 마음을 닮은 음식을 항상 편하게 즐길 수 있다면, 거기에 가격도 합리적인 곳이 있다면 얼마나 좋을까? 난 대산보리밥이 바로 그런 식당이 될 수 있으리라 믿었다. 항상 가족을 사랑하는 엄마를 먼저 생각하는 식당이 되기로 결심했다. 이 마음을 담아 슬로건을 정했다.

'청주에서 엄마가 제일 행복한 대산보리밥'

이 짧은 한 문장에 담긴 의미는 결코 작지도 짧지도 않다. 엄마는 가족 모두 넉넉하게 맛있고 건강한 음식을 먹는, 한 마디로 '더불어 행복한 식사'를 원한다. 가족이 행복한 식사를 할 때 엄마는 진정 행복하다. 그래서 엄마가 제일 행복한 식당은 엄마 혼자만이 아닌 온 가족이 즐길 수 있는 음식과 서비스를 제공할 수 있어야 한다. 우리가 꽤 큰 주차장과 넓은 대기 공간을 제공하고, 조금은 과할 정도로 다양한 후식을 준비하는 이유도 가족을 사랑하는 엄마를 생각하기 때문이다.

한 문장을 가슴에 품고 식당 문을 열며 엄마가 힘들게 요리하지 않아도 가족과 건강하고 즐겁게 식사할 수 있는 공간이 되겠다는 바람이 가득했다. 이 마음은 지금도 그대로다. 아니, 더 강해졌다. 많은 손님이 우리 음식을 자주 먹어도 질리지 않고, 문득문득 떠오르는 매력이 있다고 하는 이유도 음식과 서비스에 엄마의 마음이 담겨 있기 때문이라고 나는 믿는다. 우리가 모든 메뉴에서 좋은 재료와 양념을 사용하고, 주류 판매를 등한시(?)하고, 임산부를 위한 고등어구이 이벤트를 상시 진행하는 이유도 여기에 있다. 모든 사람은 엄마 배 속에서 태어났고, 대산보리밥은 엄마를 위해 존재한다.

지금 식당을 운영 중인 사람과 식당을 하려는 예비창업자 모두가 진지하게 답해야 하는 질문이 있다. 우리 식당은 어떤 식당으로 기억되고 싶은가? 내가 운영하는 식당의 한 문장은 무엇인가? 앞으로 내가 만들 식당의 본질을 한 문장으로 표현할 수 있는가? 다른 누구도 대신 답해줄 수 없다. 반드시 본인이 생각하고 대답해야 한다. 기왕이면 한 문장으로 표현해 보라. 단순하게 집중할수록 우리 식당의 중심도 선명해진다. 이 질문의 답을 슬로건 또는 모토(motto), 존재 이유, 뭐라 부르든 이 한 문장은 나의 식당은 무엇이고 무엇이 될 수 있으며, 어느 방향으로 가야 하는지를 알려 준다. 이와 함께 그곳에 도달하기까지의 여정을 선물한다. 그 길을 통해 식당 주인과 식당 둘 다 고유한 삶을 경험하고 배우고 성숙한다.

앞으로도 대산보리밥은 '청주에서 엄마가 제일 행복한 식당'이라는 목적에 집중할 생각이다. 또한 엄마를 포함해 우리 식당에 오시는 손님들 덕분에 이렇게 성장하고 있음을 한순간도 잊지 않겠다. 그에 대한 보답으로 지역사회를 위한 봉사나 기부 활동에 보다 적극적으로 참여하겠다는 약속도 이 자리를 빌려 밝히고 싶다. 몇 전부터 꾸준히 해왔는데 앞으로 좀 더 범위를 넓혀서 '청주에서 엄마가 제일 행복한 식당'을 넘어 '청주를 제일 행복하게 하는 식당'으로 한 단계 발전하려 노력하고자 한다.

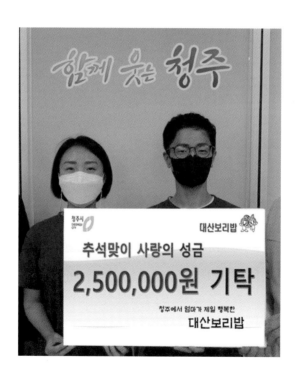

3장

대담:
대박식당 사장에게 배우는
경영 노하우

박노진, 이완성, 이문규

30년간 돼지갈비와 냉면에 집중해 일가를 이룬 '오동추야'의 이완성 대표

유학파 양식 셰프로 네 번의 실패를 딛고 대박집을 일군 '대산보리밥'의 이문규 대표

20년의 경험과 100건의 컨설팅, 5권의 외식경영 서적을 쓴 '마실'의 박노진 대표

외식업계 절정 고수 3인의 도합 70년 체험에서 건져 올린 경험적 지혜와 외식경영 비책을 소개합니다.

대한민국 외식업에서 가장 핫한 남자,
오동추야 이완성 대표

이완성 대표는 대한민국에서 가장 잘되는 식당 사장 중 한 사람입니다. 엔데믹 시대로 접어든 현재, 보복 소비로 어느 식당이나 다 잘된다고 하지만 이완성 대표가 운영하는 돼지갈비와 냉면 전문점 오동추야는 코로나 시절에도 연신 최고 매출을 갱신했고 2022년 5월엔 월매출 4억을 돌파했습니다. 그리고 하반기에는 꾸준한 4억 월매출을 달성하고 있고요. 코로나 이전에 월매출 3억을 넘기는 것이 목표였으니 어느 정도로 성장했는지 알 수 있지요. 매출로 모든 걸 대신할 순 없겠지만 식당이 얼마나 잘되는지 가늠하는 지표가 매출인 것은 분명한 사실입니다.

이완성 대표가 외식업에 처음 뛰어들었던 1990년대 초. 그는 20대 초반이었습니다. 대전이 고향인 이 대표는 군대에 입대하기 전에 모아두었던 300만 원을 식당을 개업한 형님에게 빌려주었답니다. 제대 후에는 형이 장사하는 이천에 와서 식당 일을 배우기 시작했고요. 식당에 출근한 첫날 이완성 대표는 식당 일이 자기와 너무나 잘 맞는다는 느낌을 받았다고 합니다. 음식을 만들고 손님들을 접객하는 모든 과정이 마치 맞춤옷을 입은 것처럼 몸과 잘 맞아떨어졌다는 겁니다.

식당에 출근한 지 두 달 만에 형님이 불의의 사고로 유명을 달리한 후 얼떨결에 식당을 맡아 본격적인 경영자로 변신한 이완성 대표는 몇 번의 성공과 실패를 거듭하면서 2003년 오동추야를 개업해 운영해오고 있습니다.

이완성 대표에게는 몇 가지 장점이 있습니다. 먼저 그는 '스펀지'입니다. 다시 말해 배우러 다니는 걸 두려워하지 않습니다. 데이터경영연구회, 외경 육류연구회, 벤치마킹연구회 등 식당 공부를 할 만한 곳은 그곳이 강의장이 든 음식점이든 가리지 않고 적극적으로 찾아다닙니다. 사실 어느 정도 규모 가 있는 식당의 대표들은 먼저 배우러 가기보다는 초청을 받거나 회장, 부 회장 같은 감투를 쓰기 위해 외부활동을 하는 경우가 많습니다. 그렇지만 이 대표는 오동추야의 성장을 위해 필요하다면 언제 어디든 가리지 않고 배 움을 청하는 공부하는 외식인입니다.

이완성 대표의 또 다른 장점은 배운 걸 적극적으로 현장에 접목하는 실 천가라는 점입니다. 오동추야에서 돼지갈비를 주문하면 육회와 육전이 반 찬으로 나옵니다. 아삭한 냉무채장아찌도 등장합니다. 저 멀리 경주 함양집 에서나 먹을 수 있는 한우물회냉면도 공중파 방송에 소개될 만큼 맛있게 만 들어 판매하고 있습니다. 어디 그뿐인가요. 중식당에서 아이스커피를 주는 것을 보고 얼음 가득 아이스 아메리카노를 주는가 하면 뻥튀기를 서비스로 주는 것도 모자라 아이스크림 기계를 설치해 이천에서 '뻥스크림'이란 인기 인스타 게시물까지 유행시킬 정도로 벤치마킹을 통해 배운 걸 현장에 접목 하고 있습니다. 특히 뻥스크림을 좋아하는 아이들이 많아 상당한 비용이 추 가로 들어가는데도 손님이 좋아하니 그것으로 만족한다고 하네요. 보통 고 깃집에서는 시도하지 않는 한정식 같은 반찬이나 요리들 외에도 다양한 후 식들이 입소문을 타고 손님을 모으는 역할을 톡톡히 하고 있다고 합니다.

이완성 대표는 맛을 느끼고 분석할 수 있는 남다른 미각의 소유자이기도 합니다. 30년 이상 고깃집을 운영하며 다양한 음식들을 만들고 맛보면서 터득한 미각은 웬만한 요리 전문가 저리가라 할 정도로 뛰어납니다. 특히 소스에 들어간 재료나 성분들이 어떤 것들인지 파악하는 능력은 현장에서 직접 조리하면서 배운 노하우가 아니면 알 수 없을 정도입니다.

보리밥의 정의를 다시 쓰는
대산보리밥 이문규 대표

대한민국 보리밥집의 역사는 대산보리밥 이전과 이후로 나누어져야 한다는 우스갯소리가 있을 정도로 대산보리밥은 이문규 대표의 삶과 노력이 묻어있는 스토리의 연속입니다. 기존의 보리밥 전문점들은 청국장과 보리밥을 중심으로 비벼 먹는 방식으로 풀어냈지만 대산보리밥은 한정식 같은 상차림과 묵은지 청국장을 개발하는 등 보리밥을 다양하게 해석하여 '3세대 보리밥 시대'를 열었다는 평을 받고 있지요.

1세대 보리밥집이 어릴 때 시장 골목에서 흔히 보던 저렴하고 푸짐한 서민적 식당이라고 한다면 2세대 보리밥집은 대형화, 현대적 인테리어의 식당으로 손님은 40대 이상부터이며 감성 또는 서비스는 조금 부족한 형태라고 합니다. 그에 비해 3세대 보리밥집은 대형화는 기본이고 감성과 스토리가 있으며 유아부터 고령층까지 모든 세대를 아우르는 보리밥집이라고 이문규 대표는 소개하고 있습니다.

그렇다면 대산보리밥과 기존의 보리밥집은 어떻게 다를까요?

일단 대산보리밥은 편안한 분위기에 감성을 살린 인테리어, 그리고 도자기와 유기그릇을 사용하여 상차림을 고급화했습니다. 이를 통해 보리밥집의 주요 고객층을 50~60대 여성에서 20~40대 남성과 여성으로까지 확대하였습니다. 또 동네 골목이나 시장 안쪽에 자리 잡았던 일반적인 보리밥집과 달리 40대 이상의 주차가 가능하고 웨이팅 공간까지 마련해 손님들의 불편함을 최소화했습니다.

대산보리밥을 창업하기 전에 네 번의 창업과 폐업을 거듭하면서 자연스레 경영 노하우도 체득했습니다. 특히 직원들의 복지와 근로 여건을 개선하려고 많이 노력하고 있습니다. 전 직원 4대보험 가입은 물론이고 주 1.5일 쉬는 것에 반나절을 더해 주 2일의 휴무를 제공하면서도 급여는 정상적으로 지급하고 있습니다. 매주 수요일과 목요일 휴무를 하고 있지요.

이뿐만이 아닙니다. '청주에서 엄마가 제일 행복한 식당'이라는 경영철학을 가지고 여기에 맞게끔 보리밥을 만들고 있습니다. 수육, 잡채, 샐러드 등 한정식 상차림에 나오는 반찬으로 구성하였고요. 임산부나 군인이 방문하거나 생일을 맞은 손님, 수능시험일부터 연말까지 수험표를 갖고 오시는 손님들에겐 고등어구이를 서비스로 주는 등 다양한 이벤트도 진행하고 있지요. 대기실에 보면 보리강정, 건빵, 강냉이, 미숫가루 음료, 커피 등 엄청나게 다양한 후식까지 무료로 제공하고 있습니다. 식당 경영자의 입장이 아닌 '엄마라면 어떻게 할까? 엄마라면 어떻게 만들까?'라는 엄마의 마음과 기준을 가졌기에 가능한 일입니다.

지금부터 지역 맛집을 넘어 전국으로 이름을 알리고 있는 대박식당의 두 대표를 모시고 외식경영에 대한 이야기를 나눠보겠습니다.

– 외식 전문가 **박노진**

박노진 ○ 각기 다른 분야의 식당을 운영하는 세 명의 대표들이 만나면 어떤 얘기들을 나눌까요? 음식점은 우리나라 소상공인의 대표 업종인데 이런 식당들은 어떻게 장사해서 먹고살며, 어떻게 대박식당으로 만들어 가는지 놀랍고 궁금하지 않으신가요? 70만 개의 크고 작은 식당들이 어떻게 치열한 경쟁을 뚫고 번성하는지 그 놀라운 방법과 도전들을 알아보는 자리를 만들었습니다. 대한민국에서 가장 핫하고 잘 나간다는 외식업 대표들이 솔직담백하게 공개하는 이야기를 지금 시작합니다. 먼저 저부터 소개할게요.

저는 천안에서 마실한정식을 17년째 운영하는 박노진입니다. 2002년 첫 식당이었던 고깃집을 시원하게 말아먹고 심기일전해서 두 번째 도전한 마실한정식에서 겨우 기사회생했습니다. 식당 흑망의 핵심이 공부하는 데 있다고 느껴 지금까지 공부하는 식당만이 살아남는다는 생각으로 오늘도 공부, 내일도 공부를 외치며 살아가고 있습니다. 두 분도 같이 인사하시죠?

이완성 ○ 저는 경기도 이천에서 돼지갈비와 함흥냉면 전문점 오동추야를 운영하는 이완성이라고 합니다. 올해 30년 차고요. 지금까지 돼지갈비하고 냉면만 쭉 했습니다. 중간에 다른 업종을 해본 적은 없어요. 오늘 대담을 하게 되어 영광스럽고 반갑습니다.

이문규 ○ 저는 청주에서 대산보리밥이라는 식당을 운영하고 있는 이문규라고 합니다. 반갑습니다. 대산보리밥 이전에 다른 레스토랑과 김밥집 같은 식당들을 몇 번 했다가 다 말아먹고 현재 대산보리밥은 괜찮게 매출이 올라와 운영을 잘하고 있는데요. 옆에 계신 이완성 대표님과 박노진 대표님과 같이 식당 공부를 하게 되면서 계속 성장하고 있는 것 같습니다. 오늘 이렇게 또 대담의 자리에 함께할 수 있어서 정말 영광스럽게 생각합니다.

박노진 ◦ 이완성 대표님은 어떻게 식당을 하게 되셨나요? 식당 경력 30년 차라고 하셨는데 지금 나이가 50대 초반이니까 거의 20대 초반에 식당을 하셨다는 거잖아요?

이완성 ◦ 벌써 30년 되었죠. 어릴 때 2년 정도 직장생활하다가 입대 앞두고는 한 달 정도를 알바를 했는데 그때 장사하시는 분을 따라다니면서 직장생활보다는 장사를 해야겠다는 생각을 어렴풋하게 했어요. 그러다가 군대가기 전에 조금 모았던 돈을 식당 준비하는 형에게 빌려줬고 제대 후엔 그 돈을 받으려고 형님 집에 갔지요. 그런데 그게 계기가 돼서 식당 일을 하게 되었습니다.

박노진 ◦ 저도 식당을 해야겠다는 생각으로 시작하지는 않았습니다. 30대 후반에 우연찮게 임대가 나온 고깃집을 보고 지인이 하겠다고 해서 투자자로 돈을 집어넣었는데 얼마 지나지 않아 손을 드는 거예요. 못하겠다고. 이미 제 돈은 회수할 수도 없이 사라져 버렸고 어쩔 수 없이 제가 맡아 운영했는데 호되게 당했죠. 만 3년 만에 5억 가까이 까먹었으니까요. 20년 전에 5억이면 정말 큰돈이었어요.

이문규 ◦ 저 같은 경우는 요리사 생활을 먼저 시작했는데요. 어릴 적 꿈이 요리사여서 처음엔 식당을 운영한다는 생각을 안 했던 것 같아요. 중고등학교 때부터 요리사가 꿈이어서 어떤 요리사가 되겠다는 마음만 있었지 장사할 생각은 없었는데 어떻게 20대 중반쯤에 기회가 와서 청주에 파스타집을 차렸지만 준비가 안 돼 있었죠. 그러다 한번 망하고 또 했는데 또 망하고, 그러면서 여기까지 왔네요. 어쨌든 저는 그 당시에는 오로지 요리만 하고 싶었어요.

망해가는 식당을 살리는 비법, 플라이휠 전략 열 가지

박노진 ◦ 그러니까 우리 공통점 중의 하나가 셋 다 식당을 하고 싶은 생각이 처음부터 있지는 않았던 거네요. 그랬던 사람들이 지금은 나름 한가닥한다는 식당 사장이 되었으니 그 과정이나 노하우를 궁금해하는 분들이 많지 않을까 싶습니다. 그래서 이번 대담 주제도 대박식당 사장님들의 경영 노하우로 잡았습니다. 잘되는 식당들은 어떤 걸 잘하고 어디에 초점을 맞추는지, 그리고 사장이 주로 해야 하는 일들은 무엇인지, 이런 내용을 주제로 제가 자주 말씀드리는 '성공하는 식당들의 플라이휠은 어떻게 만들어지는가?'(이하 플라이휠 전략)'의 열 가지 키워드를 중심으로 이야기를 나눠보면 좋겠습니다. 독자들에게 '플라이휠 전략'을 간단하게 소개하는 차원에서 제가 자문했던 어느 식당의 사례를 말씀드리고 두 분 대표님께서 생각하는 노하우나 경험, 생각 등을 나눠볼까 합니다.

쪽박식당에서 불과 몇 년 만에 땅 사고 건물 올리신 어느 사장님 이야기인데요. 10년 전 광주에서 식당하는 분이 저를 찾아왔습니다. 40평 정도 되는 한식당을 하고 있고 오픈한 지 6개월밖에 되지 않았는데 장사가 생각보다 부진해 도움이 필요하다는 겁니다. 저를 어떻게 알았냐고 했더니 어떤 강의에서 저를 만났고 연락처를 받아 놨다고 하더라고요. 그때는 마실도 초창기에서 벗어나 성장기로 접어들고 있던 시기여서 외부 컨설팅을 할 여유가 없었어요. 제가 도움이 될 수 없을 것 같다고 사양했지요. 몇 번이고 연락이 오고 급기야는 천안까지 찾아와 도움을 청하길래 일단 한번 가보기로 했습니다.

이완성 ◦ 식당 사장님의 삼고초려가 통했네요. 위기를 극복하기 위해서는 그런 절박함이 필요한가 봅니다.

박노진 ◦ 저도 그렇게 생각하는데요. 그만큼 도움이 절실한 상황이었어요. 제가 광주에 가보니 그곳은 다른 도시와는 달리 지구별로 생활권이 나뉘어 있더군요. 예를 들면 수완지구, 첨단지구 이런 식으로 말이죠. 그분의 식당이 위치한 곳은 신창지구라는 곳인데 주소로는 광산구 신창동이었습니다. 골목길로 들어가서도 몇 번을 돌아야 보이는, 한 마디로 구석진 곳에 자리 잡고 있었어요.

"와~ 이런 곳에도 식당이 있네요"하니까 사장님 말씀이 걸작입니다. 처음 본 순간 여기가 햇살이 환하게 비추면서 눈에 들어오는 게 자기네랑 딱 맞는다고 생각했답니다. 그래서 3년이나 비어 있었던 상가였는데도 계약하는 날 아침 일찍부터 지키고 있었답니다. 혹시 다른 사람이 먼저 계약하면 안 되니까요. 그만큼 기대도 컸겠지요. 예전에 분식집도 해봤고 문구 도소매도 했지만 하나같이 잘되지 않아 여기가 마지막이다 생각하고 있는 돈, 없는 돈 다 끌어모아 차렸는데 6개월 만에 문을 닫아야 할지도 모를 정도로 장사가 안되어 저를 찾아왔다고 다시 한번 절박한 마음을 토로하더군요.

사설이 좀 길었지만 이 이야기 속에 이 식당의 문제가 모두 나타나 있습니다. 너무 외진 곳에 위치한 입지부터 경험 없는 사장님, 자기자본 없이 시작한 장사, 특색 없는 메뉴에 이르기까지요.

이문규。 그렇다면 정말 안 좋은 조건은 다 갖춘 건데요. 장사가 잘되면 이상할 정도로요.

박노진 。 그렇지요. 그런데 장사가 안 되는 가게들일수록 자기 탓보다 손님들 탓을 먼저 합니다. 잘 아시겠지만 손님들은 "왜 이제 오픈하셨어요? 얼마나 기다렸는데요"하면서 찾아오지 않습니다. 먼저 잘 만들어 놓고 하루 이틀, 1년 2년을 한결같이 장사해야 그때서야 한번 와볼까 말까 합니다. 다행히 이곳 사장님은 손님이나 상황 탓을 하지 않으셨어요.

제가 말했습니다. 누구에게 어떤 음식을 팔 것인가를 먼저 정하자고요. 부부 두 분이 모두 착실한 기독교인이셔서 술 파는 장사보다는 밥집을 하고 싶어 했습니다. 마침 저도 한정식을 하고 있었기에 마실 스타일의 퓨전한정식을 추천했습니다. 가성비 높은 평일 점심으로 40대 여성 고객을 타깃으로 잡고 주말은 가족 모임으로 연결하면 자연스럽게 저녁에는 다양한 손님들이 찾아오게 될 거라고 말씀드렸습니다.

가격은 9,900원의 평일 런치특선을 강력하게 밀었습니다. 입지가 불리한 점을 가성비로 극복하려고 한 것이죠. 그 당시 남도한정식은 1인 기본이 최저 15,000원에서 20,000원 정도였는데 이걸 절반 이하의 가격에 퀄리티는 그보다 더 낮게끔 구성했습니다. 원가는 30%에 맞췄고요. 제가 가장 잘하는 분야가 원가관리거든요. 이제는 제 필살기라고 할 수 있는 실시간으로 관리하는 데이터경영도 원가관리에서 출발했답니다.

음식은 세팅, 특히 담음새가 중요합니다. 요즘이야 더 그렇지만 일단 예뻐야 맛있게 보이잖아요? 게다가 군더더기 음식이 없고 먹을만한 것으로만 한 상 잘 차려내면 목표 고객인 40대 주부님들의 마음을 끌어모을 수 있으니까요.

이완성 ◦ 마케팅은 어떻게 하셨나요? 뭔가 특별한 방법이나 이벤트를 사용하셨나요?

오동추야의 이완성 대표

박노진 ◦ 전혀 하지 않았습니다. 진짜로요. 입소문이 날 때까지 몇 달이 중요해서 믿고 기다리자고 했습니다. 제가 자주 언급하는 '창조적 단절의 시간'이 필요한 셈이죠. 한 번 다녀간 손님이 다음에 또 오실 때까지 약 2~3주의 시간이 필요합니다. 이때 부근 초등학교 교장 선생님의 역할이 아주 컸습니다. 부부가 애써 준비한 음식을 좋아하신 교장 선생님이 각종 모임을 이곳에서 하는 덕분에 신창지구뿐만 아니라 광주시 학교 선생님들에게 소문나면서 자모회, 선생님 회식이 자연스럽게 이어졌고 주말에 가족모임으로 연결되는 선순환구조가 만들어졌습니다. 단골손님과 입소문이 이렇게 강력합니다.

상호는 바꾸지 않고 처음 그대로 유지했습니다. 처음에는 바꾸고 싶었는데 사실 간판 바꿀 돈도 없었습니다. 이렇게 리뉴얼하면서

마실한정식의 박노진 대표

부탁드린 게 있습니다. 한 달에 한 번 지역사회를 위해 '해피데이'라는 행사를 해달라는 것입니다. 해피데이는 천안 마실에서 시작한 나눔과 기부 프로그램인데요. 하루 매출액의 50%를 어렵고 힘든 이웃을 위해 기부하는 행사입니다. 기부금 영수증도 받을 수 있고 봉사하며 좋은 이미지 쌓아 착한 식당이 되는 그야말로 일석삼조의 스토리를 만들어 낼 수 있습니다.

이쯤 되면 매출이 어느 정도 올랐는지 궁금하시죠? 처음 저를 찾아왔을 때 월 2천만 원 내외로 팔았다고 합니다. 2015년 은퇴하시기 전 마지막 매출이 월 1억 2천만 원이었습니다. 기존과 같은 규모, 즉 40평, 테이블 17개로 이뤄낸 성과입니다. 한번 성공의 바퀴를 돌리게 되면 암초를 만나기 전까지 잘 굴러가게 됩니다. 일종의 플라이휠이 돌아가는 것처럼 말입니다.

이문규 ○ 와, 정말 놀랍네요! 어떻게 그렇게 극적인 반전이 가능했을까요? 그 비결을 좀 더 구체적으로 듣고 싶어요.

박노진 ○ 궁금하시죠? 시스템을 그렇게 만들면 됩니다. 사장님이 직원들 출근하기 전에 소스와 육수, 된장찌개 등을 만들어 놓습니다. 직원들은 각자 업무만 하게끔 매뉴얼을 만들었지요. 이거저거 서로 겹치지 않게끔 시간대별, 요리 파트별 업무를 정해 놓는 거죠. 모든 음식은 레시피를 만들고 철저하게 맞춰서 조리하게끔 했습니다.

아무리 바빠도 퇴근시간은 칼같이 지켰습니다. 월급날은 빚을 내더라도 하루도 늦추지 말라고 했습니다. 10원이라도 매출이 오르면 보너스로 감사 인사를 하게 했습니다. 직원이 생일이면 케이크를 사서 함께 축하하고, 아프면 병원부터 먼저 가보게 했습니다.

이번마저 잘못되면 정말이지 야반도주해야 할지도 모른다고 하셨던 사장님이 딱 3년 만에 가게를 매입하였습니다. 모든 외식인의 소망인 건물주가 되신 거죠. 그리고 한 해에 한 번씩 옆에 있는 빈 땅을 매입해 주차장으로 넓혔습니다. 손님은 밀려들고 그야말로 온 동네가 여기 오는 손님들 차로 가득 차니 민원도 늘어나 땅이 나오는 대로 살 수밖에 없었습니다.

이완성 ○ 망해가는 식당을 다시 살린다는 게 말처럼 쉬운 게 아닌데, 여기 사장님도 정말 대단하시네요. 모르긴 몰라도 우여곡절이 많았을 것 같아요.

박노진 ◦ 이곳의 성공비결 중 가장 중요한 요인은 사장님 부부의 열정과 노력이었습니다. 매달 천안까지 와서 교육에 참석하고 배운 것을 바로바로 현장에 접목했습니다. 다른 곳에 한눈팔지 않고 10년을 오직 손님과 가게에만 집중했습니다. 중간중간 힘들고 어려운 위기 상황이 왜 없었겠습니까. 그 많고 많은 사연을 일일이 열거하기도 어렵지만 10년이라는 시간 동안 참고 이겨내신 두 분의 노력과 열정이야말로 성공의 원천이라고 생각합니다. 지금은 식당을 은퇴하시고 시내에 번듯한 건물을 올려 노후를 보내고 계십니다. 저와도 1년에 한두 번 만나 식사하면서 옛날얘기를 나누곤 합니다.

이렇게 힘들게 운영하다 반전에 성공하신 분들과 함께했던 경험에, 마실의 시스템을 더해 '플라이휠 전략'이라는 식당 개선 프로그램을 개발하게 되었습니다. 100% 다 성공하진 못해도 적어도 70%의 승률은 만들어내고 있습니다.

위 식당이 바로 플라이휠 전략을 통해 리뉴얼에 성공한 사례인데요. **플라이휠 전략의 키워드는 열 가지입니다. ①분석 ②고객 ③품질(맛) ④디자인(담음새) ⑤스토리 ⑥네이밍 ⑦가격 ⑧판매방법 ⑨마케팅 ⑩재구매전략.**

아이템이 먼저일까, 상권이 먼저일까?

이문규 ◦ 대단합니다. 듣고 있노라니 저도 처음부터 이런 자문이나 컨설팅을 받았으면 네 번이나 폐업하진 않았을 텐데 하는 생각이 드네요. (모두 웃음) 역시 대박식당이 되는 건 쉬운 일이 아니라는 것을 느끼게 됩니다.

저도 장사가 어려웠을 때 뭐라도 해보고 싶었지만 뭘 해야 할지 몰라 아무것도 안 하고 있다가 그냥 앉은 채로 문을 닫은 경우가 있었거든요. 저는 '분석'이 제일 중요하다고 봅니다. 무엇이 잘못되었는지, 음식을 개선해야 하는지, 마케팅을 해야 하는지 등 어떤 결정을 해야 다음 단계로 넘어갈 수 있는데 전혀 모르고 있다면 맨땅에 헤딩하는 꼴밖에 안 되거든요. 그런 차원에서 저는 식당에 데이터경영을 도입해야 한다고 말씀드리고 싶습니다. 데이터경영 교육을 받고 나서 일주일 만에 대산보리밥의 3개월 치 매출과 매입, 관리비를 정리하고 보니까 현재 문제가 무엇이고 어떤 부분을 개선해야 할지 눈에 보이더라고요.

박노진 ○ 맞습니다. 현재 운영하고 있는 매장에 어떤 문제가 있는지, 어디를 먼저 개선해야 할지 의사결정을 하기 위해서는 분석이 우선이죠. 의사가 치료를 하는데 병의 원인을 모르고 수술부터 할 수는 없는 일이잖아요? 분석이라면 이완성 대표님께서 최근에 경기도 이천에 '육탐미'라는 양념고깃집을 동생과 함께 오픈하셨는데 여러 분석을 해보지 않으셨나요?

이완성 ○ 아! 저는요, 일단 이천은 제가 거의 한 30년 가까이 살았기 때문에 소위 말하는 상권 분석이라는 거를 솔직히 안 해봤어요.

박노진 ◦ 상권 분석할 필요가 없었다고요?

이완성 ◦ 네, 제가 30년 정도 이곳에 살았기 때문에 식당들의 흥망성쇠를 옆에서 많이 지켜봤잖아요? 비슷비슷한 상권도 어떤 자리는 되고 또 어떤 자리는 안 돼요. 또 상권이 별로여도 주인이 잘해서 오래 영업하는 경우도 꽤 있었고요. 예전이나 지금이나 유행하는 아이템이 자꾸 바뀌고 수명도 들쭉날쭉하니까, 제가 볼 때는 아이템도 분명히 중요하지만 식당을 하는 자세가 더 중요하다고 생각해요. 육탐미 같은 경우는 어쨌든 기획을 잘했던 것 같아요. 권리금 없이 들어가기도 했고요.

이문규 ◦ 육탐미가 무권리 자리였어요? 그렇다면 그전에 했던 식당은 잘 안 됐다는 소리잖아요?

이완성 ◦ 그전에도 고깃집이었어요. 삼겹살집이었는데 저도 한두 번 가서 먹었지요. 제 기억에 거기도 장사를 한 5년 정도 했던 것 같아요. 처음에는 그래도 장사가 좀 되다가 코로나 오니까 안 되더라고요. 그러니까 경쟁력이 떨어지는 집들은 코로나로 직격탄을 맞은 것 같아요. 그래도 제가 보기엔 가게 평수도 적당하고 저희가 원하는 양념육전문점이라는 고깃집 콘셉트랑 잘 맞는다 싶었습니다. 주차장도 꽤 크고 주변에 사무실 같은 건 없지만 아파트와 주택들이 있어서 나쁜 상권은 아니라고 봤죠. 그래서 저는 상품력이 좋으면 아주 좋은 상권이 아니어도 충분히 가능성이 있다고 생각했어요.

박노진 ◦ 그렇다면 이완성 대표님은 육탐미를 시작했을 때 아이템을 먼저 잡고 적합한 공간, 즉 입지를 찾았다는 거죠? 근데 그 입지가 A급 상권이냐 B급 상권이냐, 이거보다는 육탐미라는 양념고깃집이 들어갈 수 있는 적당한 공간을 먼저 찾았고, 주변 여건이 그 정도면 되겠다라는 판단이 섰다는 거잖아요? 입지와 상권 분석도 일부러 안 했다기보다는 이천에서 오래 장사를 해오다 보니, 부지불식간에 정보를 이미 알고 있었고요.

이완성 ◦ 맞습니다. 일단은 저희가 잡은 주 타깃이 가족과 연인이에요. 이천에도 삼겹살, 생고기, 선술집 같은 곳들은 꽤 많아요. 그래서 인테리어를 조금 고급스럽게 하고 가족 외식과 연인들의 데이트 코스에 초점을 맞췄는데 한 2~3개월 해보니까 이게 적중했다고 생각해요. 육탐미에는 가족 손님들이 참 많더라고요. 코로나 거리두기가 해제되면서 직장인들 회식도 꽤 많은 편이고요. 그런 점들을 보면 처음 오픈하면서 분석하고 또 목표로 잡았던 메뉴와 고객, 이 두 가지 모두 적절했던 것 같아요.

주요고객, 메뉴, 가격이라는 숙제

박노진 ◦ 자연스럽게 '고객'과 '메뉴'에 관한 이야기로 넘어가네요.

대산보리밥도 가장 먼저 눈에 띄는 점이 '청주에서 엄마가 제일 행복한 식당'으로 포지셔닝하고 있다는 건데요. 왜 그렇게 하셨나요?

이문규 ∘ 대산보리밥은 오픈하기 전부터 간판에 청주에서 엄마가 제일 행복한 식당이라는 슬로건을 만들었어요. 그전에 식당을 할 때는 슬로건 같은 걸 만들지 않았어요. 없어도 뭐 상관없다고 생각했는데 대산보리밥을 시작할 때는 제가 스스로 만들어서 이 문구를 아예 간판에 넣었죠. 그러고 나서 장사를 하다 보니까 자연스럽게 뭐든지 할 때마다 '엄마라면 어떻게 할까?'라는 기준에 맞추게 되더라고요.

이완성 ∘ 대산보리밥은 '엄마'라고 하는 명확한 고객을 설정한 거죠. 어떻게 보면 고객에 대한 정의를 한 그 자체가 대산보리밥의 철학이라고 할 수 있을 정도가 된 거군요.

이문규 ∘ 엄마라는 단어는, 그 당시 저는 모든 연령대를 아우르는 존재라고 생각했어요. 어린이들뿐만 아니라 10대와 20대들도 엄마가 있잖아요? 또 30대도 엄마가 있지만 자녀가 있는 경우 자신이 엄마이기도 하죠. 그리고 거의 모든 사람이 엄마의 음식을 좋아하고 엄마의 솜씨를 그리워하잖아요. 저는 엄마라는 이미지를 계속 생각하다 보니까 보리밥처럼 엄마와 잘 맞는 음식도 없는 것 같고, 진짜 엄마가 행복한 식당이 너무 좋았어요. 그렇다 보니 메뉴를 개발하거나 새로운 반찬을 교체하거나 그럴 때도 그 기준이 엄마가 되는 거예요. 반찬도 보면 애들이 먹을 만한 반찬도 있고 잡채라든지 고등어, 피자 같은 것도 있어서 온 가족이 즐길 수 있는 다양성이 있는데 주로 그 다양성을 엄마의 기준으로 맞춘 거죠.

이완성 ◦ 저희 오동추야 같은 경우는 '삼대가 행복한 식당'을 만드는 게 목표였어요. 남녀노소 불문하고 삼대가 함께 식사할 수 있는 그런 식당을 표방하고 있거든요. 대산보리밥은 '엄마'라는 키워드가 중심에 있다면 오동추야는 '가족'이라는 키워드를 메인으로 잡고 있다고 보셔도 될 것 같습니다.

박노진 ◦ 그렇군요. 오동추야는 '가족', 대산보리밥은 '엄마' 그리고 보니 마실은 '주부' 고객을 잡았으니 세 곳 모두 여성 고객이 중심이 되는 식당인 셈이네요. 실제로 가족 외식의 결정권도 엄마에게 있는 경우가 많지요. 요즘은 여성 고객을 소홀히 대해선 살아남을 수 없는 게 분명한 사실입니다. 대산보리밥과 관련된 이야기를 좀 더 해보도록 하죠. 대산보리밥에 가면 모든 음식과 서비스, 심지어 가격조차도 엄마의 마음이 스며있다고나 할까, 엄마 같다는 느낌이 들더군요. 그런데 고객 설정이나 메뉴개발 이런 것 모두 처음 오픈했을 때부터 그렇게 잡고 시작했던 건가요?

이문규 ◦ 처음부터 저의 생각은 엄마에 초점을 맞추긴 했는데, 개업 초창기에는 직장인들과 주변 분들이 알음알음 오셨던 것 같아요. 다만 대산보리밥이 아파트 근처에 있으니까 그중에 조금씩 아주머니 손님들이 오셨는데, 오픈하고 한 5개월 지나면서부터 갑자기 주말 매출이 확 올라가면서 줄 서는 식당이 되더라고요. 그때부터 '엄마' 손님들이 주력 고객이 되었고요.

박노진。 그러면 이제 얘기를 이렇게 한번 해보면 어떨까요? 신규 창업자뿐 아니라 기존 창업자들, 특히 지금 식당을 운영하고 있는데 장사가 안 되는 분들에게 우리 경험을 바탕으로 어떤 조언을 드릴 수 있을까요? 가령 목표 고객을 설정한다든가, 또는 어떤 새로운 메뉴를 개발해야 한다든가, 가격을 조정할 필요가 있다는 등 여러 이야기를 할 수 있을 것 같은데요.

이문규。 저는 메뉴가 중요하다고 봐요. 일단 메뉴가 딱 잡혀야 이 메뉴로 어떤 손님을 선택할 것인지 가늠할 수 있으니까요. 물론 반대로 우리 식당은 외식하는 가족 손님을 먼저 받겠다고 하면 가족 손님들이 좋아할 만한 메뉴를 선택할 수도 있고요. 저라면 메뉴를 먼저 선정해놓고 그 타깃을 잡을 것 같아요. 메뉴 다음에 고객. 오동추야처럼 수제 돼지갈비와 냉면 전문점으로 정하고 그걸 먹으러 오는 고객층을 타깃팅하기를 권하고 싶어요.

이완성。 맞습니다. 제가 돼지갈비와 냉면만 30년째 하고 있는데요. 사실 오동추야는 삼대가 같이 모여서 먹을 수 있는 식당, 그리고 남녀노소 모두가 만족할 수 있는 돼지갈비와 냉면이 주력인 식당이라는 점이 포인트죠. 가족이 모이는 시간은 보통 주말이지만 저희는 주중에도 손님이 많은 편이에요. 처음에는 주중에 회식하는 직장인들이 많았는데 코로나 이후 회식문화가 많이 없어졌잖아요? 그래서 저희는 일부러 단체를 받으려고 애쓰진 않아요. 대신 가족 손님, 즉 가족외식 중심의 손님으로 타깃팅하고 음식이나 후식도 가족 손님들이 좋아할 것들로 세팅하고 있습니다. 돼지갈비를 주문하면 육회나 육전을 드리는 이유도 그렇고, 뺑튀기나 아이스커피, 그리고 뺑스크림 같은 후식들도 다 가족 손님들이 좋아하는 것이거든요.

요즘 양념육이 하나의 트렌드로 자리 잡고 있는데요. 얼마 전에 오픈한 육탐미도 양념육을 기본 아이템으로 잡고 양념고기를 좋아하는 고객들을 끌어모으기 시작한 거예요. 그러려면 대표 상품이라 할 수 있는 양념육을 정말 맛있게 만들어야 하잖아요. 핵심은 간장 타레소스인데요. 이 소스로 만든 양념 삼겹살이 육탐미의 대표메뉴랍니다. 타레소스는 고기, 특히 삼겹살의 마블링, 기름 냄새랑 간장이 잘 어울리는 점을 포인트로 만들었어요. 저희 육탐미가 전국적으로 양념 삼겹살의 원조라고 생각합니다. 어쨌든 메뉴를 먼저 정하고 그에 맞는 고객들을 타깃팅하는 게 신규 창업자나 식당을 운영하는 대표님들에게도 필요하다고 생각합니다. 여기에 더해 물론 가격을 적정하게 조정하는 것도 중요하고요.

박노진 ◦ 맞습니다. 사실 메뉴와 가격은 동전의 양면처럼 불가분의 관계이면서도 서로가 밀고 끌어당기는 관계에 놓여 있죠. 아무리 좋은 메뉴를 개발했다고 해도 고객이 사 먹을 만한 가격대를 제시해야 구매가 이뤄지는 거죠. 그러면서도 업주인 우리도 적정한 수익이 보장되는 가격이어야 서로 승승(win-win)할 수 있기도 합니다. 이제 우리가 타깃팅한 손님들이 좋아할 만한 메뉴를 만들었다면 가격 또한 잘 설정해야 할 텐데요. 두 분 대표님은 가격 산정 기준이 따로 있으신가요?

이문규 ◦ 얘기를 나누다 보니 대산보리밥, 오동추야 그리고 마실이 비슷한 경로를 걸어온 것 같네요. 결과적으로 보면 목표 고객을 먼저 잡기보다는 메뉴 선택을 먼저 하고 품질을 높인 상태에서 그 음식을 좋아하는 고객들을 목표로 삼는 방식을 일관되게 취했으니까요. 그렇다면 핵심은 메뉴를 먼저 정하고 고객이 만족하게 하면서 가격도 적정한 수익이 발생할 수 있도록 책정하는 방식이어야 한다는 거네요. 그렇지 않은가요? 저는 그렇게 생각됩니다만.

이완성 ◦ 현명한 손님들이 아주 많은 것 같아요. 어떻게 보면 손님들의 취향이 점점 정교해지고 까다로워졌다고 할 수도 있고요. 물론 예전처럼, 그러니까 5년 전 10년 전처럼 싼 것만 찾는 손님들도 당연히 있어요. 그런데 이제 우리나라 소득 수준이 어느 정도 올라서니까 가격에 대해서 예전만큼 그렇게 많이 보지는 않는 듯해요.

음식점도 무조건 싸다고 해서 잘되는 시대가 아닌 건 확실해요. 가격을 올려야 하는데 못 올린다, 이렇게 생각할 게 아니라 음식의 완성도와 서비스 수준에 맞는 적정한 가격을 책정하는 게 맞는다고 봅니다.

박노진 ◦ 메뉴에 대한 자신감과 충분한 품질 수준을 확보한다면 저도 가격을 올려도 된다고 생각합니다. 가격이 오른 만큼 손님은 줄어든다라는 게 일반적이었는데 제 경험으로 봤을 때는 전혀 그렇지 않다고 생각하거든요.

이완성 ◦ 오히려 가격을 제대로 받는 정상적인 식당이라면 서비스라든지 음식의 퀄리티가 올라가면 올라갔지 떨어지지는 않는다고 저도 생각합니다. 예를 들어서 저희가 작년(2021년) 12월에 고기 메뉴의 가격을 1천 원 올렸을 때 아이스크림 기계를 새로 놨습니다. 그리고 앞으로 1천 원을 더 올릴 계획인데, 올린 만큼 손님들한테 확 와 닿는 서비스를 준비하고 있거든요.

박노진 ◦ 그렇다면 가격 인상 효과가 없는 거 아닌가요?

이완성 ◦ 아니죠. 왜냐하면 이게 선순환이 될 수 있거든요. 작년에 가격을 인상하면서 아이스크림 기계를 도입했는데 이 기계를 사는데 비용이 만만치 않았어요. 돈은 많이 들었지만 손님들이 아이스크림과 기존에 있던 뻥튀기를 조합해 뻥스크림을 만들어서 드시고, 그걸 블로그와 SNS에 올리면서 자연스레 식당 홍보가 되었어요. 이게 생각보다 홍보 효과가 컸습니다. 마케팅이든 홍보든 좀 제대로 하려고 하면 적지 않은 돈이 들잖아요. 그러니 아이스크림 기계도 비용이라기보다는 투자라고 볼 수 있습니다. 그런데 가격을 올리지 않았다면 이런 투자를 하기가 쉽지 않았을 거예요. 이와 같은 방식으로 계속 선순환을 만들어 낼 수 있다고 생각합니다.

1천 원을 올리면 객단가(고객 1인당 평균매입액)가 오르면서 꽤 많은 매출로 돌아오지만 저는 이걸 저희 수익으로만 채운다고 생각하지 않아요. 가격을 올린 만큼 손님들이 만족할 만한 뭔가를 더 드려야 된다고 보거든요. 또 다른 예를 들면 냉면 가격을 올린다 그러면 그에 맞춰 그릇을 고급으로 바꿀 수 있고요. 돼지갈비 가격을 올린다면 보통 고깃집에서 볼 수 없는 육전 같은 요리를 손님에게 제공하고요. 그게 뭐가 됐든 가격이 오른 만큼 손님한테 확실히 좋아졌다는 걸 느끼게 해 줘야 한다고 봅니다. 저는 그런 과정이 가게를 좀 더 성장시킬 수 있는 기회가 될 수 있다고 생각해요.

이문규 · 대산보리밥도 얼마 전에 거의 4년 만에 가격을 올렸어요. 그동안 물가는 계속 상승하고 인건비도 오르고 각종 세금 또한 더 내고 했으니까 수익률이 꽤 떨어졌어요. 대신 가격은 그대로이다 보니까 손님들은 가성비 측면에서 만족해서 더 많이 오셨죠. 그렇게 박리다매식으로 매출이 극대화되면서 유지하고 있었는데, 코

대산보리밥의 이문규 대표

로나에 우크라이나 사태까지 터지면서 전반적인 물가 상승 요인이 있었고 올해는 그게 굉장히 심해졌습니다. 안 그래도 가격을 올리지 않아 수익률이 낮아지고 있는데, 엎친 데 덮친 격으로 물가가 급격하게 오르면서 더 이상 버틸 수 없게 된 거죠.

박노진 ◦ 4년 만에 가격을 올린 대산보리밥은 그렇다손 치더라도, 갑자기 물가가 올라서 또는 남들이 가격 올리니까 나도 인상한다는 건 바람직하지 않을 거예요. 결국 우리가 원하는 수익률을 올리기 위해서 필요한 건 두 가지예요. 손님을 많이 오게 하거나 객단가를 높이거나요. 꼭 가격을 인상하지 않아도 수익률을 유지하기 위해 우리가 먼저 노력할 방법은 없을까요?

이문규 ◦ 대산보리밥은 오랫동안 가격을 유지하기 위해서 몇 가지 노력을 해왔는데요. 먼저 식자재 같은 경우, 보리밥집 특성상 많이 사용하는 채소는 가격 등락이 분명히 있는 품목이어서 어떤 특정 품목이 오르면 대체할 채소를 찾아서 원가를 낮추는 노력을 꾸준히 해왔어요. 이를 위해 제가 수시로 직접 시장을 다니고 채소 공급처도 새로 알아보는 등 여러 방법을 시도했습니다.

인건비도 마찬가지였던 것 같아요. 처음엔 점심 영업 때와 저녁 영업시간에 일하는 직원 수가 같았어요. 그런데 데이터경영 교육을 받고 분석해보니 대산보리밥은 점심 매출이 70%이고 저녁 매출이 30%인 거예요. 그렇다면 직원을 저녁에도 동일하게 두는 건 비효율적이니, 이 점을 감안해서 인력 운용을 효율화했어요. 인건비를 줄이기 위해 영업시간을 30분 줄이기도 했고요. 이렇게 나름대로 열심히 노력을 해왔는데, 실질임금이 최근 한 2년 사이에는 좀 많이 오르면서 올해 들어서는 한계에 다다랐다는 생각이 들더군요. 그래도 그동안의 노력 덕분인지, 가격을 인상해도 손님들이 이해해주시더라고요.

지속적인 직원관리와 접객

이완성 ◦ 말 나온 김에 질문이 있는데요. 대산보리밥은 직원관리를 어떻게 하나요? 파트타임을 늘리는 거예요?

박노진 ◦ 그럼 여기서 대산보리밥의 직원관리 노하우를 구체적으로 들어 볼까요? 요즘 식당 경영에서 가장 큰 이슈가 구인이니, 한번 자세히 살펴보는 게 좋을 것 같아요.

이문규 ◦ 요즘 직원 채용하기가 하늘의 별따기라고 하죠. 일용직도 구하기 힘들고요. 이유가 뭐고 해결책은 있을까요? 이번 기회에 그간의 경험과 나름대로 공부한 내용을 말씀드릴게요. 편의상 구인이 어려운 원인부터 항목별로 정리하도록 하겠습니다.

하나, 실업급여. 그동안 실업급여를 받기가 쉬웠던 터라 직원들끼리 관련 정보를 공유하고 악용하는 사례가 적지 않았다고 해요. 얼마 전 정부 발표에서도 부정수급을 단속하고, 반복 수급을 못 하도록 할 예정이라고 하니 좀 지켜봐야 할 것 같아요.

둘, 코로나로 인한 외국인 노동자의 감소. 출입국관리소의 자료에 따르면 최근 2년 동안 무려 50만 명에 달하는 외국인 노동자가 우리나라를 떠났다고 합니다. 근래 들어 조금씩 다시 돌아오고 있다고 하는데요. 외국인 노동자들이 다시 돌아와야 농업, 어업, 공장 그리고 식당도 인력 수급에 숨통이 틔울 거란 예측이 다수예요. 앞으로 외국인 노동자들에게 더 잘해줘야 할 거예요.

셋, 점점 치열해지는 구인 경쟁. 식당의 구인 경쟁상대는 더 이상 식당에 국한되지 않는 듯해요. 저희는 주말마다 인력사무실 통해서 오시는 50대 여성분이 계신대요. 평일에는 식품제조공장에서 주 5일 근무를 하신다고 하더라고요. 급여는 4대 보험을 제하고도 300

만 원 이상, 그리고 매달 교통비 10만 원. 1년 상여금 200%를 매달 나눠서 받으면 매월 상여금이 20만 원 정도라고 해요. 잔업 등을 하면 당연히 수당이 붙고요. 이런 분들이 전에는 식당에서 일을 했었는데요. 코로나로 사회 상황이 급변하면서 급성장한 밀키트, 또는 반조리식품제조공장 등 조건이 한층 좋아진 제조업으로 대거 이직을 한 것 같아요. 기존에 그 일을 맡아서 하던 외국인노동자와 국내 인력이 대거 이탈하면서 생긴 현상이 아닌가 싶어요. 향후 직원 급여 산정을 할 때 식당도 사람을 두고 경쟁하는 제조공장 등의 급여와 근로조건을 감안해서 접근해야 하지 않나 생각이 들어요.

넷, 짧고 굵게 일하는 고수익 직업 선호 현상. 공사 현장에서 수신호 하는 여성분들 많이 보셨을 거예요. 그리고 방앗간 일이 상당히 힘든데요. 대신에 4~5시간 짧게 일해도 벌이가 좋아요. 떡 만드는 곳도 그렇고요. 이렇게 알게 모르게 노동강도가 센 대신에 짧게 일하고 시급이 높은 곳이 은근히 많아요. 그런 현장은 사람을 구하기 어려우니 시급을 더욱 높게 부르고, 또 그래서 이런 일을 선호하는 이들도 점점 늘어나는 것 같아요.

박노진 ◦ 듣고 보니, 직원 구하기 힘든 이유가 단순히 사람이 부족하거나 식당 일이 힘들어서가 아니네요. 원인이 생각보다 다양하고 복합적이에요. 그래서 우리 식당 사장들이 나름 열심히 노력한다고 하는데도 좀처럼 문제가 풀리지 않나 봅니다. 구인이 어려운 원인이 이렇다면 식당 사장은 어떻게 대응해야 할까요?

이문규 ○ 이번에도 제 생각을 바탕으로 해결 방안을 항목별로 정리해 보겠습니다.

첫째, 직원 급여를 일용직보다 많이 지급해야 해요. 지금 기준으로 최소 300만 원에서 310만 원 이상. 이미 320만 원 지급하던 곳은 320만 원 이상, 즉 330~350만 원으로 인상해야 할 것 같아요.

둘째, 일용직 일당과 단기 알바 시급을 올립니다. 대산보리밥의 경우 근무하는 요일, 홀 또는 주방, 점심 또는 저녁 시간에 따라서 다르지만 최고 시급 12,000원까지 지급하고 있어요. 더 올릴 계획도 가지고 있고요. 일용직은 다른 식당보다 1~2만 원 더 줘야 할 거예요. 이것도 앞으로 어떻게 될지 모르지만 최소한 2022년 8월 말까지는 그럴 거라고 봐요. 그리고 인력 사무실 소장에게 따로 한 달에 20~30만 원 수수료를 별도로 챙겨주는 것도 방법이 될 수 있어요. 나름 차별화 전략이지요.

셋째, 업무 단순화를 할 필요가 있어요. 주방 시스템에 적극적인 투자를 해야 하죠. 예를 들면 주방 동선을 효과적으로 디자인해서 인건비를 줄이고 일하기 편한 환경을 만들어야 해요. 식기세척기를 최신형으로 교체해 설거지 시간을 단축하거나 채소 절단기도 더 성능 좋은 걸로 바꾸는 등 사람이 하는 업무 부담을 줄여나가야 해요. 싱크대, 작업대, 도마 등도 작은 걸 쓰고 있다면 크고 좋은 걸로 바꿔야 하고요. 기계를 구입하거나 교체할 때는 잘 알아보고 과감하게 투자하는 걸 추천합니다.

넷째, 반찬, 소스, 김치 등의 '자가 아웃소싱'을 고민해 보세요. 다른 식당들처럼 외부업체에 아웃소싱을 할 수도 있지만, 매출 규모가 어느 정도(평균 월매출 1억 원 이상을 2년 이상 유지한 식당) 되는 업체는 자체적으로 조달하는 게 더 나을 수 있어요. 그러니까 따로 작은 주방시설을 임대해서 별도 사업자를 내는 거예요. 1~2명 직원을 채용해서 5인 미만 사업장을 만들어서 연차, 월차, 연장수당 등에서 자유롭도록 하되, 대신에 급여는 약간 높게 책정하는 거예요. 그리고 주5일 근무 또는 적정 시간 근로계약을 맺고 '자가 아웃소싱'을 이룰 수 있도록 해서 품질과 직원 채용의 두 마리 토끼를 잡는 거지요.

다섯째, 완전 조리되어 있는 반찬을 잘 이용하세요. 이때 완전 조리된 반찬을 가져와서 그대로 손님에게 나가기보다는 우리 식당과 손님의 입맛에 맞게 양념을 다시 손보는 게 좋아요. 이렇게 양념만 손을 보는 건 처음부터 재료 손질해서 만드는 것에 비하면 한결 수월해요. 모든 걸 다 수작업으로 만드는 정성과 자부심도 물론 중요해요. 이걸 확실한 차별성으로 삼을 수도 있고요. 그런데 그걸 정말 제대로 하려면 좀 과장해서 말하면 우리 식당에서 쓰는 채소와 쌀을 마련하기 위해 농사짓고 소, 돼지, 닭도 키우고, 고추장, 된장, 간장도 매년 담아야죠. 염전에서 소금도 만들고요. 제 생각에는 시대의 흐름에 맞춰서 가는 것도 방법인 것 같아요.

여섯째, 파트너십을 활용하는 걸 생각해볼 수 있어요. 식당마다 나가는 반찬 중에서 핵심적이진 않지만 구색용으로 꼭 만드는 반찬 1~3개를 여러 식당이 공동으로 1년 단위로 농장과 직거래하거나 반찬 공장과 직거래하는 거예요. 레시피 공개에 대한 어려움이 없고, 당연히 인건비 절감 효과가 있으면서 협력업체만 잘 고르면 품질에 대한 보장도 확보할 수 있어요.

일곱째, 수익성을 유지하거나, 한 걸음 나아가 더욱 높일 방법을 꾸준히 연구해야 해요. 달리 말하면 데이터경영, 신메뉴 추가, 저가메뉴 삭제, 최신 마케팅 적용 등을 꾸준히 연구하고 실천하는 건데요. 본인과 맞는 전문업체의 도움을 받아도 됩니다. 위기가 왔을 때 손 놓고 있지 말고 서로 생각을 공유하고 좋은 아이디어를 나눠야 해요. 그래야 현재의 위기를 벗어나고 오히려 반전의 기회가 될 거라 생각해요. 이렇게 해볼 수 있는 노력을 다 해보고, 그래도 안 되면 메뉴 가격 인상도 고민해봐야 할 거예요.

박노진 ◦ 요즘 구인난이 문제인데 좋은 아이디어들이 눈에 띄네요. 직원 문제로 고민하는 사장님들이 참고하면 좋을 듯합니다. 이왕 직원 얘기가 나왔으니 말인데 직원교육은 어떻게 하십니까?

이완성 ◦ 직원교육은 해도 해도 끝이 없지만 그래도 매번 반복해서 교육하는 것이 좋습니다. 그렇지 않으면 직원들 개인의 능력으로 한정될 수도 있고요. 또한 저희같이 외국인 노동자들이 다수 있는 곳은 급여 외에 숙소를 마련해주는 등 직원 복지에도 신경을 많이 써야 합니다.

박노진 ◦ 그러면 오동추야는 직원교육을 어떻게 하고 있나요?

이완성 ◦ 손님들이 식당에 와서 맛있는 음식을 먹는 것 외에 직원들에게 바라는 것은 무엇일까요? 저는 직원들에게 그 부분을 먼저 이야기합니다. 아니, 저보다는 오동추야의 운영을 총괄하는 아내인 김윤희 이사님이 항상 강조하는 점이 직원들의 밝은 미소입니다. 날씨가 더우면 쉽게 얼굴이 펴지질 않지요. 그런데 손님들은 처음 만나는 직원들의 얼굴이 밝고 웃음이 가득하면 '잘 왔구나' 하는 안도감을 느낀다고 합니다. 두 번째는, 정성이 담긴 인사입니다. 매번 "어서 오세요"라는 말도 손님을 바라보며 바른 자세로 하면 대접하는 느낌을 전할 수 있어요. 그리고 마지막으로 깔끔한 복장과 몸가짐을 유지하면 직원들의 언행에 신뢰감을 더해주니 이 점도 중요합니다. 저희 오동추야는 이 세 가지를 직원들에게 중점적으로 교육하고 있습니다. **서비스 10대 용어가 있는데 알아두면 좋습니다.** 다음의 열 가지를 서비스 10대 용어라고 해요.

① 어서 오세요. 몇 분이십니까?
② 네, 잘 알겠습니다.
③ 감사합니다.
④ 실례합니다.
⑤ 죄송합니다.
⑥ 잠시만 기다려 주십시오.
⑦ 오래 기다리셨습니다.
⑧ 이쪽으로 오십시오.

⑨ 무엇을 도와드릴까요?

⑩ 안녕히 가십시오.

물론 서비스 10대 용어를 기억하는 게 중요한 것이 아니라 적절하게 잘 사용하는 것이 중요하겠지요.

브랜딩과 관계지향적 마케팅

박노진 ◦ 오동추야가 전국구 맛집으로 자리 잡은 이유가 음식 때문만이 아니군요. 밝고 섬세한 고객 서비스도 한몫한 것 같아요. 이제 마케팅 쪽으로 화제를 돌려볼까요? 요즘은 마케팅을 안 하면 장사 포기해야 한다는 말이 나올 정도로 마케팅은 외식업의 기본이 되었죠. 과연 마케팅을 해야 장사가 잘되고 안 하면 안 되는 걸까요? 그리고 마케팅을 홍보 수단의 한 과정으로 보는 시각이 맞는 것인지도 궁금합니다. 또 코로나 거리두기가 해제되면서 시작된 보복 소비가 3개월째 계속되면서 거리마다 관광지마다 사람들이 넘쳐나고 있어요. 많든 적든 가게에는 먹고 마시고 뭔가를 사는 손님들로 가득한 지금 마케팅을 고민해야 할 이유가 무엇일까요?

이문규 ◦ 사람들은 벌써 잊었는지 모르지만 1990년대 후반 IMF 외환위기 이후 몇 번의 경제위기가 우리를 덮쳤습니다. 2008년 금융위기, 세월호 참사와 메르스 사태, 그리고 코로나19와 최근 우크라이나 전쟁에 이르기까지 우리에게 주어지는 냉혹한 현실의 무게를 감당하기 위해 준비하지 않으면 우리 식당도 소리소문없이 사라질지도 모른다고 생각합니다. 이를 위해 우리 가게를 알리고 브랜딩하는 마케팅은 꼭 필요하다고 봐요.

이완성 ◦ 손님들은 대개 다음의 두 가지를 만족시켜주면 좋아하더군요. 하나는 음식점을 찾아온 이유인 배고픔, 즉 '목적의 해결'이고, 또 다른 하나는 음식을 먹음으로써 느끼게 되는 기분 좋음을 '만족스러운 감정'이라고 하는데 이 두 가지가 충족되어야 해요. 그러니까 번성하는 식당은 손님이 식당에서 찾는 본질적인 두 욕구를 멋지게 채워줄 수 있는 역량을 갖춰야 하고, 또 그 역량을 세상에 널리 알릴 수 있는 마케팅, 아니 이문규 대표님이 말씀하신 브랜딩하는 과정이 필요하다고 봅니다.

박노진 ◦ 맞아요. 이완성 대표님의 말씀을 좀 더 직접적으로 표현하자면 우리 음식점들이 돈을 버는 것도 중요하지만 손님에게 더 집중해야 한다고 말씀드리고 싶어요. 손님을 위해 음식을 제공하고 그들의 요구를 충족시키는 상품과 서비스를 손님들이 원하는 방법으로 제공하는 것이죠. 또한 손님들의 만족 수준을 관리하고 고객의 피드백을 반영하는 끊임없는 개선 활동도 마케팅의 한 부분이라고 보거든요. 그러니까 우리 식당의 경영 활동은 음식점 안에 이러한 부분들을 잘할 방법들을 만드는 일이며, 사장 자신은 물론이고 직원들에게도 동기를 부여해서 이 일에 몰두하게 하는 것이죠.

이문규 ◦ 전문용어가 나오니까 이해가 어려운데요. 조금 쉽게 말씀해 주세요.

박노진 ◦ 제가 생각하는 마케팅은 우리 가게를 찾아오는 손님들이 무엇을 원하는지 알아내는 데 힘을 기울이는 활동이에요. 예를 들면 고객의 불평과 불만, 요구사항, 개선안들을 수시로 들을 수 있는 의사소통 구조를 만들고, 손님들의 고객 리뷰나 페이스북과 같은 SNS 공간에서 공식 또는 비공식적인 소통을 정성껏 꾸준히 해야 해요. 이 과정에서 포착할 수 있는 개선점과 아이디어를 음식과 서비스 등에 업데이트할 줄 알아야 하고요. 마케팅은 고객을 쫓아다니는 활동이 아닙니다. 손님들이 스스로 찾아오도록 매력적인 공간과 상품을 만들어가는 과정이라는 것이죠.

이문규 ◦ 저도 어느 책에서 '최고의 낚시꾼은 물고기처럼 느끼는 낚시꾼'이며, 그런 존재가 되는 것이 마케터라는 내용을 본 기억이 납니다. 요컨대 손님의 마음을 헤아릴 줄 아는 게 중요하다는 뜻인데요. 만일 밥이나 반찬이 떨어져 제대로 대접하지 못할 바에는 차라리 손님을 받지 말아야지 괜히 돈 몇 푼 더 벌자고 제대로 된 요리를 제공하지 못하면 그 후 결과는 우리가 상상하는 이상이 될 거예요. 못 먹고 가는 손님은 다시 찾아오지만 제대로 대접받지 못한 손님은 다시는 오지 않고, 주변에도 당연히 권하지 않을 테니까요. 손님의 입장을 공감하지 못할수록 이런 실수를 하게 되는 것 같아요. 식사를 제공하는 우리 입장에서 '겨우 한 명 못 먹었을 뿐'이라고 생각해서는 결코 안 된다는 것이죠. 앞서 식사를 한 99명의 사람들이 잘 먹었건 못 먹었건 그건 그 손님이랑 관계없는 일이잖아요? 그 손님에게 중요한 것은 지금 한 끼 식사를 잘 먹고 싶어 한다는 겁니다.

이완성 ◦ 그래서 '손님의 눈으로 볼 줄 아는 음식점'은 물고기처럼 느끼는 낚시꾼과도 같다, 이런 의미군요.

이문규 ◦ 맞습니다. 손님에게 깊이 공감하는 식당은 달라요. '어떤 음식을 맛있게 만들고 어떤 서비스를 더하면 손님들의 만족도가 높아지겠구나. 다음에는 또 다른 방법을 시도해봐야지.' 이런 태도로 입체적으로 사고하면서 더 나은 아이디어들을 끄집어낸다는 거예요. 그러다 보면 우리 가게의 음식과 서비스를 좋아하고 즐겨 찾는 열정적인 고객, 즉 팬도 만들 수 있다고 생각합니다.

이완성 ◦ 이런 말씀을 드리면 자랑 같지만 오동추야는 제가 먼저 마케팅한 적이 별로 없어요. 정말 감사하게도 저희 식당을 찾아주신 많은 분이 입소문을 내주셨지요. 맛있게 드신 손님부터 제가 쓴 페이스북, 블로그를 읽은 손님들, 그리고 주변의 지인들이 자발적으로 스토리를 만들어서 세상에 공유해주셨어요. 그리고 저도 수많은 벤치마킹을 통해 새로운 아이디어나 개선할 부분이 떠오르면 바로 실행해서 손님들에게 조금이라도 더 혜택이 돌아가게끔 노력했고요. 돼지갈비 상차림에 육회와 육전을 드리거나 소프트아이스크림 기계를 설치하거나 또 아이스커피를 제공하는 것도 고객 만족을 위한 마케팅 활동에 해당한다는 거죠. 마케팅은 외부를 향해 쏟아내는 주장이라는 표현도 있지만 저는 고객과의 따뜻한 교감에서부터 시작하는 게 더 필요하다고 생각합니다.

박노진 ◦ 그렇죠. 고객은 늘 옆에 있습니다. 장사가 잘될 때도 있지만 손님이 없어 장사가 힘들 때도 고객은 늘 그 자리에 있지요. 단지 내 눈에 보이지 않을 뿐. 그래서 '거래'보다 '관계'를 소중히 여기라고 하잖아요. 그렇다면 여기서 관계를 소중히 여긴다는 말은 어떤 의미일까요?

이문규 ◦ 음식점에 대한 고객의 기대를 관리한다는 의미로 받아들여도 될까요? 무슨 말이냐 하면 관계는 일방적으로 받거나 주기만 하는 게 아니라는 점부터 생각해봐야 하거든요. 맛있는 음식, 친절한 서비스, 믿을 수 있는 위생, 합리적인 가격 등이 우리가 손님에게 제공하는 핵심이고, 이것이 잘 받아들여질 때 손님들이 흔쾌히 지갑을 열 거예요. 그렇게 단골이 되어 좋은 입소문을 내면서 손님도 식당과 관계를 형성하게 된다고 봐요. 우리 식당이 손님과 좋은 관계를 맺기 위해서는 손님의 기대를 제대로 파악하고 잘 충족시켜주는 게 필요하다고 생각해요.

이완성 ◦ 손님들이 가게에 찾아오는 이유를 전부 다 충족시키기엔 우리의 준비가 완벽하지 않을 수도 있습니다. 우리 가게 역시 모든 면에서 고객의 취향을 다 맞춰주진 못하거든요. 어떤 손님은 음식은 맛있는데 서비스가 별로라고 말하고, 또 다른 손님은 주차장이 너무 좁다고 불만을 표합니다. 너무 시끄러워서 밥이 입으로 들어가는지 코로 들어가는지 모르겠다고 하는 손님도 있어요. 항상 잘해드리고 싶지만, 제 경험으로는 손님들의 기대치를 조율할 줄 아는 것도 중요해 보입니다.

박노진 ◦ 경영학의 여러 연구에 따르면 고객의 만족도는 어떤 기업이 객관적으로 얼마나 잘하고 있느냐보다는, 그 기업이 제공하는 제품이나 서비스가 고객의 기대 수준을 얼마나 충족시키느냐에 훨씬 더 민감하게 좌우됩니다. 이것은 바로 '고객의 기대를 효과적으로 관리하는 일'이 얼마나 중요한가를 보여주고 있지요. 제가 외식업에서 마케팅이란 '우리 가게를 찾아오는 손님들이 무엇을 원하는지 알아내는 데 힘을 기울이는 활동'이라고 말씀드린 이유가 여기에 있습니다. 그러자면 완벽한 음식점을 운영하겠다는 생각은 일단 버려야 합니다. 우리 집을 찾아온 손님이 원하는 대표적인 기대치 한두 개를 정하고 그것을 제대로 충족시키기 위해 최선의 노력을 다하는 데 집중하자는 겁니다. 밥을 맛있게 지을 자신이 있으면

밥 한 그릇에 모든 정성을 쏟아야죠. 해장국을 잘 끓인다면 이른 새벽 따뜻한 국밥 호호 불며 먹을 수 있게 만들어 주어야 합니다. 고객들이 많은 걸 기대할 수도 있지만, 만족도에 결정적인 영향을 미치는 요소는 생각보다 적습니다. 한 줄의 김밥에서부터 한상 가득 차려진 한정식까지 그 점은 다를 바 없다고 생각합니다.

매출과 수익의 빈틈을 찾아내는 데이터경영

이문규 ∘ 대산보리밥 같은 경우 어느 정도 매출이 저희 가게의 적정매출인지가 궁금할 때가 많습니다. 예전에는 무조건 많이 팔면 좋다고 생각했었거든요. 그런데 요즘은 많이 파는 것도 중요하지만 우리가 팔 수 있는 적정한 매출과 안정적인 수익을 알고 그것에 맞춰 직원관리를 하는 게 맞지 않을까 싶어요.

이완성 ∘ 저도 같은 생각입니다. 오동추야가 작년에 이어 올해도 계속 매출이 오르고 있거든요. 매출이 향상된다는 건 좋은 일이긴 한데 과연 어느 정도까지 팔아야 가게나 직원들한테 과부하가 걸리지 않고 또 우리도 어느 정도의 순이익을 가져가는 게 적정한지가 궁금하더라고요. 물론 다다익선이긴 하지만요. (모두 웃음)

박노진 ∘ 좋아요. 그러면 이번엔 이야기의 주제를 적정한 매출과 수익을 낼 수 있는 손익프레임 구축으로 잡아보는 걸로 하지요. 그

전에 저도 궁금한 게 있는데요. 이번(2022년 5월과 6월)에 두 분 대표님 식당이 공중파 방송에 나왔잖아요? 매출이 어느 정도 올랐나요?

이완성 ◦ 방송 출연하고 며칠은 정말 정신없었습니다. 안 그래도 손님이 많은 편인데 방송 나가고 나서는 엄청 많이들 오시더라고요. 그렇지만 저희 가게가 손님을 받을 수 있는 테이블과 회전율이 한계가 있다 보니 효과는 그리 크지 않았다고 봐요. 대신 방송 덕분에 신규 메뉴인 한우물회냉면이 많이 팔렸어요. 그리고 예년과 다르게 매출이 하락해야 하는 6월에도 꾸준하게 유지되고 있다는 게 달라진 점이 아닐까 싶어요.

이문규 ◦ 저희도 엄청 바빴습니다. 지금까지도 소위 '오픈런'으로 시작해 하루 종일 웨이팅이 걸릴 정도니까요. 그래서 직원들이 힘들어해요. 일용직이나 알바를 어렵게 구해서 계속 보충해도 부족합니다. 저까지 주방에 투입되어 고등어를 구워요. 지난 주말에는 매일 하루 종일 200마리 이상 구웠던 것 같아요.

박노진 ◦ 힘들어서 어떻게 지내시나요? 주무실 때 파스를 몸 전체에 붙이는 거 아닌가요? (모두 웃음)

이문규 ◦ 바쁜 것도 바쁜 거지만 문제는 저희 데이터를 분석해보면 매출이 오른 것만큼 수익이 따라 오르지 않는다는 겁니다. 어쩌면 제가 몸빵해서 버는 수익 정도밖에 더 늘지 않았나 하는 생각이 들 정도라니까요. 가격을 인상하지 못하다 보니 식재료 가격은 천정부지로 오르고 인건비도 장난 아니라서 남아도 남는 게 아니라는 느낌을 많이 받습니다. 박노진 대표님이 강조하시는 손익프레임을 다시 한번 잘 체크해 봐야겠더라고요.

이완성 ○ 코로나도 이제 거리두기가 해제되면서 4월과 5월부터 손님들이 급격하게 늘었잖아요? 물론 방송 영향도 없진 않지만 사실 이런 경우는 진짜 드문 경우거든요. 그래서 저는 생각했을 때 4~6월, 이렇게 길게 봐야 한 3개월 정도 봤어요. 6월도 지난 몇 년만 봐도 사실 매출이 꺾이는 달이거든요. 제가 아는 모든 식당이 다 그렇거든요. 그런데 다 꺾이는 시점인데 안 꺾였단 말이에요. 근데 이게 방송 때문만은 아닌 게 저희뿐만 아니라 보통 좀 되는 식당들도 저희랑 비슷하다고 하더라고요. 다들 계속 올라간다고, 제가 만난 잘되는 식당 사장님들도 그렇게 얘기하시고요. 그래서 저는 이게 언제까지 갈 것인지 나름대로 예측해서 미리 인원을 더 보충했죠. 일례로 '주방에 부장도 한 명 뽑을 게 아니고 두 명을 더 뽑자. 그렇게 해서 안정적으로 가자.' 저는 그렇게 판단하고 선제대응을 한 거죠. 그러다 보니까 결과적으로 적어도 지금까지는 잘 선택한 것 같다는 생각이 들어요. 왜냐하면 저희 가게는 7월과 8월 되면 매출이 또 최고로 오를 때예요. 30년 장사 경험으로 보면 떨어져야 할 때 오르면 다음 달은 더 오르는 수가 많거든요. 그러니까 먼저 생각하고 준비해야 한다는 말씀을 드리고 싶어요.

이문규 ◦ 대산보리밥의 경우 데이터 분석을 해보면 보통 순이익이 20% 정도 나왔는데 요즘은 그것보다 떨어질 때도 있습니다. 물론 어떤 달은 엄청 잘 나올 때도 있지만요. 분명 장사는 더 잘되고 있는데 어째서 순이익은 떨어지는 현상이 발생하는 걸까요? 데이터경영 관점에서 답을 들어보고 싶어요. 그리고 데이터경영시스템 구축은 어떻게 해야 하는 건지도 궁금합니다.

박노진 ◦ 식당 사장님들과 데이터경영 이야기를 하다 보면 두 번 놀라게 됩니다. 첫 번째는 생각보다 많은 사장님이 식당 데이터에 관심을 갖고 있고 나름의 방식으로 매출과 수익을 정리해 놓고 있다는 것입니다. 두 번째는 정리한 내용에 자신이 확신을 갖지 못하고 있다는 겁니다. "재료비 비율이 어떻게 되나요?"라고 물으면 대략 이 정도 된다고 대답을 하긴 하는데 그게 맞는 숫자인지 확신이 없습니다. 대충 감으로 셈을 해볼 뿐인 거죠.

데이터경영은 그때그때 확인하고 있는 매출과 비용, 수익을 언제든 꺼내 보고 활용할 수 있도록 체계적으로 정리해 두는 것입니다. 누가 언제 우리 가게에 대한 질문을 해도 정확한 숫자로 대답할 수 있게 말이지요. 데이터경영을 하면 우리 가게의 최고 매출과 최소 매출, 평균 매출에 대한 그림이 머릿속에 자리 잡게 됩니다. 이를테면 우리 가게는 여름에 손님이 많은지, 겨울에 손님이 많은지, 점심과 저녁에는 어떤 메뉴가 잘 팔리는지 확인할 수 있습니다. 어느 메뉴를 집중적으로 팔아야 우리 가게 수익이 올라가는지 계산할 수 있게 도와줍니다. 포스에 나타나는 매출과 메뉴, 그리고 매일 사입하는 재료가 데이터의 전부는 아니지만 앞으로 우리가 풀어가야 할 데이터경영에서 가장 많이 쓰는 소재들이 됩니다. 그리고 이러한 원시 데이터를 가공해 고객분석, 매출흐름분석, 고객 수와 객단가분석, 실시간 원가관리, 마케팅지표분석, 손익시뮬레이션분석에 이르기까지 다양한 데이터의 분석과 활용법을 익힐 수 있습니다.

어렵게 생각하지 않으셔도 됩니다. 데이터는 가게의 주인인 사장이 원하는 고객만족도 향상, 매출향상, 원가관리, 수익개선 등을 위해 존재합니다. 식당 사장이라면 누구나 월말에 한 번씩 포스에서 이번 달엔 얼마나 팔았는지 확인하잖아요? 비용을 지출하면 영수증들을 어딘가에 모아두기도 하고요. 그 모든 것이 데이터경영의 시작점입니다. 흩어져 있던 숫자들을 모으고 차곡차곡 기록해 두기만 해도 전혀 다른 의미가 생겨납니다. 그 숫자들을 연결하고 의미를 해석하는 방법들을 실용적으로 정리한 책이 몇 년 전에 펴낸《박노진의 식당 공부》입니다. 관심 있는 분들은 참고하셔도 좋겠습니다.

마지막으로 손익프레임에 대해 간단히 소개할게요. 손익프레임은 음식점을 고객 중심적인 차원에서 보되 비용구조를 적절한 지출과 관리의 관점으로 한눈에 알아볼 수 있도록 데이터로 관리하는 식당 운영의 틀 정도로 이해하면 됩니다.

손익프레임 = (재료비+인건비) / 매출×100

손익프레임의 핵심은 인건비와 식재료비를 합쳐 매출 대비 55%~65% 사이에 맞춰지게끔 관리하는 일입니다. 인건비가 25% 이면 재료비는 30%에서 최대 40% 정도까지는 용인될 수 있고, 가능하면 이보다 더 적게 투입되어야 이익이 발생합니다. 임차료와 기타 비용을 합쳐 일반관리비를 20% 안팎으로 지출한다고 보면 매출에 관계 없이 이 손익프레임에서는 안정적인 15~20% 내외의 이익을 낼 수 있습니다.

이문규 。 외식업을 하는 사장님들은 이런 데이터경영시스템을 구축해야 앞으로 남고 뒤로 밑지는 일이 없을 것 같네요. 대산보리밥도 다시 한번 확인해봐야겠습니다.

이완성 。 저는 손익프레임도 중요하지만 매출도 그에 못지않게 중요하다고 봅니다. 매일 만석과 웨이팅으로 가득 찬 가게라서 더 이상의 추가 매출이 필요하지 않다면 모르겠지만, 매출이 기대만큼 유지되지 못하거나 하락한다면 상황이 더 악화되기 전에 매출 흐름에 대한 분석을 해 봐야 한다고 생각합니다. 매출이 일정한 흐름대로 비슷한 수준을 유지하고 있다는 의미는 긍정적인 요소일 수 있지만, 다른 한편으론 새로운 도약이 필요한 시점이라는 뜻은 아닐까요? 우리 가게가 정체기에 들어섰다는 신호라는 거죠. 저희 오동추야도 처음 월매출 1억을 달성하면서부터 지금 월매출 4억으로 성장하기까지 그 바탕에는 고객 만족과 매출향상이라는 양 날개가 뒷

받침되었기 때문이라고 확신합니다.

박노진 ◦ 가게의 매출을 월별로 쭉 정리해 보면 매출이 특별히 높을 때가 있고 낮을 때가 있습니다. 그 어떤 식당도 매년 똑같은 매출을 유지하면서 갈 수는 없습니다. 계절적인 영향으로 출렁거리기도 하고 예상할 수 없었던 외부 사건이 일어나 매출이 꺾이기도 합니다. 마실의 경우도 코로나19뿐만 아니라 예전의 세월호 참사와 메르스 사태를 겪으면서 심한 매출 부진을 경험했습니다.

1년, 2년, 3년, 꾸준히 매출 그래프를 그려보면 매출은 일정한 패턴을 그립니다. 잘되는 달도 있고 떨어지는 달도 있습니다. 매출이 오르내리는 지점에 우리 가게에 어떤 일이 있었는지 살펴볼 필요가 있습니다. 모든 움직임에는 이유가 있거든요. 단순히 매출이 오른다, 또는 떨어진다가 아니라 그 원인을 정확히 알아야 합니다. 매출이 떨어지는데도 이유를 모르면 끌어올릴 방법이 없습니다. 심지어 지금의 흐름이 조금씩 악화되고 있는데도 왜 그런지 모른다면 언제 찾아올지 모르는 이유 없는 추락을 끊임없이 두려워해야 합니다.

이문규 ◦ 저도 적극 동의하는데요. 그런데 그 이유를 파악하는 게 상당히 까다로워요. 식당을 처음 개업한 사람은 물론이고 외식업계에서 잔뼈가 굵은 사람에게도 매우 어려운 일이란 생각이 들어요.

박노진 ◦ 그렇지요. 그래서 시행착오 없이 앞으로 나아갈 수 없습니다. 그 시행착오에서 무엇을 얻고 무엇을 잃었는지 알 수만 있다면 모든 것이 소중한 경험이자 식당의 자산이 됩니다. 이를 위해 꼭 필요한 것이 데이터경영입니다. 매출을 쪼개서 내용별로 살펴보는 작업도 필요합니다. 예를 들어 1~2년 정도 월평균 5천만 원 대의 매출을 쭉 올리고 있다고 봅시다. 일정 기간 현재의 매출을 유지하고 있다면 이건 매출이 고착화되어 있다는 뜻입니다. 그 정도 구간에 매출이 딱 갇혔다는 것이죠. 다른 말로 출렁이던 매출이 일정 기간 꾸준해진다면 안정화가 되었다고 합니다. 평균점을 잡고 최고점과 최저점의 차이가 크지 않은 범위에서 매출이 어느 정도 예상 가능한 범위를 기록하는 것과 같습니다.

이완성 ◦ 그러니까 매출이 일정하다는 건 일장일단이 있는 거네요. 안정적이고 예측 가능하다는 건 장점이고, 다른 한편으로 한계에 도달해서 정체기에 빠졌다는 점에서는 부정적이네요.

박노진 ◦ 성장이란 차원에서 보면 일정 기간 매출의 움직임이 없다면 새롭게 도전할 시기가 되었다는 신호라고 봐도 무방합니다. 이럴 때는 판을 깨야 합니다. 고객단가(이하 객단가)가 올라가든 고객 수가 올라가야 합니다. 모험이 필요한 시점이지요. 그렇다고 마구잡이식의 아이디어를 실행하는 게 아니라 어느 지점의 어떤 숫자에 변화를 줘야 하는지를 찾아가는 모험의 여정을 시작해야 합니다. 특별한 일이 없으면 매출이 떨어지지 않지만 반대로 올라가지도 않습니다. 이걸 개선하고 싶으면 기존의 고착화된 틀을 깨야 합니다. 어디를 깨야 하는지 봐야 합니다. 데이터를 매일 기록하고 자꾸 정리해 보면 내가 무엇을 해야 하는지가 보입니다. 숫자에 파열음을 내야 합니다. 그렇지 않으면 문제를 찾아내지 못합니다.

식당에서 매출은 고객들이 와서 음식을 먹고 지불하는 금액입니다. 음식점이 손님을 대상으로 음식과 서비스를 제공하여 대가로 받는 수익을 말합니다. 얼마나 많은 고객이 와서 얼마나 많은 음식을 먹느냐가 매출을 결정합니다. 식당은 많은 고객이 시험구매를 하고 자꾸자꾸 먹고 싶게 만드는 것, 즉 지속적인 재방문이 성공의 관건입니다. 매출은 고객 수와 객단가(고객 1인당 평균구입액)를 곱한 숫자입니다. 이걸 대체할 수 있는 다른 공식은 없습니다.

[매출 = 고객 수×객단가]

그러니 매출을 올리는 방법도 두 가지뿐입니다. 고객 수를 올리거나 객단가를 올리는 것입니다. 요즘 재방문율이라는 지표를 넣기도 하지만 매출의 기본 공식은 고객 수와 객단가를 곱한 것이죠.

이벤트를 하더라도 고객을 더 끌어모으기 위함인지, 아니면 단가를 올리기 위한 것인지 알아야 합니다. 예를 들어 고객 수를 늘리기 위해 아침 일찍부터 오픈하거나 쿠폰을 제공해 일시적인 할인 이벤트를 진행합니다. 객단가를 올리는 전략으로 세트 메뉴를 개발하거나 사이드메뉴를 추가해서 고객들이 조금 더 많이 선택하도록 유도합니다. 유인메뉴를 통해 고객을 끌어들이고 메인 메뉴의 가격을 높이는 등 다양한 상품 구성을 조정하는 방법도 있습니다. 고객 수를 무한정 늘리기도, 객단가를 무한정 올리기도 불가능하기 때문에, 결국 이 둘을 적절히 조합해서 최고의 매출을 만들어내야 합니다. 또한 매출을 끌어올리기 위해서는 이 둘 중 어떤 숫자를 올릴지 결정하고 그에 따른 전략을 세워야 합니다.

거듭 말씀드리지만 현재의 안정적인 구조에서 어딘가를 찢어 파열음을 내야 합니다. 즉, 신규고객 유입으로 고객 수를 늘리거나 신메뉴로 객단가를 올려야 합니다. 기존 고객들을 대상으로 이벤트를 해서 만족도를 올리는 방법도 좋습니다. 식당이 주도적으로 매출의 상승 움직임을 만들어내지 않는다면 외부의 환경에 밀려 매출은 자연스럽게 감소합니다. 마실의 예를 보면 평균 3년을 주기로 매출 변곡점을 만들어내려는 의도적인 노력을 하는 것이 필요합니다.

이문규 ◦ 저도 엄청 공감하는 부분입니다 데이터경영을 꺼려하시는 대표님들을 만나보면 "나중에 하지 뭐.", "지금은 가게가 너무 작아서…"라고 하면서 당장 시작하지 않는 분들이 많더군요. 그렇지만 제가 보기엔 사실 귀찮아서 그렇지 않을까 생각됩니다. '좀 더 여유가 생기면 공부해서 해야지…', '식당을 좀 더 키워서 숫자가 어느 정도 규모가 커지면 해야지…' 이렇게 생각하는 사장님들께 그 나중은 절대 찾아오지 않습니다. 숫자는 저절로 좋아지지 않아요. 정확히 내가 하는 만큼 쌓이고 내가 보는 만큼 보이니까요. 처음에는 뭐가 뭔지 모르던 숫자들도 딱 3개월만 쌓이면 그 속에 숫자들의 관계가 눈에 들어오기 시작합니다. 언제 시작하든 마찬가지예요. 그러니 데이터경영 도입은 빠르면 빠를수록 좋습니다. 대산보리밥이 지금까지 성장한 힘도 바로 데이터경영이 만들어주지 않았나 싶을 정도니까요.

성공하는 식당이 되려면 기억해야 할 것들

박노진 ○ 이제 마지막으로 성공하는 식당이 되려면 어떤 점들을 기억해야 하는지 생각나는 대로 말씀해주시면 좋겠습니다. 먼저 어느 분께서 이야기를 열어주시겠어요?

이문규 ○ 저는 가성비 메뉴를 만들어야 한다고 말씀드리고 싶어요. 이제 맛은 기본이라고 하잖아요? 저도 호주로 요리 유학을 다녀왔지만 요즘 웬만한 레시피는 인터넷에 천지사방 돌아다니고 있지요. 제가 말씀드리는 가성비 메뉴는 레시피로 만드는 게 아니라 우리 가게에서 가장 자신있는 메뉴를 경쟁력 높게 만드는 걸 의미합니다. 점심특선이든 메인메뉴든 지금 판매하고 있는 메뉴를 더 맛있게, 더 예쁘게, 더 먹고 싶게, 더 매력적으로 만드는 것이죠. 대박식당은 메뉴 많은 음식점에서 나오지 않아요. 하나라도 제대로 잘 만드는 것에서부터 출발한다고 보거든요. 박노진 대표님께서 강조하시는 '잘 만든 메뉴 하나 열 식당 부럽지 않다'는 메시지를 우리 모두 명심해야 해요.

이완성 ◦ 저도 한 가지 말씀드리면 손님들이 휴대폰을 들게 만들어야 합니다. 인테리어가 멋진 곳이나 음식이 예쁘면 손님들은 휴대폰부터 꺼내 들잖아요? 당연히 사진을 찍지요. 그리곤 식당에서 부탁하지도 않았는데 자발적으로 SNS로 퍼 나릅니다. 자기표현의 시대, 소통의 시대에 걸맞게 본인의 페이스북과 인스타그램, 블로그 등에 올리는 거죠. 압도적인 담음새나 화려한 음식도 좋고요. 아니면 깔끔 단정한 상차림도 좋습니다. 이문규 대표님이 말씀하시는 가성비 메뉴에다 담음새까지 좋으면 돈 안 드는 자발적 포스팅, 즉 홍보와 입소문이 시작된다고 봅니다.

박노진 ◦ 비슷한 맥락에서 저는 스토리가 팬을 만든다고 말씀드리고 싶습니다. 예를 들어 '청국장(국내산)' vs '친정엄마가 직접 농사지어 만든 수진이네 청국장' 이 둘 중에서 대표님들이라면 어떤 청국장을 드시겠어요? 후자일 거예요. 음식점 스토리는 대표적으로 식재료, 조리법, 역사나 문화 등이 있지요. 더 이상 국내산이냐, 수입이냐가 중요한 게 아닙니다.

동물복지 기준을 충족한 고기가 보통의 국내산 고기보다 훨씬 공감대가 잘 형성되잖아요? 30년 전통보다 조리법을 연구하고 실험해서 개발한 3년의 논리적 근거가 훨씬 설득력이 높습니다. 나의 이야기, 우리 가게의 스토리가 매력적일수록 고객들이 찾아오기 시작하거든요.

이완성 ∘ 한 가지 더 말씀드리고 싶은 점이 있는데요. 기억할 만한 상호나 매력적인 메뉴 이름을 정하는 일도 중요합니다. '오동추야'를 처음 들어본 손님들은 돼지갈비와 오동추야가 어울리지 않는다고 하는 분도 있지만 자주 듣다 보니 잘 어울린다고 하더라고요. 제가 고심해서 지은 '육탐미'라는 이름도 손님들 반응이 기대 이상으로 좋은데요. 육탐미라는 말이 입에 착 감기고 고기와 바로 연결되어서 기억에 또렷이 남는다고 해요. 또 한상차림 한식으로 유명한 '강민주의들밥' 같은 상호도 식당 사장의 실명을 상호로 사용하니까 더 신뢰가 가고요. 또 들밥이라는 표현이 이천 평야와 잘 어우러져 머릿속에 쏙 박히는 것 같아요. 이처럼 매력적인 이름은 재미있거나 감성적인 느낌을 불러일으키는 효과가 있어요. 공감대를 형성하면 단골손님을 만드는 데 도움이 되리라 생각해요.

이문규 ∘ 마케팅 차원에서 하나 더 말씀드리면요. 대박식당이 되려면 이제는 네이버 플레이스 최적화와 키워드별 상위노출에 집중해야 한다고 봅니다. 최근 음식점 마케팅은 인스타로 시작해서 네이버로 끝난다고들 하거든요. 인스타그램은 아무래도 주 이용계층인 젊은 고객들의 눈길을 끌어야 하니까 개성 있는 카페나 특이한 음식, 독특한 인테리어, 관광지 등과 관련된 가게에서 활용하면 좋습니다. 그렇다면 이런 곳들과 연관이 없는 일반 음식점들은 어떻게 마케팅을 해야 할까요? 무조건 네이버 플레이스부터 최적화시켜야 합니다. 플레이스 광고도 해야 하고요. '기승전-네이버'가 앞으로 3~4년간 음식점 마케팅의 대세가 될 거예요.

박노진 ◦ 우리 세 사람이 모여 대화를 나눈 것처럼, 외식사업도 혼자서 모든 일을 풀어나갈 수 있는 독불장군식의 비즈니스가 아닙니다. 메뉴와 요리를 책임지는 생산 공장 격인 주방, 고객관리와 접객서비스를 담당하는 홀, 관리와 자금을 책임지면서 전체 운영을 고민하는 경영 파트가 유기적으로 연결되어야 기초가 튼튼하고 불황도 이겨내며 장기적으로 성공하는 외식업소를 운영할 수 있습니다. 마찬가지로 지금까지 우리가 얘기한 외식업에 필요한 요소들을 어떻게 꿰어맞추는가가 성공의 핵심 열쇠라고 할 수 있습니다. 이완성 대표님과 이문규 대표님, 긴 시간 동안 귀한 말씀 나눠주셔서 감사합니다.

2부

외식경영 Q&A,
대박식당에게
묻는다

1장

창업 전에
준비할 것들

Q1 | 예비창업자는 무엇부터 준비해야 하나요?

A 이완성

'내가 왜 식당을 하려고 할까?' 이것부터 고민해야 합니다. 막연히 동네 식당이 잘되니까, 딱히 할 게 없어서, 가족 생계를 책임져야 하니까 등 여러 이유가 있을 수 있습니다. 그런데 많은 식당 주인이 농담 반 진담 반으로 "식당 창업은 안 하는 게 제일 좋다"고 말하는데, 저는 진담에 가깝다고 봐요. 중요한 건 과연 식당 운영이 나에게 맞는 일인가입니다. 정말이지 깊이 생각해야 해요.

저 역시 스물세 살에 시작한 식당 일을 지금까지 할 줄은 몰랐습니다. 그래도 나에게 맞는 옷을 입었다 싶어요. 갈비와 냉면에 천착하다 보니 다양한 음식을 해보지는 못했지만, 돼지갈비와 함흥냉면도 사실 쉽지 않습니다. 특히 냉면은 더 까다롭지요. 매일매일 똑같이 하는데도 어제는 맛있다, 오늘은 맛없다, 주방장이 바뀌었냐 등 카운터에 있으면 손님들이 별별 말을 툭툭 던지고 갑니다. 하지만 손님들이 하는 말을 귀담아들어야 합니다. 그 안에서 톡톡 튀는 아이디어를 얻을 수 있거든요.

또한 12시간 이상 버틸 체력이 되는지도 중요해요. 식당에서 하는 모든 일은 머리와 함께 몸이 받쳐주어야 하니까요. 식당은 종합예술이고 시쳇말로 상노가입니다. 그렇기에 아무나 한다는 것도 우스운 말입니다. 나 자신이 진짜 좋아서 하는 일은 그래도 나아요. 어떤 일이든 마찬가지지만 억지로 해서는 안 됩니다. 아래에 몇 가지 포인트를 제시할 테니 이를 참고삼아 식당을 차리기에 앞서 곰곰이 생각해보길 바랍니다.

첫째, 최대한 많은 식당을 다녀 봐야 합니다. 대박집과 초대박집은 물론이고, 손님이 없는 식당에서도 많이 배울 수 있습니다. 그리고 이 집이 왜 대박이 될 수밖에 없는지 알아차릴 줄 알아야 합니다. 대중의 입맛도 파악할 줄 알아야 하고요. 잘되는 식당은 가장 대중적으로 입맛을 맞춘 경우가 많습니다. 이것이 쉬울 것 같지만 가장 어렵답니다.

둘째, 철저하게 준비할 시간을 가지세요. 아이템을 결정했으면 치밀하게 분석해서 최상의 레시피를 정립해야 합니다. 돼지갈비를 하겠다고 정했으면 본인이 직접 포를 뜰 수 있어야 해요. 양념은 기본이고요. 정육점에서 받아서 쓸 수도 있지만, 만약에 공급이 갑자기 끊기면 어떻게 할 건가요? 식당 주인이라도 뜰 수 있어야 합니다. 최소한 자신이 하려는 음식의 기본을 알아야 한다는 겁니다.

셋째, 전문가의 도움을 받으세요. 이왕이면 최고에게 배워야 합니다. 고깃집을 하고 싶다면 그 방면에 일가견이 있는 사람을 만나야 해요. 지금도 그렇지만 앞으로는 더욱 혼자 창업해서 성공하기 어려워질 겁니다. 부지런히 관련 강의를 듣고 책도 봐야 해요.

넷째, 되도록이면 가족, 특히 배우자와 같이 하세요. 오동추야도 아내와 함께 운영하고 있습니다. 이렇든 저렇든 가족이 가장 믿을만 합니다. 같이 고민하고 아이디어를 내고 인건비도 아낄 수 있어요. 남편과 아내 둘 중 누가 주방에 있고 홀에 있든 각자 잘할 수 있는 일을 맡아 역할 분담을 하세요.

다섯째, 글을 써야 합니다. 블로그와 SNS는 더 이상 한가한 이들의 취미가 아닙니다. 오히려 식당 주인이라면 더 열심히 해야 해요. 식당 블로그를 운영하고 하루하루 계속해서 글을 써야 한다는 말이지요. 내 식당 홍보는 기본이고, 다른 식당에 다녀왔으면 그 식당의 장단점과 나라면 어떻게 운영할 건지를 기록하세요. 벤치마킹 과정도 되새겨보고 정리를 해야 본인 식당에 활용할 수 있습니다.

지금까지 소개한 다섯 가지 중에서 최대한 많은 식당 다니기와 꾸준히 글쓰기는 꼭 권하고 싶습니다. 잊지 마세요. 이 두 가지를 열심히 하는 과정이 바로 철저한 준비예요. 이를 통해 신뢰할 수 있는 전문가도 만날 수 있습니다.

가진 돈이 1억 원인데 식당을 열 수 있을까요?

식당을 하다 보면 종종 받는 질문입니다. 구체적인 상황을 모른 채 답하긴 어렵지만 제 생각을 말씀드리면 1억 예산으로 식당할 수 있어요.

제 주변에 식당하는 분들이 많은데요. 작은 규모의 식당을 내실 있게 운영하는 사장님들도 적지 않습니다. 만약 처음 식당을 하는 거라면 이미 운영 중인 분들에게 적극적으로 조언을 구하는 게 좋아요. 경험에서 우러나온 이야기는 경청할 가치가 있거든요. 그렇다고 듣기만 하는 걸로는 부족해요. 창업 전에 다른 식당에서 일하면서 경험을 쌓는 게 중요합니다. 식당 따라 다르겠지만 식당에 들어가는 건 어렵지 않을 거예요.

가급적 여러 식당에서 일하는 게 좋아요. 가령 소규모의 식당이면서 운영을 잘하는 곳, 반대로 소규모 식당인데 장사가 안 되는 곳, 그리고 중대형의 식당 모두 경험하는 게 좋아요. 그래야 시야가 넓어지니까요. 그리고 본인이 하고 싶은 업종의 식당에서도 일해봐야 하고요.

식당에서 일하면 여러 가지 노하우를 돈을 벌며 배울 수 있다는 장점이 있어요. 직접 현장에서 온갖 일에 부딪혀 보면서 실제로 본인이 식당을 창업했을 때 어떤 식으로 운영해야 수익을 창출할 수 있는지 고민해봐야 해요. 일례로 손님이 많이 온다고 수익과 바로 연결되지 않을 수도 있는데요. 이런 부분은 실제 현장에서 일해보지 않으면 알기 어렵답니다.

일을 하면서 홀 운영과 주방 설비, 인테리어 등 식당 경영 전반의 다양한 사항을 메모하고 정리해두는 게 좋아요. 일하면서 창업 준비를 하면 시간은 빠듯할지 몰라도 실패 확률을 줄이면서 1억 원의 예산을 효율적으로 사용할 수 있어요. 무엇보다 초보자들이 저지르기 쉬운 시행착오를 줄일 수 있어요.

1억 예산을 집행할 계획을 꼼꼼하게 세우고 치밀하게 실행해야 해요. 하나만 예를 들면 전체 예산에서 운영비는 반드시 따로 통장에 준비해 둬야 해요. 안 그러면 장사 시작하기도 전에 인테리어와 주방 공사하는데 다 써버리게 될지도 몰라요. 여유자금 없이 장사를 시작하면 첫 달에 직원 월급 줄 돈도 없을 수 있어요. 여유자금은 다른 말로 '마음의 여유'이기도 해요. 마음에 조금이라도 여유가 있어야 상황 파악과 의사결정도 바르게 할 수 있어요.

1억 원으로 식당할 수 있어요. 다만 철저하게 준비해야 해요.

Q3 창업할 때 여유자금은
얼마나 남겨둬야 하나요?

A 이완성

지금까지 꽤 오랜 시간 지켜본 바로는 넉넉한 여유자금을 가지고 창업하는 사람은 아무도 없었습니다. 항상 예상했던 것보다 부족하면 부족했지 남는 경우는 못 봤어요. 제가 지금까지 직간접적으로 참여한 식당이 스무 곳 이상입니다. 저희 식당에서 일하던 직원들도 몇 번 기술을 배워 창업을 했는데 안타깝게도 성공한 경우는 하나도 없습니다. 길어봐야 2~3년 버티는 게 고작이더군요.

왜 이럴까요? 나름 잘 나가는 식당에서 기술을 익혀 창업했는데 왜 안 되었을까요? 이런 말이 있습니다. "주방장이 가게를 차리면 성공 확률은 10%도 안 된다. 하지만 점장이나 지배인이 가게를 차리면 그보다는 성공할 확률이 훨씬 높다." 다시 말해 식당이란 게 음식만 맛있다고 잘되지 않는다는 뜻입니다. 물론 식당 창업의 성공 가능성 자체가 낮은 편이긴 합니다. 그중에서도 직원으로 있으면서 정해진 메뉴나 주인이 시키는 일만 한 주방장은 십중팔구 실패합니다. 반면 지배인이나 점장은 그래도 능동적으로 일을 합니다. 모든 식당은 서비스업입니다. 따라서 접객이 매우 중요하지요. 지배인 출신들은 손님들과의 접점이 얼마나 중요한지 잘 알고 있고 접객 노하우를 보유하고 있기에 그만큼 성공 확률이 높아집니다.

가게를 운영한다는 것은 직원으로 있을 때보다 몇 배 힘든 일입니다. 직원은 시키는 일이나 맡은 일을 하면 그만이지만, 사장은 하나부터 끝까지 모두 할 줄 알아야 합니다. 직원들에게 시키면 되지 않느냐고요? 다른 사람에게 일을 시킬 때도 내가 알고 지시하는 것과 모르고 하는 것은 천지 차이입니다. 최근 점점 중요해지고 있는 홍보나 SNS 마케팅 같은 일도, 전문 업체에 맡긴다고 해도 어느 정도 주인이 알고 있어야 효과를 높일 수 있습니다. 주인이 잘 모르면 마케팅 담당자나 블로그 체험단에게 합당한 요구나 적절한 제안을 할 수 없어요.

식당 주인은 그야말로 올라운드 플레이어, 즉 만능선수가 되어야 한다는 얘기입니다. 일례로 식당은 전자제품이나 기계가 많은데 주인이 전자기기 수리도 어느 정도는 할 줄 알아야 합니다. 한창 바쁠 때 고장이 나면 수리기사가 빨리 오는 경우는 거의 없습니다. 기다리다 보면 점심이나 저녁 피크 시간을 놓치기 일쑤고, 심하면 하루 장사를 망칠 수도 있습니다. 간단한 수리 정도는 할 줄 알아야 급할 때 대처할 수 있습니다.

창업 시 자기자본은 많으면 절대적으로 유리합니다. 돈에 쫓기다 보면 음식이나 접객에 문제가 생길 수 있거든요. 100%는 어렵더라도 70% 정도가 자기자본이라면 좋습니다. 나머지는 대출을 받거나 지인에게 빌려 조달하면 되고요. 그런데 자기자본이 부족한 경우가 태반이고 여유자금이 풍족한 경우는 극히 드뭅니다. 그러니 '여유자금은 얼마나 남겨둬야 하는가?'라는 질문은 현실과 동떨어진 면이 있어요. 굳이 답하자면 여유자금은 많으면 많을수록 좋습니다. 너무 당연하지요.

지나친 인테리어 욕심도 조심해야 합니다. 가뜩이나 자금에 여유가 없는데 인테리어에 과하게 투자했다가 낭패를 보는 경우를 종종 봤습니다. 초보자들이 특히 이런 실수를 하더군요. 잊지 마세요. 식당의 본질은 음식과 접객입니다. 따라서 음식의 상품성과 접객의 완성도를 높이는데 투자해야 성공 확률도 높아집니다.

많은 예비창업자가 완벽한 상태에서 식당 문을 열려고 하는데 제 경험으로는 불가능에 가깝습니다. 물론 철저한 준비는 필수입니다만 난다 긴다 하는 전문가들의 도움을 받아서 오랜 시간 준비해도 막상 식당을 오픈하면 헤매게 됩니다. 다른 모든 일처럼 시간이 흐르고 경험이 쌓일수록 좋아집니다. 또한 오픈했다고 긴장을 놓지 말고 준비할 때보다 더 집중해야 합니다. 그렇게 하루하루 몰두하다 보면 점점 좋아집니다.

예비창업자들은 불안할 수밖에 없습니다. 많은 돈을 투자했는데 혹시나 잘못되면 어떡하나 쉽게 잠을 자지 못합니다. 사실 잠을 잘자는 게 이상하지요. 저도 뜬눈으로 밤을 지새운 적이 있습니다. 혼자서만 고민하지 말고 주변에 전문가의 도움을 받고, 관련 책을 보고, 식당 공부를 할 수 있는 교육기관을 찾기를 권하고 싶습니다. 저도 지금까지 공부를 게을리하지 않고 있습니다.

창업자금이 부족할 때 대출과 동업 중 어떤 편이 나을까요?

예산에 맞게 창업하는 게 가장 좋습니다. 하지만 자금에 맞춰 창업하려다 보면 제대로 된 가게를 여는 게 쉽지 않은 것이 현실입니다. 그래서 요즘은 동업하는 경우가 많지요. 그런데 동업이 처음부터 잘되면 좋겠지만 그런 경우는 흔치 않습니다. 너무 당연한 말이지만 여러 문제를 같이 고민하며 사업이 안정적으로 궤도에 오를 수 있도록, 함께 노력해야 합니다. 그럴 수 있는 파트너를 신중히 선택하는 게 핵심입니다.

동업은 서로의 신뢰가 바탕이 되어야 하기에 진심으로 믿을 수 있는 사람과 해야 합니다. 그동안 친밀하게 지내고 금전적인 문제가 없었더라도 막상 동업을 하게 되면 큰 문제가 발생할 가능성이 적지 않습니다. 조금 거칠게 말하면 돈 앞에서는 피도 눈물도 없는 냉철한 세상 아니던가요. 내 돈이 아니라고 여기고 동업하면 편할 텐데 그렇게 마음먹기가 역시나 쉽지 않습니다.

나는 다른 방식을 제안하고 싶습니다. 예를 들어 보지요. 최근에 신규 오픈한 육탐미는 처음 출발할 때부터 프랜차이즈를 염두에 두었습니다. 그렇다고 거창하게 사업을 벌이는 건 아니고, 직원 중에 창업에 관심이 있고 근무 기간을 비롯해 어느 정도 요건을 갖추면 지분 투자 방식으로 동업을 하는 겁니다. 가령 육탐미 2호점의 총 창업 비용이 2억이 든다고 가정하면 1호점 주인이 1억 6천만 원을 투자하고, 2호점을 창업하고자 하는 직원 또는 파트너가 4천만 원을 투자해서 20%의 지분을 갖는 거지요.

이렇게 처음에는 8대 2의 비율이지만 신규 창업자가 식당을 운영하며 계속해서 지분을 늘려나가는 식입니다. 식당이 성장함에 따라 나중에는 투자 비율이 2대 8이 되어 1호점 사장은 투자금에 지분 이익을 더해 돈을 벌고, 2호점 사장은 지분율이 높아지는 만큼 본인 가게를 가질 수 있습니다. 이와 같은 동업 방식은 자금이 부족한 상황에서 창업하고자 하는 이들에게 꽤 유용합니다. 아무것도 모르고 창업을 하기보다는 좋은 식당에 직원으로 들어가서 가게 운영 노하우를 터득하고, 지분 투자 방식으로 창업을 한다면 그만큼 실패 확률을 줄일 수 있다는 장점도 있습니다.

동업이 아닌 자기 혼자 한다면 부족한 자금을 어떻게 조달해야 할까요? 예전에 저는 밑바닥에서 다시 식당을 열어야 했을 때 제가 사는 아파트와 부모님 아파트로 담보대출을 받아 부족한 자금을 조달했습니다. 그래도 부족한 자금은 건물주에게 보증금을 절반만 내고 재창업을 했는데, 다행히 장사가 잘되어서 3개월 만에 갚을 수 있었습니다. 이어서 은행에서 빌린 돈도 6개월 만에 모두 갚았고요.

창업자금이 부족할 때 대출과 동업 중에 어떤 편이 나을지는 단정지어 말할 수 없습니다. 상황에 따라 다르다는 말이지요. 동업을 하고 싶어도 적합한 파트너가 없을 수 있고, 대출받아 혼자 장사하고 싶은데 대출을 받지 못할 수도 있습니다. 한 번 더 강조하건대 동업의 핵심은 유능하고 믿을 수 있는 파트너와 함께하는 것입니다. 그리고 지인에게 빌린 돈을 갚으려면 정말 자존심 다 버리고 악착같이 일해야 합니다. 본인 돈은 없어져도 지인에게 빌린 돈은 끝까지 갚는다는 마음가짐이 필요하지요. 그 정도로 이를 악물고 일해야 합니다.

인테리어업체는
어떻게 정하는지 궁금합니다

인테리어업체 선정은 정말 중요해요. 배달 전문점을 제외한 대부분의 식당은 창업 과정에서 제일 큰 비용을 인테리어에 투자하게 되니까요. 사실 예산이 정해져 있더라도 인테리어에 대한 욕심은 멈추기가 힘든 게 사람 마음인 거 같아요. 그래도 냉정하게 인테리어 비용을 확정하고 그 비용 안에서 원하는 분위기를 만들어 낼 수 있는 인테리어 전문가 또는 업체를 찾아야 해요.

저 같은 경우에는 지인을 통해서 인테리어 전문가 또는 회사를 추천받는 편이에요. 그 지인도 그냥 지인 말고 식당을 운영하는 지인의 추천을 받는 게 좋아요. 그렇게 해야 실제 비용 대비 결과물이 어떤지 최대한 정확하게 감을 잡을 수 있고 장단점에 대해서도 파악이 가능하기 때문이에요.

다음으로 인테리어 전문가를 만나서 예산과 원하는 결과물에 대해 자세히 이야기하고 실제 예산 안에서 가능한지 협의해야 해요. 그렇지 않으면 공사 진행 중에 금전적인 부분 때문에 얼굴 붉히는 경우가 생길 수 있어요. 가급적이면 견적서와 도면, 계약서 등 관련 서류를 꼼꼼히 챙기고 사인도 받는 게 좋아요.

인테리어업체를 정할 때 흔히 많은 업체와 미팅하고 견적을 받아야 한다고 생각하는데요. 저는 대부분 소개를 받기 때문에 2~3명의 인테리어 전문가를 만나면 답이 나오는 편이었어요. 실제 인테리어를 진행하는 방식도 모든 걸 일임하거나, 설계와 감리만 맡기고 목공, 조공, 설비, 창호 등은 각각 따로 진행하는 것도 가능해요. 이 분야의 전문가들을 알고 있다면 말이죠. 그런데 제 경험으로는 처음 식당을 창업한다면 모든 걸 믿을 수 있는 유능한 전문가에게 맡기고 진행하는 게 시행착오를 줄이는 방법이에요.

식당 창업에 있어서 인테리어가 중요하긴 하지만 그렇다고 인테리어에 과도하게 투자하는 건 조심해야 해요. 향후 오픈하고 운영하면서 경제적 여유가 없는 상황을 맞이하면 순식간에 식당이 어려워질 수 있어요. 따라서 냉정하게 예산을 정하고 원하는 결과를 만들도록 준비 과정에서 많은 공부와 노력을 기울이고 조언을 듣는 현명함이 필요해요.

Q6

A 이문규

주방 공사를 셀프로 하고 싶은데 가능할까요?

처음 식당 창업을 한다면 주방 공사를 셀프로 하기는 매우 힘들어요. 타일, 목공, 닥트 등 특수한 분야가 다양하게 얽혀 있어서 셀프는 어렵다고 봐야 해요. 그리고 효율적인 주방을 설계하는 데 중점을 두는 게 여러모로, 그리고 장기적으로 좋아요.

먼저 주방에서 일하는 사람들이 효율적으로 이동할 수 있도록 동선을 짜는 게 관건이에요. 이건 식당의 규모와 주방의 모양에 따라서 많이 달라져요. 이 동선을 어떻게 설계하느냐에 따라서 주방의 효율성이 크게 좌우되기 때문에 주방 인력이 줄어들 수 있고 아니면 오히려 늘어날 수도 있어요. 주방의 효율성과 인력의 증감은 조리 시간과 인건비에 직결되기에 대단히 중요해요. 그만큼 주방 설계는 중요한 작업임을 잊지 말아야 해요.

일단 본인이 하고 싶은 업종을 정확하게 정하세요. 그다음에는 그 업종에 해당하는 5개 정도의 식당에서 단기 근무를 하세요. 그래야 같은 업종의 식당이 다양한 평수에서 어떻게 주방을 설계했는지 이해할 수 있고, 효율적인 동선인지 아닌지 일하면서 확인할 수 있으니까요. 머리로 상상하는 것과 두 눈으로 직접 보고 몸으로 확인해 보는 건 완전히 달라요. 외식업 경력이 부족하다면 두말할 필요도 없고요. 단기 근무를 할 때도 최소 한 달은 일하도록 하세요. 그래야 깊이 있게 파악이 가능해요. 눈썰미가 좋으면 2~3일이면 대충 윤곽은 알 수 있지만 실제 일하면서 세세한 부분까지 깨닫는 과정이 꼭 필요해요. 그리고 당연히 단기근무하는 식당에 피해가 안 가도록 퇴사할 때 주의하는 것도 필수예요. 이 세상에 수많은 식당이 있지만 외식업도 보기보다 좁아요. 어디서 어떻게 다시 만날지 모른답니다.

사실 이 정도의 경험만 해도 상당한 현장 지식을 쌓았다고 볼 수 있어요. 그 뒤에 임대차계약을 하고 나면 주방용품전문점에 가서 담당자와 상의하면서 도면을 설계하면 돼요. 큰 주방용품전문점에서는 도면을 전문적으로 그려 주거든요.

제가 앞서 설명한 대로 하려면 꽤 시간이 걸려요. 5개 식당을 한 달씩만 경험하는데도 5개월이 필요하니까요. 그런데 잘 생각해보면 일을 하기 때문에 경험을 쌓으면서 돈도 벌 수 있다는 장점이 있어요. 식당 운영하는 모습을 관찰할 수 있고 또 운영 노하우도 배울 수 있고요.

한편 위의 설명과는 달리 주방 설계 전문가에게 맡기는 것도 방법이 될 수 있어요. 전문가의 힘을 빌리면 시간을 절약하고 불필요한 시행착오를 줄일 수 있기 때문에 결국 비용도 절감될 수 있어요. 어떻게 보면 개인의 선택에 달린 것 같지만, 실력 있고 신용할 수 있는 주방 설계자를 찾는 게 가장 중요해요. 여기서 이야기하는 주방 설계 전문가는 주방용품전문점이 아니라 많은 식당을 실제 운영하거나 오픈한 경험이 있는 식당 운영자를 뜻해요.

결국 여기서도 발품을 팔면서 지인들에게 적극적으로 묻고 두루 알아보는 과정이 필요해요. 검증된 전문가를 만나는 게 가장 중요하니까요. 지인이 최근에 고깃집을 오픈했는데요. 이곳은 주방 동선 전문가에게 주방 설계를 맡겼어요. 현재 매출이 상승하고 있는데 주방에서 무리 없이 주문을 소화하고 있습니다.

주방 설비는 전문업체와 인테리어업체 중 어디에 맡겨야 하나요?

먼저 생각해보지요. 주방장이 30년 넘게 주방에서 일했다고 주방 동선을 짤 수 있을까요? 식당을 30년 운영한 사장은 어떨까요? 주방 동선을 디자인할 수 있을까요? 제 대답은 간단합니다. '진료는 의사에게 약은 약사에게'라는 말이 있듯이 주방 동선 전문가에게 맡기는 게 현명해요. 그렇다면 인테리어업체가 주방 동선을 디자인하는 건 어떨까요? 물론 업체에 따라 가능할 수도 있지만 인테리어 회사는 홀이나 룸을 맡는 게 바람직해요. 외식업은 안 그래도 변수가 많은데 군이 떠안지 않아도 되는 위험을 지고 갈 필요가 없습니다.

손님들 눈에는 잘 보이지 않지만 식당에서 주방 동선은 매우 중요해요. 보통 외식업을 모르는 사람이 식당을 창업할 때 가장 많은 실수를 저지르는 지점이 주방이에요. 예를 들면 홀은 최대한 넓게 빼면서 주방은 코딱지만 하게 설계하는 거지요. 주방 자리와 크기는 한 번 세팅하면 다시 바꾸기가 어렵습니다. 그만큼 두고두고 치명적인 실수가 될 수 있으니 꼭 유의해야 해요.

보통 홀과 주방의 크기는 8대 2 정도로 설계합니다. 전체 면적에서 홀이 8이고 주방이 2란 얘기지요. 사실 이것도 보편적으로 맞는다고 볼 수는 없습니다. 음식 종류에 따라, 특히 메뉴가 많을수록 그에 맞춰 주방도 더 커져야 해요. 그래서 뷔페 같은 경우는 주방이 일반적인 규모보다 훨씬 크지요. 다양한 종류의 음식을 조리하려면 커질 수밖에 없으니까요.

주방은 보통 앞주방과 뒷주방으로 나뉘는데요. 주로 앞주방에서는 조리한 음식을 내주는 경우가 많고, 뒷주방은 음식을 만드는 역할을 맡지요. 각종 양념이나 소스 등도 뒷주방에서 담당하고요. 여러모로 보조 주방이 있으면 좋습니다. 재료 손질 등 잡다한 일을 여기서 처리하면 매우 효율적이에요. 오동추야의 주방은 매일 준비해야 하는 식재료와 조리해야 할 양을 감안하면 열악한 편인데요. 그래도 오랜 시간 거치며 중간중간에 크고 작은 개선을 했습니다. 다행히 주방 뒤편에 여유 공간이 있어 잘 쓰고 있습니다.

주방의 동선도 중요하지만 영업이 잘되면 워크인 냉장고도 구비해야 합니다. 업장에 따라 다르지만 보통은 냉동과 냉장실이 따로 있어야 활용도가 높고 사용하기 편해요. 특히 여름철에는 한적한 시간에 미리 음식을 만들어서 보관하려면 냉동고와 냉장고 모두 필요하지요. 장사가 잘될수록 창고도 있어야 해요. 상온에 두는 공산품 같은 물건들은 창고에 보관하는 게 좋거든요. 이처럼 식당 하나를 운영하는 데도 신경 써야 할 것들이 무수히 많답니다.

결론은 이렇습니다. 주방을 중간에 고치려면 처음 만들 때보다 더 많은 비용과 시간이 들어갈 수 있어요. 해결 방안이 있어도 바꾸지 못하는 경우도 드물지 않고요. 그러므로 주방 동선과 설비는 식당 준비 단계에서 전문가의 도움을 꼭 받기를 강추합니다.

공사 비용을 처리할 때 절세 방법이 있을까요?

처음 식당하는 분들이 의외로 실수하는 부분이 세금인 것 같아요. 당장 눈앞의 비용 몇 푼 아끼려고 부가세 10% 빼고 비용을 지불하는 게 대표적인 예라고 할 수 있죠. 오픈하기 전 해야 할 일이 한두 개가 아니지만 가장 중요한 것 중 하나가 비용 처리와 관련된 절세 방법입니다. 사업 비용으로 비용 처리가 가능하고, 비용의 10%를 부가세 신고 시 환급도 가능하거든요. 식당을 개업하기 위해 인테리어와 주방 공사에 쓴 돈도 당연히 비용 처리와 부가세 환급이 가능할뿐더러 집기와 비품, 주방 설비 및 기계, 자동차 등도 유형자산이나 고정자산으로 분류되어 감가상각을 통해 세금 처리가 가능합니다.

공사하면서 절세하는 방법은 의외로 매우 단순해요. 공사 관련 자료와 인건비에 관련된 모든 지출 내역을 꼼꼼하게 작성하는 거예요. 현금 거래보다는 계좌이체로 하고요. 계좌이체를 할 때는 지금 거래하는 주체의 실제 명의인지 확인해야 해요. 인건비 관련해서 타일, 목공, 도색 등 다양한 인력들이 공사에 참여하는데요. 인테리어 회사에서 전체적으로 관리해서 계산서를 발행해 주면 일이 간단하지만, 만약 직거래 형태라면 일하는 사람들의 주민등록번호, 연락처, 주소, 그리고 일한 날짜 등 모든 자료를 꼼꼼히 기록해야 해요. 그 자료를 바탕으로 인건비를 지급하고 나중에는 세무사무실에 넘겨야 하고요. 또 하나 기억해야 할 점이 있는데요. 인테리어 공사 중일 때는 사업자등록증이 나오지 않기 때문에 '사업자등록 전 매입세액'이라고 개인 또는 본인 주민번호로 계산서를 받아 놓았다가 사업자등록증이 나오면 그때 세금 공제를 신청하면 됩니다.

인터넷에서 중고로 물건을 사게 될 경우에는 사이트를 캡처하고 거래 당사자와 주고받은 문자 내역도 캡처해서 보관하고, 통장 거래내역도 정확하게 기록해서 모든 자료를 세무사무실에 넘겨야 해요. 본인 통장의 거래내역에 중고거래 사항을 메모해두면 나중에 찾기 좋아요. 그리고 공사 비용을 절세 수단으로 활용하는 한 가지 방법은 상반기(1월~6월) 또는 하반기(7월~12월)로 나뉘어 있는 부가세 신고기간을 이용하는 거예요. 공사를 상반기에 하더라도 비용 신고를 영업을 시작하는 하반기에 몰아서 하는 방법인데요. 그런데 사실 이것도 결국엔 낼 돈을 먼저 또는 나중에 내거나 받거나 하는 차이 정도예요.

결론적으로 모든 공사와 집기, 주방 설비 등에 비용을 지출할 때는 무조건 세금계산서를 받는 걸 원칙으로 삼으면 편합니다. 괜히 부가세 10%가 아까워 계산서를 끊지 않으면 그만큼 비용 처리를 받지 못해 손해가 나게 됩니다. 요즘은 국세청의 시스템이 정교해서 일반과세자나 간이과세자의 혜택이 점점 줄어들고 있어요. 이건 어쩔 수가 없는 일이기에 우리가 따라갈 수밖에 없습니다. 만약 세금계산서를 발행받지 못했다면 실제 거래한 회사 대표자 명의로 되어 있는 통장 거래내역과 거래처에게 받은 견적서, 거래명세서, 그리고 영수증 등 웬만한 자료는 다 보관해둬야 합니다.

공사할 때 모든 물품 대금과 공사비용 관련해서 정확하게 세금계산서를 발급받거나 여의찮으면 각종 증빙자료를 상세하게 남겨야 해요. 그리고 인건비의 경우 날짜와 정확한 인적사항, 금액, 통장 거래내역을 꼼꼼히 기록해야 해요. 식당은 이제 모든 걸 정석대로 해야지 예전처럼 가짜로 계산서를 끊으면 나중에 더 큰 화가 닥칠 수 있으니, 줄 거 주고 받을 거 받는 게 속 편합니다. 마지막으로 세무 관련 사항은 잘 정리해두었다가 세무사에게 문의하는 게 가장 정확해요.

Q9 창업하기 전에 현장에서 일을 배워야 하나요?

A 이완성

그렇습니다. 당연합니다. 처음 식당 창업하는 분들을 보면 홍보와 마케팅, 그리고 인테리어에 너무 신경을 쓴 나머지 정작 식당의 본질, 즉 음식을 소홀히 하는 경우가 종종 있어요. 명심하세요. 식당의 본질은 '맛'입니다. 어떤 식당을 하든 이게 가장 중요해요. 많은 사람이 좋아하는 맛을 연구해서 완성해 나가는 것이 식당으로 성공하는 가장 확실한 길입니다. 물론 이런 맛을 내기까지 많은 시행착오를 피할 수 없겠지요. 저도 마찬가지였어요. 요리 학원을 다녀 보지 못하고, 요리사 출신도 아닌 저는 훨씬 더 많은 실수와 시행착오를 겪어야 했지요. 그리고 그 모든 과정이 살아 있는 공부였습니다.

30년 전인 1993년 제 목표는 형이 운영하는 식당에서 차근차근 일을 배워 근사한 식당을 차리는 것이었습니다. 하지만 식당에 들어간 지 두 달이 채 되기도 전에 피치 못할 사정으로 사장이 됐습니다. 음식에 '음' 자도 모르고 시작한 식당 일은 어린 나이로 감당하기에 역부족이었지요. 하지만 뒤로 물러설 수도 없었습니다. 제가 아니면 누구도 할 수가 없었기 때문이지요. 저는 어떻게든 가난을 벗어나고 싶었습니다. 어린 시절 초가집에서 벗어나 슬레이트 지붕집으로 이사한 날을 생생히 기억합니다. 이 집도 장작으로 불을 때야 난방이 되었지만, 비 안 새고 전기가 들어온다는 사실만으로도 천국이었습니다. 제가 이 식당을 살려내지 못하면 우리 집안을 일으킬 수 없다는 절실함으로 악착같이 버텼습니다.

당시 식당에 저와 동갑내기 주방장이 있었는데 그와 친해지면서 음식을 배웠습니다. 그 당시에도 홀보다는 주방일을 먼저 배워야 식당을 제대로 운영할 수 있겠다 싶었거든요. 다행히 젊은 주방장도 제 생각을 읽었는지 성심성의껏 알려주었습니다.

그때 제 나이 스물세 살, 때로는 주방장에게 핀잔도 들었습니다. 그래도 열심히 노력한 만큼 나중에는 다 내 것이 되더군요. 이 과정을 통해 '우문현답', 즉 '우리의 문제는 현장에 답이 있다'는 걸 절실히 깨달았습니다. 비단 제 경우가 아니더라도 현장 경험은 필수예요. 식당에서 그것도 주방에서 먼저 빡세게 배워야 합니다. 주방장이나 찬모에게 뭐하나 지시할 때도 내가 알아야 제대로 시킬 수 있습니다. 사장이 모르면 "네가 뭘 안다고 시키는 거야?", "어린 게 뭘 알아!" 하고 무시당하고 질타받을 게 뻔합니다.

요즘 소위 '오토매장'에 관심을 보이는 사람들이 많더군요. 들리는 말로는 오토매장 운영하며 폼나게 좋은 차 타면서 하루에 1시간도 가게에 머무르지 않는 주인도 있다고 하더라고요. 하기야 요즘은 포스나 CCTV로 실시간으로 매장을 볼 수 있습니다. 이런 시스템은 분명 장점이 있지요. 차별적인 메뉴나 요리 기술보다는 주로 체인점처럼 매뉴얼에 따라 운영되는 곳에서는 충분히 가능한 얘기입니다. 하지만 안이한 태도로 임하면 오토매장뿐 아니라 어떤 식당이든 오래가지 못합니다. 아무나 할 수 있는 가게는 누구나 쉽게 따라 할 수 있고 그만큼 경쟁력이 없다는 거니까요.

잠깐 반짝하는 게 아닌 꾸준히 성장하기 위해서는 독보적인 가게를 만들어야 합니다. 오래가는 식당이 되기 위해서는 확실한 차별점을 확보해야 해요. 그것이 쉽고 빠른 길입니다. 이것저것 많은 메뉴도 필요 없어요. 한 아이템을 정했으면 여기에 미쳐야 합니다. 불광불급不狂不及 아시죠? 미치지 않으면 미치지 못합니다. 수십, 수백 번의 시행착오를 거치면서 완성해 나가야 합니다.

어떻게 보면 전문가란 자신의 분야에서 많은 실수를 범하고 바로잡아본 사람입니다. 이를 통해 뛰어난 문제 해결 능력과 자신만의 노하우를 갖춘 사람이 곧 전문가지요. 그렇다면 실수하고 교정해본 경험이 많을수록, 그래서 더 이상 할 실수가 남아 있지 않은 사람이 바로 최고의 전문가가 될 수 있습니다. 요리도 식당 경영도 다르지 않습니다.

한 번 더 강조합니다. 현장 일은 필수입니다. 하물며 프랜차이즈 치킨집도 몇 달은 배워야 해요. 그다음부터는 본인이 자기 것으로 만들어야 하고요. 남들이 쉽게 흉내 내는 기술은 오래가지 못합니다. 어떤 식당을 하든 자기만의 필살기를 보유해야 해요. 필살기는 현장 경험 없이는 개발할 수 없습니다. 현장을 모르면 압도적 상품도, 압도적 서비스도 나올 수 없다는 걸 명심하기 바랍니다.

개업할 때 직원은 몇 명을 채용해야 하나요?

직원 채용은 구체적인 업종과 식당의 크기, 서비스 방식 등에 따라서 달라져요. 먼저 본인이 창업하려는 업종이 있다면 그 업종을 실제 운영하는 식당 여러 곳을 방문해서 몇 명이 일하고 있는지 살펴보세요. 식당 한두 곳이 아닌 동일 업종으로 10개 이상의 식당을 방문하기를 권해요. 이때 식당 크기와 서비스 방식, 그리고 매출이 서로 다른 곳들을 두루 관찰해야 해요.

첫 번째로 영업이 활성화된 식당들을 방문해서 직원이 몇 명인지 확인해 보세요. 물론 식당의 크기와 테이블 개수를 비교해야 합니다. 예를 들어서 20평 정도에 테이블이 10개인데 홀과 주방 합해서 4명이 직원인 식당이 있고, 같은 규모에 셀프시스템 등을 활용해 직원이 3명인 곳도 있을 수 있어요. 비슷한 면적과 테이블 수를 가진 곳에서 인력 구조를 비교하면 여러모로 배울 점이 많을 거예요.

두 번째로 장사가 잘되는 식당의 점심과 저녁 시간을 구분해서 방문하세요. 어떤 식당은 점심엔 직원이 5명인데 저녁엔 3명일 수도 있어요. 반대로 다른 음식점에서는 점심엔 직원이 3명이고 저녁에 5명인 상황이 펼쳐질 수도 있고요. 업종과 입지에 따라서 점심에 손님이 몰릴 수도 있고 저녁에 몰릴 수도 있으니까요. 그런 각각의 상황에서 식당들이 어떻게 인력을 채용하고 운영하는지 알아둬야 해요. 그리고 나라면 직원 몇 명으로, 아침 점심 저녁 시간대별로 어떻게 식당을 꾸려나갈지 생각해보세요. 아주 유용한 훈련이 될 수 있거든요. 가령 손님이 몰리는 시간에는 풀타임 직원보다는 아르바이트 같은 파트타임 인력을 고용해야 비용을 절감할 수 있어요.

세 번째로 영업이 잘 안 되는 식당도 방문해야 해요. 누구나 창업을 하자마자 잘되길 바라지만 그런 곳은 사실 드물어요. 그렇기 때문에 영업이 잘 안 되어 최소 인력으로 운영하는 음식점도 관찰하면서 몇 명의 직원이 일하는지와 함께 음식과 서비스 수준을 체크해야 해요. 손님이 적으면 직원을 최소화해야 하겠지만 그렇다고 음식의 품질과 서비스 수준까지 낮아지면 곤란해요.

이렇게 본인이 창업하려는 식당과 가급적 유사한 식당들을 많이 찾아다니면서 타산지석과 반면교사의 지혜를 취한다면 직원을 채용할 때 큰 도움이 될 거예요.

한 가지만 더 말씀드리고 싶은 게 있는데요. **처음 오픈할 때는 직원을 1~2명 여유 있게 채용하는 게 좋아요.** 여러 가지 이유로 직원이 그만두는 일이 생각보다 많이 발생해요. 제 경험으로는 개업하고 3개월 이내에 갑자기 퇴사하는 직원이 적어도 한두 명은 있기 때문에 초반에는 여유 직원이 꼭 필요해요. 그리고 불가피하게 직원을 내보내야 하는 경우도 생길 수 있어요. 직원이 부담되면 단기 아르바이트 또는 일용직 직원을 채용하는 것도 방법이 될 수 있어요.

Q11

A 이문규

정기휴무는 있는 게
좋을까요?

정답은 없지만 저는 정기휴무가 필요하다고 생각해요. 물론 정기휴무 없이 운영하는 식당도 많고, 오동추야처럼 365일 문을 여는 식당도 있어요. 그런 만큼 정답을 딱 잘라 말하긴 어렵지만, 저는 정기휴무가 필요한 이유에 대해 이야기해보려고 해요.

처음 식당을 하게 되면 대부분 소규모로 출발해요. 대체로 직원도 최소 인원만 채용하고요. 그런데 몇 안 되는 직원도 잘 안 구해지거나 갑자기 그만두는 경우가 식당에서는 다반사예요. 모르긴 몰라도 이직률이 가장 높은 업종이 외식업이 아닐까 싶어요. 직원이 관둬도 식당 사장은 문을 닫을 수가 없으니 쉬지도 못하고 장사를 하게 되죠. 그런데 꾸역꾸역 버티는 것도 한두 달이지, 계속 그렇게 하면 몸이 괜찮을까요? 어느 순간부터 병원비를 고정적으로 지출하게 될지도 몰라요.

만약 이런 상황이 오기 전에 일주일에 하루라도 정기휴무가 있다면 어떨까요? 아무리 힘들게 일해도 하루는 무조건 쉴 수 있다면 쉬는 날을 바라보면서 장사를 할 수 있지 않을까요? 장사를 하는 이유는 돈을 벌기 위함이고, 또 그 돈을 버는 이유는 가족과 행복하게 살기 위해서 아닌가요? 그렇다면 쉬는 날도 있어야 해요. 그런데 현실은 좀 달라서 대부분 이런 생각을 많이 하는 거 같아요. '조금만 더 열심히 해서 자리 잡으면 아이들이랑 여유롭게 다닐 수 있을 거야.' '매출이 오르면 사람을 더 쓸 수 있어. 그때까지 존버하자.'

　그런데 솔직히 제가 식당을 몇 개나 말아 먹어보고 지금의 보리밥집을 7년째 운영한 경험으로 볼 때 식당이 자리를 잡는다는 건, 좀 과장해서 말하면 끝이 없어서 그때를 기다리는 건 아닌 거 같아요. 매년 물가, 인건비, 임대료, 각종 세금은 오르고 코로나, 광우병, 구제역 같은 다양한 이슈가 언제 터질지 알 수 없는데 식당을 하면서 자리를 잡는다는 건 정말 어려운 일입니다. 물론 오동추야처럼 인력과 운영 시스템을 확립한 경우는 예외이지요. 그런데 예외에 해당하는 식당을 일반적인 걸로 여기면 득보다 실이 훨씬 커요. 그리고 시스템을 확립하기 위해서라도 휴식은 필요해요. 시스템도 다른 사람이 만들어주는 게 아니어서 결국에는 식당 주인의 몫이에요. 재충전하고 공부하는 과정 없이는 우리 식당에 적합한 시스템을 만들어낼 수 없어요.

　정기휴무의 또 다른 장점은 구인할 때 다른 식당보다 상대적으로 돋보일 수 있다는 거예요. 대산보리밥은 주 5.5일 영업을 하고 있어요(2022년 8월부터 주 5일 영업으로 전환). 매주 수요일은 점심 영업만 하고 목요일은 정기휴무인데요. 모든 직원이 다 같이 쉬기 때문에 돌아가면서 쉬는 식당보다 만족도가 높아요. 돌아가면서 쉬는 식당에서는 직원이 본인 휴무일 다음 날 출근하면 본인 파트를 다시 정리해야 하는 부담이 있는데 우리 식당은 그런 부담에서 자유로운 편이에요. 그리고 갑자기 개인 사정으로 직원이 빠져도 한 사람만 빠지기 때문에 빈자리를 메우는 업무 부담도 상대적으로 낮고요.

제가 보기엔 큰 식당보다 작은 식당일수록 정기휴무를 가질 필요가 있어요. 특히 창업 초기의 작은 식당은 아무래도 부족한 면이 있어서 채우기 위한 노력이 필요해요. 하루하루 열심히 영업하는 것도 중요하지만, 장기적인 관점을 가지고 벤치마킹을 다녀야 하고 교육도 받아야 해요. 그래야 강소식당이 될 수 있어요.

만약에 정기휴무 없이, 브레이크 타임도 없이 식당을 운영하고 싶다면 오동추야 같은 식당을 벤치마킹해야 하는데 처음 식당하는 분들에게는 불가능에 가까워요. 비유하자면 정기휴무는 도끼날을 가는 시간과 같아요. 창업 초기에는 장기적인 관점을 가지고 쉬기도 하면서 오래 갈 수 있는 방법을 차근차근 모색하는 게 현명해요. 마지막으로 근로기준법을 준수하는 데도 정기휴무를 가지는 게 유리해요. 주당 근무시간을 지키기 위한 가장 단순하고 쉬운 길이니까요.

Q12 메뉴와 입지 중에서 어떤 걸 먼저 정해야 할까요?

A 이완성

무 자르듯 단정할 순 없지만, 이 질문에 대한 답은 외식업 경력에 따라 달라집니다. 이른바 선수들은 입지를 먼저 찾은 다음 거기서 무엇을 할까 고민합니다. 이들에게 아이템은 무궁무진하지요. 선수들이 알아본, 뭘 해도 될 자리는 뭘 해도 되거든요. 다시 말해 잘하는 사람은 뭘 해도 된다는 것이지요.

얼마 전에 지인에게 연락이 왔습니다. 임대료 싸고 입지도 괜찮은데 거기에 어떤 식당이 어울릴지 모르겠다고 하더군요. 처음에는 본인이 잘하는 것을 하려고 했는데 막상 입지를 살펴보니 다른 것을 하고 싶어진 것이지요. 선수들은 단선적 사고를 배제하고 복합적인 사고를 합니다. 꼭 그 자리에서 이거 아니면 안 된다는 생각을 하지 않아요. 넓고 깊게 바라본다고 할까요. 일단 입지와 메뉴가 정해지면 그다음부터는 일사천리로 진행됩니다. 내가 모르는 분야는 지인을 통해 도움을 받고요. 혼자서 고민하기보다는 같이 머리를 맞대며 생각하고, 필요하다면 함께 가는 걸 선호합니다.

다른 사례를 하나 살펴보겠습니다. 2022년 5월 경기도 이천에 오픈한 '육탐미'는 처음부터 고깃집을 염두에 두고 적합한 자리를 찾아다녔습니다. 육탐미는 콘셉트를 '가족 외식, 연인 데이트 코스'로 잡고 자리를 물색했지요. 그러려면 일단 주차장이 필수고 매장 규모도 어느 정도 평수는 되어야 합니다. 그러니까 육탐미는 먼저 메뉴를 정한 다음에 입지를 고르는 방식을 취한 거지요. 또 다른 예로 낙지볶음과 보쌈으로 유명한 체인점 '오봉집' 같은 경우는 메뉴가 확실히 정해져 있다는 점을 염두에 두고 입지를 봐야 하는데 A급 상권보다 B급 상권이 좋습니다. 낙지의 특성상 판매가가 높지만 원가도 높기 때문에 좋은 상권에서는 높은 임대료가 문제가 될 수 있어요. 수익이 적어지니까요. 비교적 임대료가 저렴하면서 유동인구가 많은 곳이 나을 수 있습니다.

초보 창업자라면 메뉴를 정하고 입지를 선택하기를 권합니다. 대표메뉴가 정해지지 않은 상태에서 입지부터 고른다는 건 그만큼 준비가 덜 된 상태일 텐데요. 여기에 경험까지 적다면 식당 문을 열기도 전에 큰 실수를 연발할 가능성이 큽니다. 단순히 내가 좋아해서, 남들이 좋아하니까, 친척이 그 음식을 파는 식당을 해서 등 다양한 이유로 메뉴를 정할 수 있지만 요즘처럼 모든 게 '순삭'하는 시대에는 롱런할 메뉴가 하나는 필요합니다. 뜨는 메뉴보다는 오래도록 지속 가능한 아이템이 훨씬 좋습니다.

오래가는 아이템의 예로 육류와 면, 즉 '선육후면先肉後麵'을 꼽을 수 있습니다. 호불호도 적은 편이어서 앞으로도 이것보다 좋은 걸 찾기 어렵다고 봅니다. 다른 예로 '마이스터심슨부대찌개'는 명장

실력의 주인장이 직접 만든 수제햄과 소시지로 유명한데요. 이 강점을 살린 프리미엄 부대찌개를 얼마 전에 새롭게 내놓았습니다. 부대찌개를 주문하면 라면 사리가 공짜인데요. 이것도 어찌 보면 선육후면입니다. 햄과 소시지의 주재료가 고기니까요. 이처럼 고기를 먹을 때 면이 함께하는 게 좋지요.

과거에 아이템보다 입지가 중요했다면 요즘은 반대입니다. 자가용이 늘고 대중교통도 점점 편리해지는 요즘 같은 시대에는 입지가 별로여도 아이템이 좋으면 손님을 끌어모을 수 있습니다. 강력하고 차별적인 메뉴는 입지와 상관없이 통할 수 있습니다. 반대로 입지가 아무리 좋아도 음식이 별로면 버티기 어렵습니다.

양념고기 전문점 육탐미, 메뉴와 콘셉트를 먼저 잡고 입지를 골랐다.

Q13
A 이완성

입지 선정 시 꼭 확인해야 할
사항들은 무엇인가요?

상권 입지를 분석할 때 유용한 넬슨의 입지 선정에 관한 여덟 가지 원칙을 살펴보겠습니다. 먼저 여덟 가지 원칙의 키워드를 나열하면 다음과 같습니다.

상권의 잠재력, 접근 가능성, 성장 가능성, 중간 저지성, 누적 흡인력, 양립성, 경쟁 회피성, 경제성.

이 여덟 가지를 간략하게 풀어보지요.

1. **상권의 잠재력**은 시장점유율이 확대될 가능성이 있는지, 자신이 속한 상권이 지역 전체에 차지하는 비중이 얼마나 되는지를 말합니다.

2. **접근 가능성**은 상권 내 잠재 고객들을 자신의 점포에 어느 정도 흡인할 수 있는지를 의미합니다.

3. **성장 가능성**은 개방형 입지인지 폐쇄형 입지인지를 파악하는 것인데 개방형 입지는 성장 가능성이 클 수 있지만 폐쇄형 입지는 성장 가능성이 적다고 볼 수 있습니다.

4. **중간 저지성**은 경쟁업체를 염두에 두고 입지를 선정할 때, 경쟁업체로 가려는 손님을 중간에서 끊는 것을 말합니다. 가령 손님이

몰리는 길목에 건물을 지어 손님이 경쟁업체로 가는 걸 최대한 차단할 수 있습니다.

5. **누적 흡인력**은 해당 상권에 업종과 업태가 비슷한 매장이 모여 서로 경쟁하는 단점보다 규모와 다양성 등 장점 요소가 호재로 작용해서 손님 유입이 늘어나는 경우를 가리킵니다. 예를 들어 먹자 골목, 순대 골목, 해물탕 골목 등이 여기에 해당됩니다.

6. **양립성**은 서로 가까운데 위치한 점포들이 양립하면서 서로 보완하고 시너지를 키운다는 뜻인데요. 식당과 디저트 전문점이 붙어 있는 경우, 서로를 보완업종이라고도 부릅니다.

7. **경쟁 회피성**은 최대한 경쟁 업소를 최소화하는 접근으로 볼 수 있습니다. 대박집 옆은 피하는 것도 경쟁 회피성에 속합니다.

8. **경제성**은 말 그대로 채산성이 있는 입지인지를 가리킵니다. 아무리 입지가 좋아도 보증금이나 월세, 권리금 등이 지나치게 높으면 손님이 많아도 수익을 내기 어렵습니다. 가령 서울의 일부 매장처럼 월세가 평당 1억이 넘는 곳에서 수익을 내는 건 거의 불가능합니다. 다만 브랜드 인지도를 높이거나 마케팅의 일환으로 높은 입지 비용을 감수하는 경우도 있습니다.

여덟 가지 원칙 중 몇 가지만 예를 들어보지요. 제가 아는 한 초밥집은 제법 장사가 잘되어서 근처 한적한 곳에 땅을 매입해 작은 건물을 지어 확장 이전했습니다. 그런데 제가 방문해보니 주차장이 정말이지 최악이라 주차가 어렵고 사고 위험도 컸습니다. 본인 건

물에서 장사하는 것도 좋지만, 이런 경우라면 차라리 예전 장소가 낫겠다 싶었습니다. 이건 그저 주차 문제로만 끝나지 않거든요. 가뜩이나 외곽이어서 대중교통이 안 좋은데 주차까지 힘들면 넬슨의 원칙에서 접근 가능성을 비롯해 성장 가능성과 양립성 등에도 악영향을 미칩니다.

몇 년 전에 오동추야가 장사가 잘된다고 옆에 저희보다 규모가 큰 식당이 오픈한 적이 있습니다. 하지만 제대로 영업을 해보기도 전에 코로나19로 직격탄을 맞았습니다. 단골이 채 생기기 전에 악재를 만난 것이죠. 경쟁 회피성 차원에서 보통은 대박집이 있는 곳은 피하는 게 좋습니다. 장사가 안될 때는 위축 될 수밖에 없거든요. 장사가 잘되면야 좋겠지만 손님이 적을 때는 압박감이 상당합니다.

넬슨의 입지 원칙에는 나오지 않지만 알아두면 좋을 몇 가지를 더 짚어보겠습니다. 아이템에 따라 다르겠지만 식당의 경우 뒷공간이 넓으면 여러 이유에서 유용합니다. 워크인 냉장고나 컨테이너가 들어갈 정도면 최상입니다. 그리고 식당은 점포의 파사드, 즉 정면부도 중요합니다. 가게 내부가 좀 작아도 밖에서 봤을 때 크고 넓게 보이면 들어가고 싶습니다. 간판도 예쁘게 잘 나오고요. 반면에 딱 봐도 입구가 작거나 한 칸 정도의 가게는 내부 면적에 상관없이 일단 작아 보입니다.

입지는 한 번 정하면 바꿀 수 없습니다. 따라서 입지가 마음에 들어도 계약을 서둘지 말고 꼼꼼하게 체크를 해야 합니다. 예를 들면 신규 상가는 '상수도 원인자 부담금'(건축물을 신축, 증축 또는 용도 변경해서 일정 분량 오수를 배출할 때 공공하수도 개축 비용의 전부 또는 일부를 부담하는 금액)이 존재하는데요. 가게의 규모에 따라 몇천만 원, 몇억 원을 낼 수도 있습니다. 저도 2021년에 상수도 원인자 부담금 때문에 계약했다가 파기한 적이 있습니다. 또한 계약 전력이 얼마나 들어왔는지도 꼭 확인해야 합니다. 규모가 어느 정도 있는 매장은 증설을 고려해야 하기 때문에 이것저것 잘 살펴야 합니다.

이런 몇 가지 사항만 봐도 식당 창업은 대충해서 될 게 아닙니다. 입지는 그만큼 중요하고 선정하기 전 많은 걸 살펴봐야 합니다. 그 동네의 부동산 중개인들에게 물어보고, 발품을 팔아 꼼꼼히 확인해야 합니다.

Q14
 A 이완성 │ 권리금 계산은 어떻게 해야 하나요?

권리금의 종류부터 알아보는 게 순서일 것 같네요. 권리금은 입지(바닥), 시설, 영업으로 나뉘는데요. 입지 권리금은 입지환경, 즉 자릿세라고 보면 되고, 시설 권리금은 인테리어나 비품, 시설을 말하며, 영업 권리금은 매출을 비롯한 영업력을 의미해요. 정리하면 식당의 권리금은 그 식당이 가진 유무형의 가치를 금액으로 측정한 것을 가리킵니다.

오동추야의 태동은 기존에 운영되던 '마포갈비'라는 식당이었습니다. 마포갈비는 1990년 개업했는데 이듬해 제 형이 권리금 4천만 원을 주고 인수했습니다. 그 당시 4천만 원이면 굉장히 큰돈인데요. 겨우 30평밖에 되지 않는 가게였지만 그 당시에는 문만 열면 손님이 밀고 들어오는 때라 장사가 잘됐답니다. 형님은 참기름을 납품하면서 이 가게를 유심히 지켜봤기에 장사가 제법 잘되는 식당이라고 판단하고 인수를 결정했다고 들었습니다.

이처럼 권리금은 장사가 잘될수록 많이 받을 수 있습니다. 그래서 장사 수완이 좋은 사람들은 식당을 오픈하고 매출을 빨리 키워서 권리금을 받고 팔기도 하지요. 초보자들은 엄두도 못 내는 가게를 뚝딱하고 만들어내니 부러울 만합니다. 그러고 보면 잘 모르는 가게를 온갖 신경 쓰며 준비하느니 권리금을 주고 인수하는 게 더 나을 수도 있겠네요. 어떻게 보면 프랜차이즈도 비슷한 방식이라고 볼 수 있고요. 손님이 인정하는 맛과 시스템을 개발하고 표준화해서 가맹점을 낸다는 점에서 비슷하다는 건데요. 권리금을 주고 장사 잘되는 식당을 인수하든, 좋은 프랜차이즈 가맹점을 오픈하든 장사가 잘되려면 길게 말할 필요도 없이 뛰어난 운영 능력이 필수입니다.

보통 **권리금의 계산은 6개월에서 1년 사이 수익**을 말합니다. 예전에는 2년 정도의 수익으로 계산을 한 적도 있는데요. 요즘은 과도한 권리금이 점차 사라지는 추세입니다.

한 지역에서 꾸준히 잘 영업하다가 권리금 받고 다른 데로 옮겨 폭삭 망한 집들을 여럿 봤습니다. 실패를 만회하기 위해 다시 예전 동네로 돌아와 식당 문을 열었는데 예전만큼 장사가 되지 않아 그만둔 가게가 부지기수인 걸 보면 꼭 실력이 좋아서 성공하는 게 아니라 자리가 좋아서 성공한 경우도 드물지 않은 듯해요. 일례로 상품력이 좋지 않아도 그 동네에 마땅한 식당이 없어서 잘되는 경우도 있으니까요. 그래서 성공에 너무 우쭐거려서는 안 됩니다. 특히 짧은 기간에 이룬 성취일수록 자만해서는 안 돼요. 운이 좋아서 일시적으로 성공한 건지 누가 알겠어요.

권리금 책정은 간단하지 않습니다. 앞서 언급한 세 가지(입지, 시설, 영업) 외에 동네마다 시중에 형성된 기본 권리금이 존재하거든요. 어떤 이유에서든 전반적으로 장사가 잘되는 지역은 그렇지 않은 지역보다 권리금이 높습니다. 저는 지금껏 식당을 하면서 서너 번 자리를 옮겼는데 그때마다 권리금을 다 주고 들어왔습니다. 권리금이 있다는 건 기본적으로 장사가 된다는 의미입니다. 더불어 주차장이 넓고 유동인구가 많으면 금상첨화지요. 하지만 입지와 시설이 좋고 과거 영업이 활성화된 자리라고 해도, 계속 장사가 잘되기 위해서는 새로 들어오는 식당의 상품력과 운영 능력이 바탕이 되어야 합니다.

Q15

A 이완성

프랜차이즈를 하려면 어떤 점을 주의 깊게 살펴봐야 할까요?

30년 넘게 외식업계에 몸담으면서 프랜차이즈의 흥망성쇠를 바로 옆에서 많이 지켜보았습니다. 우선 생각나는 건 무한 리필 고깃집, 이 외에도 찜닭, 치킨집, 족발집 등 무수히 많은 브랜드가 반짝했다 사라졌습니다.

프랜차이즈의 중심은 본사입니다. 따라서 본사를 철저히 살펴봐야 합니다. 본사 직원들이 얼마나 기본기를 갖추고 가맹점에게 충실히 교육을 하는지 꼭 확인하세요. 동시에 직영점이 많은지도 봐야 해요. 내가 아는 한 짬뽕 프랜차이즈 대표는 직영점을 20개가량 운영하고, 가맹점은 80개 정도 됩니다. 성공적으로 운영하는 직영점이 많다는 건 요리와 경영 둘 다 실력을 갖췄다는 증거예요. 실력 없는 프랜차이즈 본사는 인력 문제를 포함해 여러 이유로 직영점을 열지 않습니다. 물론 이런 사실은 숨기고 겉으론 그럴듯한 변명을 대겠지요. 속내는 쉽게 가맹점을 모아서 돈 벌고 싶고 신경 써가면서 직영점을 하지 않겠다는 거예요.

광고나 마케팅을 하지 않아도 입소문으로 가맹점이 생기는 프랜차이즈는 괜찮습니다. 그런데 이런 곳도 어느 순간 가맹점 모집이 되지 않는다고 무리하게 광고를 하다 보면 수익이 악화될 수밖에 없습니다. 그러면 서서히 몰락의 길로 들어서고 이내 사라지게 됩니다.

일단 여러 개의 '미투 브랜드'를 만들어내는 프랜차이즈 업체는 권하고 싶지 않습니다. 아무래도 역량이 분산되기 쉬우니까요. 그에 비해 교촌치킨은 30년이 넘도록 특별히 확장한 다른 브랜드가 생각나지 않습니다. 저라면 여러 브랜드를 운영하는 업체는 가급적 피할 것 같아요. 한 브랜드를 끊임없이 진화시켜 나가는 게 롱런의 비결입니다. 비근한 맥락에서 프랜차이즈는 기념일에 특별히 찾아가는 식당보다는 한 달에 한 번 정도는 방문하는 대중적인 식당이 좋습니다. 탄탄한 프랜차이즈일수록 세월의 변화, 즉 트렌드에 그다지 민감하지 않아요. 아무리 유행하는 아이템이 있어도 쉽게 따라 하지 않기도 하고요. '한촌설렁탕', '미소야' 같은 생활밀착형들이 대표적입니다.

당연하게 들리겠지만 개인 식당과 프랜차이즈 중 무엇을 할 것인지는 본인이 결정해야 해요. 결정하기 전에 전문가에게 도움을 요청하는 것도 방법인데, 그에 앞서 자기 자신부터 온전히 파악하는 시간을 가지길 권하고 싶어요. 그래야 전문가의 조언이 실질적인 도움이 되고 선택도 자신 있게 할 수 있거든요. 이 또한 당연한 말로 들리겠지만, 이 당연한 걸 간과하는 예비창업자들을 너무 많이 봐 왔습니다. 그러니 잊지 마십시오.

프랜차이즈는 본인이 새로운 메뉴를 개발하거나 뺄 수가 없습니다. 누군가에게는 이게 편할지 모르지만, 요리를 하고픈 사람에게는 단점이 될 수 있어요. 그러니까 프랜차이즈를 고민하는 사람이라면 본인이 요리에 관심이 있는지, 메뉴 개발력이 있는지를 객관적으로 판단해 봐야 해요. 아울러 운영 능력이 얼마나 되는지와 많은 사람을 대하고 소통하는 걸 좋아하는지도 냉철히 평가해야 합니다. 식당은 음식도 중요하지만 접객이 정말 중요한데, 의외로 접객에 자신 없는 분들이 많아요. 음식 수준이 평타여도 접객이 받쳐주면 대박까지는 못가도 충분히 살아남을 수 있습니다. 홍보와 운영에는 자신 있는데 요리나 메뉴 개발력이 부족하다면 프랜차이즈가 나은 선택일 수 있고요. 그에 비해 요리에 자신이 있다면 일이 고되더라도 잘되는 개인 식당에 취업해 차근차근 배우는 게 장기적으로 훨씬 나을 수 있습니다.

제가 프랜차이즈를 시작한다면 오랫동안 한다기보다는 본사의 운영 능력을 배워서 점차적으로 내 브랜드나 식당을 만들겠다는 목표를 세우겠습니다. 이런 저와 반대로 많은 프랜차이즈 대표들은 독립하려는 가맹점들에 대한 고민이 많겠지요. 아무래도 실력 있고 경영을 잘하는 가맹점주들은 자기 사업을 하고자 할 테니까요. 이래저래 외식업은 참 쉽지 않네요.

Q16

A 이문규

오픈이 코앞인데 준비가 미흡하면
어떻게 해야 할까요?

식당을 창업하는 사람이라면 거의 예외 없이 겪게 되는 상황입니다. 식당은 운영할 때도 할 일이 많지만, 처음 개업 준비할 때는 짧은 시간에 알아보고 결정할 일이 무수히 많아요. 프랜차이즈가 아닌 개인이 식당 창업을 하게 되면 본인이 예상했던 것보다 신경 쓸 일이 몇 배는 되어서 결국 준비가 미흡한 상황이 발생하기 쉬워요.

제가 보고 겪은 바로는 창업이 처음인 사람은 물론이고 식당을 오래 운영한 분들도 오픈일이 다가오면 정신을 붙잡고 있기가 쉽지 않아요. 아무리 베테랑이라도 서두르다 보면 치명적인 실수를 하기 마련이고요. 식당을 여러 번 열어 본 저도 대산보리밥은 안정적으로 운영하고 있지만 작년에 오픈한 갈비탕집 '석로정'은 준비가 부족해서 힘들었던 기억이 있네요. 그래서 제 경험을 바탕으로 확실히 말하고 싶어요. 오픈이 코앞이더라도 제대로 준비가 안 되었다면 오픈 날짜를 미루세요.

임대료 한 달 치를 더 내더라도, 아니 두 달 치를 더 내는 한이 있어도 제대로 준비하고 식당 문을 열어야 큰 탈이 없어요. 식당 창업에서도 첫 단추를 잘 끼우는 건 정말 중요해요. 식당 문만 열면 끝이라는 태도는 가게를 진짜로 끝나게 만들 수 있어요. 제가 아는 대구의 한 식당은 준비가 미흡해서 두 달 정도 연기해서 오픈했는데, 탁월한 선택이었어요. 비록 오픈은 늦어졌지만 제대로 준비한 덕분에 지금도 장사를 잘하고 있어요. 이와 달리 준비가 미흡해서 6개월 넘게 임대료만 내고 있는 식당도 봤어요.

쫓기듯이 오픈하면 계속 쫓기듯이 장사해야 해요. 한마디로 여유 없이 장사를 해야 하는 건데요. 일단 식당 문을 열면 뭐가 됐든 크고 작은 문제가 생기게 마련이에요. 근데 준비가 부족한 상태라면 호미로 막을 걸 가래로도 못 막게 돼요. 그런 일이 몇 번 반복되면 시간과 돈은 물론이고 식당 주인이 흔들려요. 그에 따라 직원들도 불안해하고 그 여파는 방문하는 손님에게까지 미치고요. 좋은 아이디어를 구상하는 건 고사하고 작은 문제에도 스트레스받고 체력도 금방 바닥날 거예요. 장사가 안 될 수밖에 없는 이유가 계속 늘어나는 거죠.

준비가 안 된 상태에서는 장사가 잘돼도 문제예요. 손님은 몰리고 주방 설비, 인력, 식재료, 반찬 구성, 음식 맛, 접객 등 어느 부분에서든 문제가 발생했는데 빠르게 대처하지 못하면 손님들은 다시 찾아오지 않아요. 그러니 식당 창업이 내 계획과 기대대로 풀리는 상황을 기본 시나리오로 잡으면 절대로 안 돼요. 오히려 애초에 창업에 필요한 시간은 본인 생각보다 30% 정도 더 길게 잡고, 준비할 일도 내가 예상하는 것보다 2배는 더 많을 거라 여기는 게 현명해요. 지금 당장 손해를 보더라도 준비에 공을 들이는 게 장기적으로 이득이에요.

Q17 식당으로 성공하고 싶은데 비결이 있을까요?

A 이문규

제가 지금까지 식당 창업과 업종 변경을 합쳐서 일곱 번 정도 했어요. 꽤 많지요? 그중에서 대산보리밥만 성공적으로 운영 중이네요. 그동안의 여정이 파란만장하다 할만하지요. 제 경험을 토대로 식당으로 성공하는 원칙 내지는 지침을 이야기해볼게요.

가장 먼저 식당 공부를 해야 해요. 맞아요. 식당 공부하는 데는 돈이 들어요. 그런데 그 돈 아끼느라 공부 안 하면 폐업할 수 있어요. 그러면 공부하는데 쓰는 돈의 100배 넘는 돈과 건강 등 많은 걸 잃게 될 거예요. 일단 외식업 관련 잡지와 책을 꾸준히 읽어야 해요. 〈월간 외식경영〉, 《공부하는 식당만이 살아남는다》, 《줄 서서 먹는 식당의 비밀》등 좋은 책이 많아요. 책에 답이 있다는 이야기를 흔히 듣잖아요. 정말 답이 있어요. 지금도 저는 책을 통해서 메뉴를 개발하고 벤치마킹 다닐 곳을 찾고 있어요. 위에서 언급한 책은 정말 좋은 책이에요. 이 3권만큼은 꼭 읽어 보세요.

외식업 관련 교육을 하는 기관에서 교육을 받을 수도 있어요. 책은 기본이고 전문업체에서 진행하는 양질의 교육도 적극 권하고 싶어요. '데이터경영연구회' 같은 곳이 대표적이에요. 특히 데이터경영연구회는 조합처럼 운영되어서 본인이 낸 회비 이상의 교육과 좋은 경험을 할 수 있어요.

두 번째로 식당에서 밥을 먹을 때 그 식당의 장단점을 파악할 줄 알아야 해요. 달리 말하면 외식업에 대한 안목을 길러야 해요. 이를 위해 동네 식당만 다니지 말고 전국에 있는 식당을 두루 찾아가야 해요. 그렇게 해야 사람들이 많이 가는 식당의 비결을 포착하는 힘을 키울 수 있어요.

저도 대산보리밥을 창업하기 전부터 전국에 있는 보리밥집을 꾸준히 다녔어요. 부산에 있는 '안동보리밥', 원주의 '보릿고개', 대구의 '곤지곤지', 곤지암의 '건업리보리밥' 등 유명한 식당은 물론이고, 이름나지 않은 많은 보리밥집을 방문했어요. 지금도 뭔가 배울 수만 있다면 전국 어디든 찾아다니며 벤치마킹하고 있어요. 어느 정도 자리를 잡은 대산보리밥도 벤치마킹을 통해 계속 발전하려는 노력을 멈추지 않고 있다는 뜻이에요.

세 번째로 멘토 또는 마음이 통하는 외식업 동지를 만들어야 해요. 보통은 교육을 같이 받으면서 그런 관계가 형성되는 경우가 많아요. 스승 같은 친구를 만나면 서로 돕고 응원하면서 성장하는 길을 함께 갈 수 있어요. 앞서 언급한 데이터경영연구회에는 다양한 업종의 식당 대표님들이 있는데요. 이미 성공적으로 식당을 경영하는 분들이 대다수예요. 사실 공부는 성공한 분들 또는 성장의 의지가 강한 분들이 하는 게 사실이에요.

근묵자흑近墨者黑 효과라고 할까요. 성공한 분들이 많은 곳에 같이 있으면 자연스럽게 성공의 길에 대해 듣고 배우고 깨닫고 거기에 스스로의 노력이 더해지면서 성공으로 다가가는 게 아닐까 생각해요.

마지막으로 체력 관리하면서 마음을 잘 다스려야 해요. 장사는 잘될 수도 있고 안 될 수도 있어요. 어쩌면 식당 경영은 문제 해결의 연속에 가까워요. 예상하지 못한 여러 돌발 상황이 닥쳤을 때 마음을 잘 다스릴 수 있어야 현명하게 대처할 수 있어요.

아무리 장사가 잘되더라도 사장이 몸이 안 좋아서 쓰러지면 식당은 어떻게 될까요? 식당도 같이 무너질 거예요. 또 장사가 안 된다고 스트레스받으며 힘들다고 주변에 하소연하다 보면 오히려 부정적인 이미지만 쌓여서 성공과 더 멀어질 거예요.

어떠세요? 지금까지 말씀드린 식당으로 성공하기 위한 내용이 너무 어렵게 느껴지시나요? 그렇다면 식당을 안 하는 게 답이에요. 실제 식당으로 성공하려면 훨씬 힘들어요.

Q18

A 박노진

식당 창업 전에 꼭 준비해야 할 것들을 알고 싶습니다

창업보다 더 중요한 것이 창업 전 단계입니다. 마라톤을 완주하기 위해 최소한 6개월은 준비하는 것처럼 음식점을 하나 하려고 해도 1년은 준비해야 한다는 게 저의 주장입니다. 지금 당장 실직했다고 해서 내일 바로 식당을 차릴 수는 없습니다. 음식점 하나 오픈하는 일도 차근차근 준비하고 시작해야 그나마 평생 모은 재산을 까먹지 않을 수 있습니다. 외식업에 관심이 많은 예비창업자들을 만나면 제가 반드시 강조하는 창업 전 3단계가 있습니다.

먼저, 외식업에 뛰어들겠다고 생각했으면 적어도 10권 이상의 관련 책을 읽고 정리해보라고 권합니다. 식당 차리는 데 웬 공부? 하시는 분들도 있겠지만 여기까지 읽은 독자들은 충분히 공감하리라 믿습니다. 일단 외식업에 대한 감을 잡는데 이보다 더 나은 방법은 없습니다. 중요한 점은 반드시 정독해야 한다는 겁니다. 외식경영서와 본인에게 잘 맞을 것 같은 창업서적을 10여 권 정해서 밑줄을 그어가면서 꼼꼼하게 읽어야 합니다. 당장은 같은 책을 두세 번 읽지는 않겠지만 지금 정독해둬야 나중에 어렵고 힘들 때 다시 꺼내 필요한 부분과 정보를 뽑아낼 수 있습니다.

아직 창업을 준비하지는 않지만 가까운 장래에 외식업을 고민하고 있는 분들이 있다면 지금 당장 시도해보세요. 많은 돈이 들어가는 일이 아니어서 경제적인 부담도 되지 않습니다. 잘만 고르면 각 책마다 저자의 인생 경험과 피땀 흘려 배운 노하우, 시행착오, 성공의 비결들을 만날 수 있답니다. 책을 읽으며 저자의 삶의 무게를 느낄 수 있다면 더 좋습니다. 그렇지 않더라도 일단 읽었다는 자체가 아주 중요합니다. 창업 전단계의 첫발을 제대로 내딛는 셈이니까요. 어떤 책을 읽어야 할지 모르겠다면 아래에 첨부한 '추천도서 10권'을 참고하세요.

창업 전에 준비해야 할 두 번째는 현장 경험을 해보라는 것입니다.
오래전 어떤 젊은 친구가 창업하고 싶다고 연락이 왔습니다. 마음이 곧고 의지가 있어 보였습니다. 그러나 마음과 달리 몸이 음식점을 할 것처럼 보이지 않았어요. 그래서 몇 달 음식점에 취업해 일을 해보고 자기 몸이 음식점 일을 받아들일 것 같으면 다시 오라고 돌려보낸 적이 있습니다. 정말로 그 젊은이는 3개월간 고깃집 서빙과 장치(숯불을 피우고 날러 주는 일) 쪽 일을 했고, 식당 일을 할 수 있다는 답을 듣고 다시 찾아왔습니다. 그리고 10년이 지난 지금은 5개의 음식점을 운영하고 있습니다.

식당 일은 머리보다 몸이 먼저 움직여야 하는 업입니다. 손님이 부르면 왜 부를까 생각하는 게 아니라 그냥 "네" 하고 가야 합니다. 아침에 눈을 뜨면 자동으로 일어나 시장으로 재료를 구입하러 나서야 합니다. 정신없이 바쁠 때는 말보다 손이 먼저 움직여야 하고요. 그것이 식당이고 현장에서 일하는 사람들의 습관입니다. 행동이 먼저고 그다음 생각이 따라와야 한다는 겁니다. 그런데 과연 내 몸이 음식점을 하는데 맞는지 아닌지 파악하기 위해서는 현장에서 일을 해봐야 압니다. 다른 방법은 없습니다.

마지막으로, 사업계획서를 직접 작성해 보세요. 정해진 양식이나 거창한 내용이 아니어도 됩니다. 길면 1년 정도의 시간을 가지고 차분하게 만들어보면 열에 여덟이 실패한다는 외식업에서 성공할 수 있는 길이 보일 겁니다. 과연 이 업이 나와 잘 맞는지, 어떤 아이템을 선택해야 하는지, 그래서 어디에서 얼마의 자금으로 누구와 함께 시작해야 하는지를 진지하게 그려보세요. 그림이 그려지고 머릿속에 확실하게 심어질 때쯤이면 자신감과 함께 시작할 수 있을 거예요.

글쓰기는 그저 글자를 나열하는 게 아닙니다. 글로 정리할 수 있다는 건 내 머릿속 생각을 실제 현실로 끌고 나올 수 있는 것과 같습니다. 머릿속의 생각이 뒤죽박죽 섞여 있어 일목요연하게 정리되어 있지 않다면 내 생각대로 이뤄지지 않습니다. 반면에 글로 정리되면 나의 의지와 뜻대로 움직여집니다. 그래서 생각이 행동을 이끄는 것이 아니라 글로 표현된 생각이 추동력을 갖는 것입니다.

외식경영 추천도서

《줄 서서 먹는 식당의 비밀》, 김현수 저, 이상미디어, 2019년

《세팅 더 테이블》, 대니 메이어 저, 해냄, 2007년

《장사, 이제는 콘텐츠다》, 김유진 저, 쌤앤파커스, 2019년

《맛 이야기》, 최낙언 저, 행성비, 2016년

《20 기본 요리만 제대로 배워라! 요리, 다 된다》, 정미경 저, 제이앤미디어, 2006년

《한식의 품격》, 이용재 저, 반비, 2017년

《스타벅스, 커피 한 잔에 담긴 성공신화》, 하워드 슐츠, 도리 존스 양 저, 김영사, 1999년

《돈가스의 탄생》, 오카다 데쓰 저, 뿌리와이파리, 2006년

《작은 가게에서 진심을 배우다》, 김윤정 저, 다산북스, 2020년

《박노진의 식당 공부》, 박노진 저, 성안당, 2020년

외식업을 시작하는 20대에게 어떤 조언을 하고 싶은가요?

아주 많습니다. 그래서 여기서는 핵심만 한두 문장으로 정리하겠습니다.

- 왜 외식업을 하고 싶은 열 가지 이유를 솔직하고 구체적으로 적어보세요.
- 외식업을 꼭 하고 싶다면 글쓰기를 배우세요. 하루 한 번은 SNS에 글을 올리세요.
- 창업하기 전에 식당 직원이 되어 배우세요. 가급적 여러 식당에서 일해보세요.
- 일하는 식당에서 직원들과 고객들의 행동을 잘 관찰하세요. 그리고 자기 자신에게 '내가 사장이라면?' 하고 묻고 답을 매일 기록하세요.
- 외식업 선배들의 SNS를 방문하고 댓글을 다세요. 답글이 오면 반드시 또 댓글을 달아주세요.
- 한 달에 2권 정도의 책을 읽으세요. 역시 읽은 책을 정리해 SNS에 올리세요.
- 20대는 박박 기어야 하는 시기임을 배워야 합니다. 돈과 명성

은 40대 이후에 얼마든지 가질 수 있습니다. 그러니 지금은 경험과 지식을 쌓을 시간임을 기억하세요.

- 공부와 현장은 따로 놀지 않습니다. 항상 같은 거라고 생각하세요.

- 돈이 없다고 한탄하거나 포기하지 마세요. 스티브 잡스도 차고에서 시작했어요. 오히려 작게 시작할수록 성공 확률이 높은 편입니다.

- 종잣돈은 스스로 만드세요. 창업자금을 빚으로 시작하면 버티기 어렵습니다. 소자본 창업이면 주변의 지원기관이나 창업프로그램을 활용하는 것도 좋습니다.

- 사업계획서를 작성하세요. 사업계획서는 양식보다 내용이 중요합니다. 열 번 정도 만든다고 생각하고 고치고 또 고치세요.

- 친구, 가족, 선배, 선생님, 외식 전문가 등 가능하면 많은 분에게 사업계획서를 설명하고 조언을 구하세요. 이 과정을 철저하게 반복할수록 실패할 확률이 낮아진다는 점을 명심하세요.

- 창업은 힘들고 외로운 길임을 각오해야 합니다. 장사가 잘되면 사람들과 돈이 몰리지만 안 되면 춥고 배고픈 게 현실입니다.

- 처음 시작할 때 6개월은 혼자 버티고 이겨내야 합니다. 저는 이 기간을 '창조적 단절의 시간'이라고 부릅니다.

- 사업을 시작하면 딴 데 신경 쓰지 말고 가게와 손님에게 오롯이 집중하세요. 물건을 팔아야 돈이 들어오는 것이 장사의 기본입니다. 물건을 파는 방법을 배우세요.

- 책 읽기와 글쓰기를 잊지 마세요. 내 가게와 상품을 글로 이야기하세요. 스토리를 만들고 상품에 생명을 불어넣는 과정을 시작하세요.
- 마지막으로 일찍 자고 일찍 일어나세요. 세상에 성실보다 당신을 강하게 만들어 줄 무기는 없습니다.

Q20

A 박노진

외식업에 뛰어든 서른 살에게
어떤 얘기를 전하고 싶은가요?

이번에도 하고 싶은 말이 많은데요. 최대한 압축해 보겠습니다. 지금부터 하는 이야기 대부분은 꼭 서른 살이 아니어도 식당을 처음 시작하려는 분들과 나누고픈 이야기입니다.

가장 먼저 이 말부터 하고 싶습니다. 하지 마세요. 다른 일을 찾아보세요. 당신의 빛나는 재능과 열정을 쏟아부을 가슴 뛰는 일을 만날 수 있길 바랍니다. 그럼에도 불구하고 외식업을 해야 하고, 하고 싶다면 지금부터 드리는 말씀을 진지하게 읽고 기억해주길 바랍니다.

가정이 있거나 가정을 곧 가질 계획이라면 너무 쉽게 판단하지 마세요. 배우자와 상의하고 부모님과도 의논하고 친구와도 얘기해보시고요. 그리고 꼭 해당 업종의 전문가와 만나 조언을 들어보길 바랍니다.

같은 맥락에서 저는 구사일행九思一行하라고 말합니다. 아홉 번 생각하고 행동하라는 뜻입니다. '나이도 젊은데 해보고 아니면 다른 거 하면 되지. 망해도 한 살이라도 젊을 때 망해봐야 성공하는 거야.' 이런 생각이라면 말릴 생각은 없습니다. 망해보면 되니까요.

사실 서른 살이나 30대의 나이에 외식업에 뛰어들겠다는 것의 다른 의미는 그동안 당신이 열심히 살지 않았다는 반증일 수도 있습니다. 그 나이대의 대다수는 직장에 다니고 있잖아요? 아니면 다행이지만 만에 하나 제가 드린 얘기가 틀리지 않았다면 상태는 생각보다 심각할 수 있습니다.

요즘 젊은 분들에게 '영끌, 코인, 주식, 일확천금, 카푸어', 이런 말들이 유행한다고 들었습니다. 저는 20대 후반 30대 초반을 공장에서 용접노동자로 살았습니다. 쓴 소주 한잔에 세상을 한탄하고 부모님을 원망하지 않았습니다. 세상을 바꿀 혁명가를 꿈꾸고 살았으니까요. 꼰대 같나요? 그래도 다르죠? 달라야 합니다. 다르게 살아야 합니다. 그것이 30대에 주어진 삶의 역할이기 때문입니다.

돈이 없어서 못 한다는 생각을 하지 마시기 바랍니다. 원래 당신 나이에는 돈이 없는 게 정상입니다. 제가 살았던 30대에는 월급이 30만 원, 40만 원 했습니다. 그래도 월세 내고 밥 해먹고 버스 타고 소주 한잔 마시며 살았습니다. 그러나 지금은 조금만 열심히 하면 200만 원, 300만 원 벌 수 있는 세상이니까 돈 없어 뭘 못한다고 하지 않았으면 좋겠습니다.

어쨌든 여러 사람과 상의해 창업을 해야겠죠. 아이템은 정하셨나요? 그렇다면 먼저 해당 업종에 취업을 해보면 어떨까요? 경험만큼 실패를 대체하는 것도 없으니까요. 이왕 취업할 거면 빡세게 굴리는 곳을 찾아가기 바랍니다. 남들이 꺼리는 곳이면 더 좋습니다. 하얀 와이셔츠보다 땀에 젖은 작업복이 더 멋지게 보이는 당신이면 좋겠습니다.

공부도 해야겠죠. 유튜브도 좋고 인스타그램도 좋습니다. 그러나 저라면 책을 읽겠습니다. 그것도 종이책에다 빨간색, 노란색, 초록색 펜으로 줄을 치면서 세 번 네 번 읽을 만한 책으로 한 달에 2권은 읽겠습니다.

어떤 책이든 상관없습니다. 소설책도 좋고요. 에세이도 좋습니다. 책이란 건 읽다 보면 자연스럽게 내공이 생기고 좋은 책을 고르는 눈이 트이는 법입니다. 그러다 좋은 구절이 보이면 컴퓨터나 노트에 기록해 보세요. 저는 노트북에다 인상 깊은 구절을 기록해 놓습니다. 눈으로만 읽는 것과 마음에 들어온 글을 기록하는 건 당신의 두뇌 활용 능력을 10배 이상 차이 나게 만들어줍니다.

그러면서 내가 해야 할 업종이나 아이템에 대한 생각들을 정리하는 습관을 만들어 나가길 추천합니다. 생각은 하면 할수록 늘어납니다. 그리고 글로 적으면 적을수록 생각이 살아납니다. 게임보다, 유튜브보다, 노래방보다, 소주보다 생각을 적는 재미를 가져 보시길요.

이왕이면 부가가치가 높은 아이템을 구해야겠죠. 투자하는 비용이나 노력보다 더 많은 수익을 내는 아이템이면 금상첨화입니다. 하지만 그게 아니더라도 실망하지는 마세요. 하이 리스크 하이 리턴(high risk high return)도 좋지만 로우 리스크 로우 리턴(low risk low return)도 나쁘지 않습니다. 세상은 길게 살면 별 차이 없으니까요.

지금까지 창업을 위한 여러 가지 준비와 단계를 거쳤군요. 이제 본격적으로 시작해 볼까요? 지금부터가 본게임입니다. 마음 단단히 잡수셔야 합니다. 특히 가장이거나 곧 가정을 가질 계획이라면 더 더욱 그렇습니다.

어떤 아이템을 정했든지 간에 창업비용은 내가 가진 자금의 절반만 가지고 시작하시기 바랍니다. 그보다 더 적으면 적을수록 좋습니다. 부채도 자산이라고 떠드는 사람들 말은 믿지 말길 바랍니다. 거듭 강조하지만 경험만큼 실패를 대체할만한 것은 없습니다.

큰돈은 30대에 번다고 합니다. 저도 인정합니다. 그러나 우리는 그런 부류에 속한 사람들이 아닙니다. 필요한 만큼 돈을 벌고 행복하게 살면서 누구에게 얽매이지 않는 경제적 자유를 소박하게 누리고 싶은 거잖아요? 한순간의 실수로 30대를 망치게 되면 마흔 너머 삶은 춥고 배고픈 나날입니다.

너무 돈 돈 거리는 것 같네요. 미안합니다. 그래도 어쩔 수 없이 자본이 지배하는 세상에 살고 있으니 돈에 구속받지 않으려면 돈의 속성을 알아야 하기 때문에 그랬습니다. 그만큼 돈이 중요한 세상이 되어 버렸군요. 이해해주시기 바랍니다. 이제부터는 돈 버는 30대로 가보도록 하겠습니다.

돈을 버는 방법은 아주 간단합니다. 버는 것보다 적게 쓰면 됩니다. 경영학의 핵심이 이겁니다. 받을 돈은 빨리 받고, 줄 돈은 늦게 주고, 재고를 줄이면 돈은 벌립니다. 이게 MBA에서 가르치는 전부입니다. 쉽죠? 돈 버는 방법. 원리만 알면 어렵지 않습니다. 외식업에서는 이것을 어떻게 해석하면 될까요? 고객만족도를 높이면 됩니다. 고객 만족의 다른 말은 재구매 또는 재방문입니다. 만족하면 다시 방문하는 거죠.

고객 만족은 누가 정할까요? 업주가 기준을 정하는 건가요? 아닙니다. 손님이 정합니다. 손님이 자기 기준에서 만족하면 다시 찾아오고 그렇지 않으면 다시 오지 않습니다. 통상적으로 보면 가성비를 고객만족도의 척도로 사용하고 있습니다. 그렇다 하더라도 그것은 손님이 정하는 것이지 우리가 정하는 건 아닙니다. 이 단순한 원리만 알면 돈 버는 것 어렵지 않습니다.

고객만족도를 높인답시고 판매가보다 더 높은 원가를 지출하는 바보는 없겠지요. 적정한 원가를 투입해서 적정한 수익을 내기 위해 우리는 손익프레임이라는 조금 어려운 개념을 이해해야 합니다.

일반적으로 '매출=고객 수×객단가'를 말합니다. 다르게 표현하면 '매출=비용+이익'으로 구성되어 있지요. 그래서 지금까지는 매출 많은 식당이 장땡이었습니다. 당분간 이 구조는 유효한 방정식이 될 겁니다. 그러나 앞으로 점점 '이익=매출-비용'이 중요해지는 시대로 접어들고 있습니다. 복잡하다면 매출도 중요하지만 이익도 중요하다는 말 정도로 기억해도 괜찮습니다.

제가 말하는 손익프레임의 핵심은 재료비와 인건비의 합을 매출 대비 약 60% 정도에 맞추는 겁니다. 예를 들어 한달 매출이 1억이면 재료비와 인건비가 모두 6천만 원 정도여야 한다는 말입니다. 예전에는 인건비가 30% 재료비가 30%였는데 요즘은 가급적 인건비를 줄이는 구조로 바뀌고 있습니다. 이것만 잘 맞추면 돈은 벌리게 되어 있습니다. 밥장사 20년 현장에서 만든 데이터경영시스템이니 믿어도 됩니다.

세무회계는 복잡하고 어렵지만 세금 관련된 것 하나만 더 하고 상품개발과 스토리 쪽으로 가보겠습니다. 세금은 내 돈이 아닙니다. 손님이 내는 세금을 우리가 받아서 대신 납부할 뿐입니다. 특히 부가세 적게 내려고 부가세 영수증 뺑튀기하는 일은 절대로 하지 마세요. 우리나라 국세청 전산시스템은 엄밀하기로 세계적으로 유명합니다. 모르는 것 같지만 다 압니다. 다만 소상공인 자영업이 어렵고 힘드니까 봐주고 있는 거죠. 함부로 까불다 되로 받고 말로 퍼주게 됩니다.

잘 만든 메뉴 하나가 열 가게 안 부럽습니다. 대박상품 하나만 잘 개발하면 식당 그날로 확 삽니다.

다른 음식점의 대박 난 메뉴를 카피하다가 망한 집 많이 봤습니다. 벤치마킹은 좋은 방법이긴 하지만 그것을 우리 가게에 창의적으로 적용할 수 있어야 합니다. 그래서 온리원(only one), 우리 집만의 차별화된, 경쟁력 높은 대박상품을 만들어야 합니다. 반드시 기억하세요. 베끼는 것이 아닌 다른 시각으로 응용하는 차별화가 관건입니다.

그걸 만들기 위해 제가 주장하는 것이 '상품으로 팬덤 만들기'입니다. 구체적인 방법론으로 열 가지를 구분해서 풀어내는데 간단하게 정리해보겠습니다. 메뉴 개발에서도 써먹을 수 있고요. 소매업종, 제조업에서도 사용 가능한 툴입니다. ①분석 ②고객 ③품질(맛) ④디자인(담음새) ⑤스토리 ⑥네이밍 ⑦가격 ⑧판매방법 ⑨마케팅 ⑩재구매전략.

말이 길어졌네요. 이제 서른 또는 30대의 나이에 외식업에 뛰어든 젊은 사장님을 맞이하면서 너무 어렵게 말씀드리지 않았나 걱정이 됩니다. 저는 지난 30년 가까운 시간 동안 15번의 사업자등록을 했고 결과는 3승 12패였습니다. 그 과정을 어떻게 말 몇 마디로 대신할 수 있겠습니까만 그래도 지금까지 버텨 온 바탕은 '공부하는 식당 사장'이 되겠다고 마음먹고 힘껏 노력한 것밖에는 없습니다. 어렵고 힘들면 저를 비롯해 선배 외식인들을 찾아오시기 바랍니다. 언제든 어디서든 그대를 기다리고 있겠습니다.

2장

창업 후에
명심해야 할 것들

Q21

A 이문규

새로운 메뉴를 개발하고 싶은데 어떻게 해야 할까요?

신메뉴는 외식업계에서 잔뼈가 굵은 식당 주인들도 늘 고민하는 부분입니다. 저도 마찬가지고요. 주방 경력이 어느 정도 있거나 요리 교육을 받은 사람이 신메뉴를 개발하는 것 자체는 사실 어려운 일은 아닐 거예요. 좋은 재료로 경험과 기술을 활용해 맛을 내고 디자인을 잡으면 되니까요.

그런데 그 신메뉴를 손님이 좋아하느냐는 전혀 다른 이야기예요. 요리사는 잘 만든 메뉴라고 자신하는데 손님 반응은 신통치 않은 경우가 빈번하거든요. 개인 각자의 식성뿐만 아니라 성별과 연령대에 따라서 반응이 다를 수밖에 없습니다. 설령 새로운 메뉴를 손님이 좋아하더라도 일손이 너무 많이 간다면 그것도 별로예요. 추가로 인건비가 많이 들어가면 가격을 높이지 않는 한 팔아도 남는 게 없어요. 또 조리가 간단하고 손님도 좋아하는데 재료비가 너무 많이 들어가는 경우도 선뜻 시작하기 어려워요.

그렇다면 앞에서 이야기 내용을 반대로 해석하면 어떨까요? 재료비는 적게 들어가고, 손님은 좋아하고, 일손이 적게 들어가는 신메뉴. 아마도 모든 식당 사장님이 고개를 끄덕끄덕하지 않을까 싶네요. 그런데 이게 말처럼 쉽지 않은 게 또 현실이에요. 또 하나 고려할 점은 본인이 운영하는 식당의 업종과 손님의 연령대에 잘 맞는 메뉴를 개발해야 한다는 거예요. 좀 극단적인 예를 들자면 젊은 여성들이 좋아하는 파스타를 팔면서 홍어 샐러드를 개발하는 건 궁합이 많지 않을 거예요. 반면 돼지갈비를 팔면서 매운 돼지갈비찜을 개발하는 건 자연스럽죠. 마찬가지로 추어탕 전문점에서 우렁추어탕 같은 신메뉴는 재료 합이 잘 맞고 둘 다 논에서 나온 생물이라는 점에서 조화로워요. 이런 경우에는 손님들이 처음 접해도 어느 정도 맛이 쉽게 상상이 가서 주문할 가능성도 높을 거예요.

재료를 조합해서 맛있는 메뉴를 개발하는 것도 중요하지만, 이렇듯 사람들이 자연스럽게 받아들일 수 있는 식재료를 찾고 맛을 연구해야 해요. 좋은 예로 대산보리밥의 묵은지 청국장을 들 수 있어요. 청국장과 묵은지는 숙성해서 만든다는 공통점과 따로 먹어도 괜찮은 음식이면서 하나의 음식으로 요리가 되어도 거부감이 들지 않는다는 장점이 있어요. 그렇기 때문에 처음 묵은지 청국장을 메뉴에 넣었을 때도 손님들이 거부감 없이 주문하셨어요. 지금은 청국장 보리밥에 이어서 두 번째로 주문이 많은 메뉴가 되었어요.

식재료와 맛 연구에 더해 우리 식당에 오는 손님의 성별과 연령대를 고려하는 등 다양한 관점을 가지고 새로운 메뉴를 개발하면 더 좋지 않을까 생각해요. 이런 과정을 거치며 큰 틀을 잡고 나서 책과 인터넷, SNS 등 다양한 매체로 공부하는 과정이 필요해요. 물론 실제로 여러 번 만들면서 맛과 플레이팅 등을 다듬는 작업도 해야 하고요. 식당 경영에서 메뉴 개발은 가장 어려운 이슈 중 하나예요.

Q22 | 식당을 운영하며 새로운 메뉴를 꼭 개발해야 하나요?

A 이완성

　결론부터 말하자면 식당은 항상 새로운 메뉴를 만들어야 합니다. 그게 반찬이든 요리든 말이죠. 새로운 반찬과 신메뉴가 정기적으로 나온다는 건 이 가게가 생기 있게 돌아간다는 증거입니다.

　식당은 살아 있는 식물과 같습니다. 식물은 물과 관심을 주지 않으면 금방 시들고 죽어버리죠. 항상 관심을 가지고 때맞춰 물을 주고 온도를 맞춰주고 환기도 시켜주고 때로는 영양제도 줘야 합니다. 식당도 마찬가지예요. 늘 관심을 가져야 하고 신경을 써야 해요. 가게가 살아 있다는 느낌은 끊임없이 변화를 주었단 얘기이기도 해요. 제가 보기에 머물러 있는 건 퇴보예요. 손님에게 항상 더 좋은 것을 드리려 노력해야 합니다. 더 좋은 것을, 보다 새로운 것을 경험하게 해주는 것이 진정 손님을 위한 길이라고 생각합니다.

　유명 맛집이나 숨은 고수를 찾아가서 배우는 벤치마킹도 같은 맥락에서 이뤄지는 일종의 실천적 학습으로 볼 수 있습니다. 다른 식당에서 눈여겨 본 것을 내 식당에 적합하게 만들어 보고 빨리 실행하는 게 쉬운 일은 아닙니다. 하지만 그냥 '좋네'하고 지나치면 금방 잊고 맙니다. 나중에 적용하더라도 일단 바로 실험해 봐야 내 것이 될 수 있습니다. 그래야 적절한 타이밍에 활용할 수 있고요.

얼마 전에 오동추야는 한우물회냉면을 새롭게 선보였습니다. 2020년에 경주의 한 식당으로 벤치마킹을 갔을 때 인상 깊었던 한우물회에서 영감을 얻었는데요. 언젠가 어떤 방식으로든 우리 식당에 응용해보고 싶어서 그동안 수많은 테스트를 거쳐 2022년에 드디어 완성했습니다. 오동추야는 기존에 한우명품육회가 메뉴에 있고, 냉면도 꽤 유명합니다. 그런데도 한우물회냉면을 새롭게 개발했습니다. 왜일까요? 신메뉴는 식당이 미래를 창조하는 하나의 방법이기 때문입니다. 백년 식당을 꿈꾸는 오동추야에게 신메뉴는 필수죠.

2022년 10월 오동추야의 함흥냉면 가격은 10,000원이고, 한우물회냉면은 13,000원입니다. 한우물회냉면에 올라가는 육회는 70g, 2022년 6월 기준으로 한우우둔1⁺의 원가가 1kg에 35,000원입니다. 이는 달리 말하면 기존 냉면값에서 추가로 받는 3,000원을 아무런 마진 없이 식재료에 투입했다는 얘기입니다. 그렇습니다. 100% 원가를 모두 던질 수 있는 배짱과 투자가 필요합니다. 이 정도 노력하면 손님들의 만족도가 높아질 수밖에 없습니다. 이 가격에 이 정도의 퀄리티가 되면 이미 성공한 겁니다. 새로운 메뉴는 내가 받고 싶은 만큼 받으면 안 돼요. 일단 손님들이 크게 만족할 수 있는 가격과 완성도가 먼저지요. '최선을 다한다.' 이것이 결국 이기는 길입니다.

물론 열심히 준비해서 출시했다고 처음부터 대박 나는 경우는 드뭅니다. 대부분은 신메뉴를 맛본 손님들의 맛있다는 후기가 쌓이고 사람들 사이에 입소문이 나기까지 꽤 오랜 시간이 걸립니다. 운이 따랐는지 한우물회냉면은 메뉴에 넣은 지 두 달이 되었을 무렵 공중파 방송에서 먼저 연락이 왔습니다. 광고비 같은 돈을 전혀 지불하지 않는 말 그대로 정석대로 진행하는 프로그램인데, 여기서 다룰 콘텐츠로 우리 식당의 메인메뉴인 숯불 돼지갈비와 함께 한우물회냉면이 채택되었답니다. 저로서는 경사스러운 일이 아닐 수 없었지요. 메뉴 홍보에 천군만마 같은 지원을 받은 것 같았습니다.

롱런하는 식당이 되려면 항상 메뉴 개발을 염두해야 합니다. 새로운 손님을 발굴하려면 새로운 메뉴가 필요합니다. 설령 오래가지 못해도 꾸준히 시도하는 것이 살아 있다는 증거예요. 새로운 시도는 실패로 이어지기 일쑤지만, 끊임없는 시도야말로 실험이고 학습입니다. 그리고 학습과 실험 없이는 가치 있는 창조도 할 수 없습니다.

한우물회냉면이 포함된 오동추야의 '선육후면 세트'

직원관리에 단 하나의 정답은 없습니다. 모르긴 몰라도 식당에 따라 다를 거고, 식당 주인의 성격에 따라서도 달라질 거예요. 이 점을 감안하고 제 생각을 이야기해볼게요.

먼저 직원관리를 고민하기 전에 자기 자신을 먼저 돌아보는 시간을 가져야 해요. 자신을 최대한 객관적으로 관찰하면서 내가 어떤 성격을 가진 사장 또는 리더인지 알아야 해요. 예를 들어 다른 사람과 소통에 적극적인지 아니면 반대로 조용히 묵묵하게 일하는 게 편한지, 직원의 실수를 대범하게 넘기는 성격인지 아니면 사소한 실수라도 따져보는 편인지 등 본인에 대해 주의 깊게 생각하고 정리하는 시간이 필요해요.

본인을 어느 정도 파악했다면 자신의 부족한 면을 채울 수 있는 직원 또는 자신과 비슷한 면을 가진 직원을 채용할지 정해야 해요. 물론 채용은 내 뜻대로 진행되지 않을 확률이 높아요. 누가 지원할지 모르고 사람과의 인연은 아무도 알 수가 없어요. 직원을 채용하는 일도 어쩔 수 없이 시행착오를 통해서 경험을 쌓아야 해요.

직원관리에 있어서 핵심 중 하나는 업주가 손수 모범을 보이는 거예요. 그렇게 해야 직원들이 따라오거든요. 한 가지 상황을 가정해볼게요. 사장인 내가 새로운 메뉴나 고객 서비스 등을 도입하려는데 구성원들이 반가워하지 않는다면 어떻게 해야 할까요? 구성원들을 설득하는 포인트 중 하나는, 그 변화가 매출을 끌어올린다는 걸 증명해 보여주는 거예요. 그 사실을 여러 번 보여주게 되면 별다른 설득의 과정이 필요 없어져요. 물론 사전에 '왜 그 변화가 필요한지, 왜 해야 하는 건지' 구성원들에게 설명하는 작업도 필요해요. 하지만 제일 중요한 건, 경영자가 열심히 공부하고 실행하는 모습을 보여주는 거예요.

다음으로 구성원들에게 줘야 할 돈이 있으면 미루지 않고 약속한 시점에 정확하게 지급해야 해요. 그건 경영자로서 지켜야 할 기본이에요. 돈 문제가 발생하는 순간, 구성원들의 소속감이나 충성도는 크게 흔들릴 수 있어요. 근로계약서도 반드시 작성해야 해요. 근로계약서는 고용자와 노동자 서로 간의 약속인 동시에 사장 입장에서는 첫 3개월 안에는 직원을 정당하게 해고할 수 있는 법적인 장치가 되어주기 때문이에요. 그 이후에도 해고할 수는 있지만 신경 쓸 일이 많아지고 비용도 들어갈 거예요.

직원을 채용해서 교육하고 잘 적응할 수 있도록 노력했는데 기대 이하의 업무 능력을 보이거나 근무태만, 그리고 갈등 유발, 위화감 조성 등의 문제를 일으킨다면 과감하게 해고해야 해요. 저도 해고를 몇 번 한 경험이 있어요. 그 과정에서 비용이 발생된 적도 있고요. 물론 비용이 들지 않는 게 제일 좋지만, 식당 분위기를 망치는 경우에는 손해를 보더라도 단호하게 결정을 해야 해요. 미꾸라지

한 마리가 물을 어지럽히도록 두고 볼 수는 없으니까요. 맹자의 어머니가 세 번 이사해서 자식 교육을 했듯이 식당 사장은 미꾸라지 직원이 들어오면 세 번이든 네 번이든 해고를 해야 해요.

불친절한 직원을 그대로 두면 손님은 식사하러 왔다가 기분만 상해서 돌아갈 게 뻔해요. 소통이 안 되고 매너 없는 동료와 같이 일하는 직원들은 온종일 스트레스에 시달리게 될 거예요. 그러다 결국 원망은 식당 사장에게 향할 거고요. 그래서 정당한 해고는 열심히 일하는 다른 직원들과 손님을 위해서도 꼭 필요해요.

해고하는 과정은 사실 남아 있는 직원들에게 심리적인 압박을 줄 수 있고, 반대로 홀가분한 기분을 느끼게 할 수도 있어요. 사장이라면 다른 직원들의 심리적인 부분까지 생각하면서 해고 과정을 섬세하게 진행하는 게 좋을 거예요.

직원관리를 잘하는 정확한 법칙은 없는 거 같아요. 다만 근무환경을 좋게 하고, 문제가 생길 상황은 사전에 차단하고, 전체 미팅이나 교육으로 꾸준히 공지하고, 교육하고, 칭찬하고, 때론 주의를 주는 등 모든 수단을 동원해야 하는 거 같아요. 그리고 식당하는 지인이 있다면 직원관리법을 묻고 우리 식당에 적용해도 괜찮겠다 싶으면 활용하는 것도 방법 중 하나예요.

직원관리에 대해 이야기하면서 해고에 대해 많이 언급했네요. 그 이유는 직원관리의 핵심은 우리와 맞는 사람은 오래 남게 하고 그렇지 않은 사람은 빨리 내보내는 것이기 때문이에요.

직원을 잘 구하고 유지하는 노하우가 있을까요?

요즘처럼 직원 구하기가 힘들 때가 있을까 싶습니다. 심지어 서울의 모 대형식당은 일할 직원이 없어 큰 2층 매장을 닫고 1층밖에 안 쓴다고 하더군요. 덩달아 인건비도 계속 오르기 때문에 그만큼 돈을 많이 줘도 일할 사람이 없다고 다들 아우성입니다. 오동추야 같은 경우도 예전 같으면 1년에 한 차례 급여 인상이 일반적인데, 올해만(2022년 6월) 벌써 두 번째 급여를 인상했습니다. 그러고 보니 작년에도 두 번에 걸쳐 직원들 월급을 올렸네요.

직원 구하기가 어렵다 보니 많은 식당이 급여를 계속 올리고 있는데요. 특히 신규 오픈한 식당들이 사람을 못 구해 인건비를 엄청 높게 책정했습니다. 사정이 이렇다 보니 기존의 식당들도 직원 유출을 막기 위해 어쩔 수 없이 인상을 하고 있고요. 요즘은 식당하는 대표들의 모임에 가보면 이구동성으로 구인 걱정입니다. 최근에 다녀온 외식업계 모임에는 회원(식당 대표)들이 절반밖에 참석하지 못했는데, 그 이유 역시 직원이 부족해서 대표들이 식당에서 일하고 있기 때문이더군요.

오동추야는 외국인 노동자의 비율이 높다 보니 숙소 문제가 해결이 안 되면 직원을 구하기가 더 힘듭니다. 그래서 예전부터 직원 숙소를 운영하고 있는데요. 최근에도 추가로 숙소를 매입해 리모델링 공사를 하고 있습니다. 서울은 월세가 높아 직원 숙소를 마련하기 쉽지 않겠지요. 하지만 숙소 문제가 해결이 안 되면 앞으로 직원 구하기는 점점 더 어려워질 것 같습니다.

사람 구하기 힘들다고 한탄한다고 해서 해결되는 건 없습니다. 이럴 때일수록 식당 주인이 중심을 잡아야 합니다. 장사가 잘되고 뭔가 배울 만한 식당이 그래도 직원을 구하기 수월합니다. 월급날은 철저히 지키고, 장사가 잘되면 성과급도 지급하고 법에 근거한 수당들도 챙겨야 해요. 돈에 관하여 직원들과 괜한 트러블이 없어야 합니다. 줄 거 제대로 주고, 당당하게 요구할 것은 요구해야 건강한 식당이 됩니다. 인건비뿐 아니라 거래처 물건값도 딱딱 제날짜에 주고, 공과금도 제때 내야 하고요. 장기적인 관점에서 보면 직원들에게 꿈과 희망을 제시하고 나중에 장사를 할 수 있도록 도와줘야 합니다. 지분 투자를 통해 유능한 직원들과 오래 함께하는 것도 방법입니다.

오래전부터 오동추야는 직원 생일 때 케이크와 생일 축하금을 지급하고 있습니다. 미역국도 끓이고 다 함께 생일 축하 노래를 부르며 축하하는 시간을 가집니다. 우리 식당에 오는 손님만 중요한 게 아닙니다. 직원, 아니 내부손님들을 더 많이 아껴야 합니다. 직원 구인과 관리에 대해서는 이 책 1부의 3장에서도 다뤘으니 이 내용을 참고하세요.

Q25

A 이완성

메뉴 가격은 언제 어떻게
올려야 할까요?

가격 인상 요인은 많습니다. 특히 식당은 다양한 재료를 구입해서 기본적으로 사람이 손으로 음식을 만들다 보니 식재료비와 인건비에 민감할 수밖에 없는데요. 그럼에도 가격은 자주 올릴 수 있는 게 아니어서 몇 년에 한 번 올리더라도 손님의 눈치를 볼 수밖에 없습니다. 아마 지금 이 순간에도 많은 외식인이 이 문제로 고민하고 있을 겁니다.

가격 인상은 단순히 숫자의 문제가 아닙니다. 즉, 가격의 문제로만 접근하면 안 된다는 뜻이에요. 음식 가격을 올리기 전에 우리 집의 메뉴가 과연 경쟁력이 있는지 제대로 확인을 해야 해요. 우리 메뉴가 경쟁 식당에 비해 가격은 물론이고 맛과 완성도가 뛰어난지, 다른 집보다 손님이 얼마나 많은지도 솔직하게 점검해 봐야 합니다. 가격 인상에 앞서 우리 지역의 동종업계 상황을 파악하는 건 기본입니다.

가격 인상을 고려할 때는 경쟁의 범위를 보다 확장해서 바라볼 필요가 있습니다. 메뉴와 가격을 함께 고려해서 경쟁 상황을 살펴야 하는데요. 예를 들어 순댓국을 9,000원에서 10,000으로 올리는 걸 검토하고 있다고 해보죠. 이때 단순히 같은 순댓국을 파는 식당 뿐 아니라 우리 식당 근처에 10,000원짜리 메뉴들이 어떤 게 있고 또 얼마나 많은지를 꼼꼼하게 봐야 합니다. 가격이 오르면 손님들은 더 싼 식당을 찾거나, 대안이 될 만한 전혀 다른 메뉴와 비교할 가능성이 크거든요. 철저한 조사 없이 가격을 올리면 손님들은 차라리 1~2천 원 더 보태서 더 좋은 식당이나 본인이 더 선호하는 음식을 선택할 수 있습니다.

관건은 가격 인상 그 자체가 아니라 1,000원이든, 2,000원이든 손님들이 수긍하는 인상 요인이 있는지입니다. 과거 저는 후식냉면의 가격을 올리는데 근 1년을 고민한 적이 있는데요. 후식은 대체로 비싸지 않아야 한다는 인식이 있는데, 자칫 올렸다가 외면당하는 결과를 가져올 수 있어서 고심했답니다. 이와 같은 고민은 식당 주인이 음식에 자신감이 얼마나 있느냐와도 밀접한 관련이 있습니다. 다시 말해 가격 인상은 내가 받아야 하는 이유와 손님이 기꺼이 지불할 수 있는 간격을 좁히는 일입니다.

가격은 참으로 얄궂은 것 같아요. 식당 주인이 보기엔 이 정도는 받아야 하는데 시장에서는 통하지 않는 경우가 태반이거든요. 말 그대로 무한경쟁 시대이고, 어떤 식당의 음식이든 스마트폰으로 잠깐 검색만 하면 사진과 함께 가격도 금방 알 수 있습니다. 독보적인 맛의 차이가 없는 경우 그만한 가치가 있는지는 고객이 판단하지요. 간혹 오래된 노포들은 상대적으로 높은 가격을 받습니다. 왜일까요? 이유는 간단해요. 브랜딩이 탄탄하기 때문입니다. 즉 수십 년에 걸친 음식에 대한 자부심이 가격을 받치고 있는 거지요. 일단 브랜딩이 됐다는 건 단골손님이 많고, 손님이 기꺼이 값을 치를 의사가 있다는 뜻이에요. 그런데 이 브랜딩이라는 게 하루아침에 생겨나질 않습니다. 적어도 5년, 10년, 그 이상의 세월이 필요하지요. 그래서 식당 경영은 장기적인 안목에서 바라볼 필요가 있습니다.

가격 인상의 성패는 결국 상품력과 함께 손님이 납득할 수 있는 차별적 요인에 의해 결정납니다. 먼저 식당 주인인 내가 가격을 올리는 이유를 합당한 논리와 확신을 가지고 손님에게 설명할 수 있어야 합니다. 본인도 납득 못 하면서 손님을 설득하려는 건 모순이자 망하는 길이지요. 단순히 재료비가 올라서, 인건비가 뛰어서 가격을 인상할 수밖에 없다고 하지 말고, 손님이 인정할 요소를 보여줘야 해요. 가령 음식 가격을 올리기 전에 음식의 맛과 양뿐 아니라 상차림과 담음새, 서비스 등을 점검해봐야 합니다. 이 음식에 어떤 그릇이 어울리는지, 더 보기 좋게 담을 방법이 있는지, 메뉴와 반찬의 궁합이 맞는지 등을 폭넓게 살펴야 합니다. 가격이 올라도 손님이 더 좋아졌구나 하고 반응하면 성공입니다. 이런 반응을 끌어내기 위해 우리 외식인들은 고민하고 또 고민해야 합니다.

매출을 늘리려면
무엇부터 준비해야 하나요?

저는 조금 다른 관점에서 이 질문을 풀어보고 싶은데요. 물론 매출을 올리는 건 중요합니다. 그런데 매출을 올리기 위해서는 먼저 본인 식당의 수익구조를 파악해야 해요. 저도 사실 식당을 처음 시작하면서 매출을 늘리는 걸 최우선으로 여겼어요. '음식 맛있고, 양 많고, 친절하면 손님이 많이 오고, 그럼 당연히 매출이 늘겠지.' 이렇게 생각했지요. 그런데 나중에야 이런 생각은 뛰어난 식당 사장, 매출을 늘리려는 사람의 생각이라기보다 너무 평범한 생각임을 깨달았어요.

식당 운영은 결국 매출, 매입, 인건비, 일반경비, 이 4개의 큰 숫자를 잘 관리하는 게 골자예요. 이 넷을 잘 관리하기 위해선 먼저 이 숫자들을 매일매일 정리해야 해요. 여기서 핵심은 '매일매일 정리'입니다. 하루하루 꾸준히 정리해서 한 달간의 자료가 쌓이고, 두 달, 석 달 이렇게 3개월 정도의 자료가 모이면 4개의 큰 숫자의 월별 평균을 아래처럼 확인할 수 있어요.

- 3개월 평균 매출
- 3개월 평균 매입: 거래처로 구분하거나 채소, 육류, 공산품 등

으로 구분

- 3개월 평균 인건비: 정직원, 일용직, 파트타임
- 3개월 평균 일반경비: 임대료, 전기, 가스, 수도, 통신, 세금 등

겨우 3개월 자료로 무엇을 알 수 있냐고요? 생각보다 많은 걸 알 수 있어요. 이 자료를 통해서 인건비가 생각보다 높은지 확인할 수 있고, 매입이 과도해서 남는 게 없는 상황인지도 짚어볼 수 있어요. 이렇게 순이익 구조를 파악하면 매출을 얼마나 올리는 걸 목표로 해야 하는지 근사치를 잡을 수 있어요. 막연하게 얼마의 매출을 목표로 할 거야, 보다 당연히 더 실현 가능하죠.

데이터 수집과 정리를 꾸준히 해서 6개월, 1년, 2년 계속 자료를 누적하면 식당을 운영하는 방식을 획기적으로 개선할 수 있어요. 다시 말해 주먹구구식에서 벗어나 체계가 잡히고 분석이 가능하며 실천 계획도 효과적으로 수립할 수 있게 되지요.

처음 식당을 개업한 사람은 물론이고 식당 경영을 어지간히 한 사람도 혼자 데이터경영을 하기는 쉽지 않아요. 그래서 관련 서적을 읽으며 공부하는 게 좋고, 더 좋은 건 전문 교육을 받는 거예요.

매출 올리는 방법을 물었는데 왜 계속 엉뚱한 이야기를 하냐고요? 매출을 올리는 것도 결국 순이익과 연결되어 있기 때문이에요. 물론 순이익도 최소한 어느 정도 매출이 나와야 한다는 점에서 매출은 중요해요. 그런데 그 어느 정도 매출이란 게 어떻게 만들어지

고 있는지 정확하게 알기 위해선 결국 수익구조 파악이 먼저예요. 같은 이야기를 다시 하는 건 그만큼 중요하기 때문이에요.

제 답변을 보고 좀 복잡하거나 어렵다는 생각이 들지도 모르겠네요. 다른 한편으로는 마음 한구석에서 '너무 당연한 말을 하고 있네. 그게 말이 쉽지 아무나 못 해'라고 체념할 수도 있고요. 맞아요. 아무나 못 해요. 그래서 식당으로 성공하는 일도 아무나 못 해요. 그래도 내 힘으로 성공하려면 이 정도는 알아야 하지 않을까요?

Q27 | 매출은 느는데 순이익이 적을 때는 어떻게 해야 할까요?

A 이문규

질문을 조금 구체적으로 바꿔볼게요. 한 번 방문한 손님이 꾸준히 재방문하고 새로운 손님의 유입도 증가해서 매출은 늘어나고 있어요. 그런데 정작 남는 건 별로 없는 상황이에요. 이럴 때는 어떻게 해야 할까요? 가장 먼저 매출 대비 재료비, 인건비, 일반경비 등 비용에 대한 상세한 분석이 필요해요. 이때 금액으로 접근하기보다는 각 비용이 매출에서 차지하는 비중을 파악하는 게 중요해요.

그래서 핵심은 데이터예요. 정확하고 상세한 데이터가 바탕이 되어야 해요. 매출이 100% 일 때 재료비 00%, 인건비 00%, 일반경비 00%, 그리고 이 모두를 제한 순수익 00%. 이렇게 비율로 숫자가 정확하게 나와야 해요. 그래야 순수익이 낮은 이유를 확실하게 확인할 수 있어요. 그냥 감으로 인건비가 높아서, 임대료가 세서, 이번 달 가스비와 전기세가 많이 나와서 등은 핑계는 될 수 있어도 현황을 파악하고 미래를 새롭게 그리는 데는 도움이 안 돼요. 물론 사람의 감도 무시하면 안 되지만 통계나 회계 같이 정확성이 필요한 경우에는 감보다는 정확한 숫자로 분석해야 해요.

업종에 따라서 비율은 다를 수 있지만, 결국 정확한 숫자와 비율을 가지고 있어야 사람을 줄이든, 재료비 절감할 방법을 찾든, 아니면 마케팅에 과감하게 투자하든 적절한 해결 방안을 도출할 수 있어요. 이런 내용도 전문 교육을 통하면 불필요한 시행착오를 줄일 수 있어요.

저는 박노진 대표가 강의하는 '데이터경영 원데이 수업'을 강추해요. 하루 만에 앞서 언급한 내용을 모두 알 수 있으니까요. 솔직히 말해 외식경영에 관한 교육은 수없이 많지만 정말 도움이 되는 교육은 매우 드물어요. 저도 지금까지 꽤 많은 교육을 수강했는데, 중요한 걸 가르쳐 줄듯 말듯하면서 결국 돈만 계속 빼먹는 경우가 적지 않았어요. 박노진 대표의 강의는 그런 것들과는 비교조차 할 수 없어요. 예를 들어 당일 교육 중에 매출일보 엑셀 파일을 제공해주기 때문에 수강생은 본인 식당으로 돌아와서 바로 실행할 수 있어요. 데이터로 경영하면 순익분석이 뚜렷하게 보여요. 감으로 장사하는 것과는 차원이 다르죠. 그런데도 실제로 꾸준히 하는 식당 사장님들은 많지 않더군요.

마치 이런 것 같아요. 아침, 점심, 저녁 항상 같은 시간에 밥 먹고 7시 이후 야식은 먹지 말고 밤 11시에 잠자리에 들면 건강해진다는 건 아는데 실천을 안 하는 그런 느낌이라고 할까요. 방법을 알면서도 실천은 안 하는 거죠. 어쩌면 이 질문에 대한 해답을 우리 모두 이미 알고 있는지도 몰라요. 아니, 아마 알고들 있을 거예요. 정말로 모르고 있다면 어떤 방식으로든 원인부터 파악해야 해요. 그리고 나서는? 아시죠? 내가 찾아낸 답을 행동으로 옮겨야 해요.

매출일보

년 월 일

매출   0
월합계	-0
일평균	

지출   0
월합계	-0
일평균	

수익   0
월합계	-0
일평균	

수익률   0
평균	

손익프레임   0
평균	

매출대비(재료비+인건비)비율

객단가   0
일평균	

회전율

좌석점유율   %

결제별 분류

분류	매출	비중
카드		
현금		
현금영수증		
앱		
기타		
합계	- 0	0

분류별 분류

분류	매출	비중
홀		
배달		
대행		
포장		
-		
합계	- 0	0

시간대별 매출

분류	매출	비중
점심		
저녁		
심야		
기타		
합계	- 0	0

개인지출

분류	지출	매출대비
현금출금		
카드사용		
합계	- 0	

메뉴별 매출

구분	판매가	수량	매출	비중
메뉴1	판매가1			
메뉴2	판매가2			
메뉴3	판매가3			
메뉴4	판매가4			
메뉴5	판매가5			
메뉴6	판매가6			
메뉴7	판매가7			
메뉴8	판매가8			
메뉴9	판매가9			
메뉴10	판매가10			
메뉴11	판매가11			
메뉴12	판매가12			
메뉴13	판매가13			
메뉴14	판매가14			
메뉴15	판매가15			
메뉴16	판매가16			
메뉴17	판매가17			
메뉴18	판매가18			
메뉴19	판매가19			
메뉴20	판매가20			
메뉴21	판매가21			
메뉴22	판매가22			
메뉴23	판매가23			
메뉴24	판매가24			
메뉴25	판매가25			
메뉴26	판매가26			
메뉴27	판매가27			
메뉴28	판매가28			
합계			- 0	

인건비

구분	지출	매출대비
정직원		
알바		
일당		
관리		
합계	- 0	

고객 수

분류	고객수	비중
매장		
배달		
포장		
합계	- 0	

좌석수
일영업시간
고객 체류시간

재료비

구분	지출	매출대비
야채류		
잡곡/면		
공산품		
수산품		
육류		
쌀		
과일		
음주류		
기타1		
기타2		
기타3		
기타4		
기타5		
기타6		
기타7		
기타8		
기타9		
기타10		
기타11		
기타12		
기타13		
기타14		
기타15		
기타16		
기타17		
합계	- 0	

일반관리비

구분	지출	매출대비
부가세	0	
소득세	0	
카드수수료	0	
임대료	0	
전기/수도	0	
수도	0	
전화/통신	0	
복리후생/식대	0	
사대보험부담금	0	
퇴직급여	0	
인쇄/홍보	0	
접대/후원	0	
이자/금융비용	0	
차량/교통비	0	
청소/용역	0	
마케팅/외주역	0	
비품/식자재	0	
수리/소모품	0	
일회성비용	0	
영업외수익/손실	0	
1	0	
2	0	
3	0	
4	0	
합계	- 0	

Q28 | 고가 전략과 많이 퍼주는 전략 중 뭐가 좋을까요?

A 이완성

처음 식당을 오픈할 때는 고가 전략보다는 가격을 다소 낮게 책정하는 것이 유리할 수 있습니다. 단골이 확보되지 않은 상황에서는 대체로 고가보다는 가격을 낮추는 게 유리하거든요. 신선한 고품질 재료를 활용해 음식 맛을 높이되 가격은 동일 업종의 평균 가격으로 정하는 것도 괜찮은 방법이에요. 특히 새로 문을 여는 식당이 고객 눈에 띄려면 좋은 품질과 세심한 접객 서비스, 독특한 인테리어가 조화로워야 합니다.

제가 운영하는 '오동추야'를 예로 들어 보지요. 우리 식당은 수제 돼지갈비와 함흥냉면을 전문으로 하는 30년 된 고깃집입니다.

대표메뉴는 '수제 돼지갈비'인데 250g 1인분에 17,000원입니다. 점심 메뉴인 '수제 돼지갈비 정식'은 16,000원에 저녁과 같은 양의 고기를 제공하는데 손님은 된장찌개와 함흥냉면 둘 중 하나를 고를 수 있습니다. 손님 입장에서는 점심에 고기 먹으면서 된장찌개나 함흥냉면이 공짜인 셈이지요. 점심에 오동추야를 찾는 손님 중 90%가 갈비 정식을 주문하는데 매일 만석에 웨이팅이 기본이 이유입니다. 점심에는 주로 주부들이나 회사원들이 주 고객인데 이 정

손님이 가득한 오동추야 매장

도 구성에 16,000원이면 결코 비싸지 않다고 생각합니다.

　그렇다면 오동추야는 저렴한 식당일까요, 아니면 많이 퍼주는 식당일까요? 오동추야는 가성비에 초점을 두되 좀 더 퍼주는 전략이라고 볼 수 있습니다. 지역과 손님층에 따라 다르겠지만 가성비 전략과 퍼주는 전략의 결합은 충분히 효과적입니다. 다만 너무 낮은 가격은 피해야 하겠지요. 특히 요즘은 재료비와 인건비가 많이 올라 최저가 전략은 유지하기 곤란하거든요. 그리고 가격보다 상품력이 최우선입니다. 싸게 받든 비싸게 받든 상품력이 최강일 때, 둘 다통한답니다.

　30년 동안 수많은 식당이 생겼다 없어지기를 반복했습니다. 경기가 조금만 안 좋으면 돼지갈비 3인분에 9,900원 같은 체인점들이 마구잡이로 등장하더군요. 이럴수록 본사만 돈을 법니다. 인건비는 음식값이 16,000원이나 9,900이나 비슷합니다. 제발 이런 건 하지 말라고 하고 싶어요. 손님들은 최저가보다 적정한 가격에 음식에 좀 더 신경 쓰고 양도 푸짐한 걸 선호합니다. 식당에서 손님에게 받는 가격보다 나은 맛과 양을 제공한다면 식당과 손님 모두에게 최선이 아닐까 싶습니다.

오동추야는 지금까지 계속해서 반찬이 변했습니다. 손님들이 좋아할 만한 반찬을 계속해서 개발했다는 뜻이지요. 아무리 공들여 개발했더라도 손님이 좋아하지 않는 반찬은 더 이상 안 나갑니다. 오동추야의 대표 반찬들은 그냥 반찬이 아니라 요리입니다. 일례로 돼지갈비를 주문하면 육회와 육전이 나가는데요. '돼지갈비집에서 육회와 육전을?', '고깃집에서 고기를 팔아야 하는 데 고기를 준다?' 이거 아무나 못 합니다. 보통은 고기를 덜 먹을까 봐 못 주지요. 그러면서 손님이 먹지도 않는 반찬만 주야장천 주는 곳이 태반입니다. 그래 놓고 장사가 안 된다고 하면 곤란하지 않을까요.

'손님이 무엇을 좋아할까?', 이 질문이 머릿속에서 떠나면 안 됩니다. 항상 손님에게 이로운 식당을 만들어야 합니다. 나도 그대도 항상 새롭고 언제와도 기분 좋은 식당을 만듭시다.

Q29

A 이완성

포장 판매를 활성화하는 효과적인 방법이 있나요?

포장 판매는 식당이 큰 비용을 들이지 않고도 수익을 낼 수 있는 좋은 방법입니다. 포장을 해간다는 건 손님이 우리 음식을 맛있게 드셨다는 확실한 증거예요. 동시에 우리 가게에 신뢰가 생겼다는 의미이기도 합니다. 본인이 맛있게 먹은 음식을 포장해서 부모님이나 자식들에게 주고 싶은 마음이 들었다면 그 식당은 절대로 망하지 않을 거예요.

이천의 한식당 '강민주의들밥'은 제가 아는 식당 가운데 포장 판매를 가장 잘하는 곳인데요. 손님들이 열이면 열 양손 가득 포장해 가더군요. 예전에 한번은 큰맘 먹고 포장을 고급스럽게 바꿨는데 그 전보다 오히려 판매량이 떨어졌다고 해요. 그래서 다시 원래 포장 방식으로 돌아왔다고 하더군요. 강민주의들밥은 비교적 저렴하면서도 고객 만족도가 높은 집이에요. 고가의 한정식을 먹기 위해 방문하기보다는 부담 없이 먹을 수 있는 식당이죠. 대중식당은 메뉴부터 가격, 포장까지 대중에게 맞게 풀어야 합니다.

오동추야도 20년 전부터 포장 기계를 도입해 포장 판매를 하고 있습니다. 기다리는 걸 지루해하는 손님들일수록 포장을 선호하더군요. 기본적으로 포장은 저렴해야 해요. 돼지갈비가 17,000원인데 포장 손님에게 그대로 받으면 비싸죠. 우리는 반찬 포장을 하지 않는 대신에 기본 쌈 채소를 제공하되 약 50% 할인된 가격으로 판매하고 있어요. 돼지갈비 5인분에 45,000원인데 가격이 부담스럽거나 보다 적은 양을 원하는 손님들을 위해 2+1 행사도 진행하고 있어요. 2인분을 사시면 1인분을 더 드리는 거지요.

코로나가 절정일 때는 매장에서 드시기 어렵기 때문에 배달이나 포장 판매를 많이 했는데요. 코로나가 수그러든 지금은 포장 판매가 많이 줄고 배달도 절반 가까이 줄었습니다. 2022년 4월부터 '사회적 거리 두기'가 해제되면서 손님들의 매장 방문이 늘어난 만큼 포장과 배달은 줄어든 걸로 볼 수 있겠지요.

식당 입장에서 배달은 하지 않더라도 포장 판매는 활성화되어 있을수록 좋습니다. 가격을 낮추고 포장 용기나 포장지를 손님들이 편하게 제작해 홀 영업에 더해 자연스럽게 포장을 유도해야 합니다. 또한 실내

오동추야의 포장 안내

외에 현수막이나 각종 POP 등을 활용해 적극적으로 손님들에게 알리는 노력도 필요해요. 가령 '아빠, 오늘은 갈비가 먹고 싶어요' 같은 현수막은 자녀를 생각하는 부모의 심정을 공략하는 것입니다. 현수막 제작 비용을 상회하는 정도로만 포장이 나간다면 안 할 이유가 없다고 봅니다.

식당 사장은 항상 깨어 있어야 해요. 끊임없이 고민하고 시도하는 자세를 갖춰야 합니다. 포장은 물론이고 적극적으로 무엇인가를 해야 해요. '우리 집은 ○○가 없어서 안 된다'고 하지 말고 고객의 니즈를 정확히 파악하고 이를 실현하는 방향으로 고민하고 또 고민해야 합니다. 쉽게 되는 장사는 없습니다.

Q30

A 이문규

홍보는 어떻게 진행하는 게 좋을까요?

식당을 운영하면서 홍보는 필수예요. 홍보는 식당을 오픈하기 전부터 준비해야 하지요. 그런데 어떻게 해야 효과적인지 알기 어려운 게 또 홍보인 거 같아요. 그렇다고 두 손 놓고 있을 수도 없고요.

홍보를 시작하기 전에 먼저 본인이 운영하는 식당의 업종 특징을 파악해야 해요. 아울러 차별화되는 특별한 메뉴나 요소가 있는지도 점검해야 하고요. 이게 다소 엉뚱하게 들릴지도 모르지만 정말 필요한 부분이에요. 홍보를 하긴 했는데 엉뚱한 요소나 홍보 매체에 집중해서 효과도 없이 돈만 날리는 경우가 적지 않아요. 특히 홍보나 광고는 그 특성상 잠재 고객들에게 내가 강조하려는 메시지가 제대로 전달이 되었는지 확인하기 어렵기도 해요.

관건은 차별성이에요. 여기서 차별성이란 수많은 식당 홍보 속에서 사람들의 관심을 끌어올 만한 우리 식당만의 특별한 요소가 있어야 한다는 뜻이에요. 예를 들어 볼게요. 만약에 본인이 유행에 민감한 젊은 세대를 타깃으로 장사를 하고 있다면 블로그와 네이버 플레이스는 예쁘고 친절하게 꾸며놓되 집중적으로 투자해야 할 마케팅 채널은 인스타그램 또는 유튜브가 되어야 해요. 젊은 세대가 선호하고 가장 폭넓게 접근할 수 있는 매체가 이 둘이니까요.

마찬가지로 젊은 세대를 주 고객층으로 하는 식당을 개업한다고 치고, 이번엔 비용 측면에서 풀어볼게요. 만약에 100이라는 돈을 한 달 홍보비로 쓴다면 오픈 첫 달에 블로그와 네이버 플레이스를 꾸미는데 30을 사용하고, 나머지 70은 인스타그램 또는 유튜브를 집중 공략하는 거예요. 그다음 달부터는 블로그와 네이버 플레이스는 10~20 정도로 더 낮추고, 80~90을 인스타그램 또는 유튜브에 몰아서 투자하고요. 이렇게 실행할 때 기본 전제는 이쁜 비주얼을 가지고 있느냐 없느냐예요. MZ세대들은 음식 맛만큼이나 비주얼을 중시하거든요.

'비주얼 끝판왕 돈가스'로 유명한 '오유미당'의 '오지개 돈카츠'가 좋은 사례예요. 다른 돈가스와 달리 다섯 가지 피자 치즈를 넣어 돈가스를 만들어서 사람들의 시선을 단박에 잡아끌었거든요. 디자인 특허까지 받아서 따라하기도 힘들어요. 그런데 본인이 운영하는 식당이 한식, 특히 육개장, 설렁탕, 순댓국, 갈비탕 같은 메뉴라면 어떻게 해야 할까요? 이런 메뉴는 선호하는 연령대가 높은 편이에요. 40대부터 시작해서 70~80대의 고령층까지가 주요 고객층이지요.

여기서 한번 생각해보죠. 내 나이가 쉰 살인데, 오늘 순댓국이 먹고 싶어요. 그러면 검색을 할까요? 아니면 지금까지 살면서 10년~20년 동안 다닌 순댓국집 두세 곳 중에서 그날 기분에 끌리는 곳을 갈까요? 답이 금방 나오죠. 한식 메뉴 중에서 보편성이 강한 순댓국 같은 메뉴는 생각보다 홍보가 잘 안 먹혀요. 주된 이유는 사람

인스타그램에 노출된 '오유미당'의 '오지개 돈카츠'

들이 이미 가는 곳을 정해뒀기 때문이에요.

물론 예외도 있어요. 보편성이 강한 메뉴임에도 다른 곳과 차별화되는 요소가 확실하면 홍보 효과를 톡톡히 누릴 수 있어요. 예를 들면 전주에 위치한 '아중리 육전골'은 네이밍과 비주얼 모두 잡아서 성공한 집이에요. 육개장과 전골을 합친 메뉴명과, 기존 육개장과는 확연히 다른 비주얼을 가졌기 때문에 중장년층은 물론이고 젊은 세대가 주로 사용하는 인스타그램에서도 노출이 잘 이루어지고 있어요. 그러니까 주요 고객층에게 매력적으로 어필할 수 있는 차별화 요소가 효과적인 홍보의 중요한 조건이에요.

앞서 예로 든 두 식당처럼 본인 매장의 차별점을 갖추고 있다면 그다음엔 홍보 마케팅 대행업체를 잘 선택하면 돼요. 기본적으로 네이버 플레이스 광고는 본인이 설정해야 해요. 잘 모르면 유튜브나 블로그 검색을 통해 공부해서 설정하거나 네이버 자체적으로 교육도 하고 있으니 참고하세요. 그리고 마케팅 홍보 대행업체는 비용만 지불하면 그 비용만큼 알아서 홍보를 해주기 때문에 제일 간단하다는 장점이 있어요. 반면에 다양한 마케팅 채널에 다 홍보를 하려면 각각의 채널마다 비용이 들어가기 때문에 경제적으로 감당하기 어려울 수 있어요. 홍보비를 여유 있게 쓸 수 있는 경우는 드무니 본인 업소의 특성에 맞게 채널을 신중히 선택하고 비용 계획을 수립해야 해요.

유튜브 같은 경우에는 음식을 다루는 인기 채널에 DM이나 이메일을 보내서 우리 식당을 자세히 설명하고 방문을 요청하는 게 요즘 방식이에요. 광명에 자리한 '호천생갈비'는 처음부터 맛 좋은 돼지갈비와 함께 수제 장아찌와 젓갈을 제공하는 등 좋은 구성으로 비주얼과 맛이 뛰어난 식당인데, 유명 유튜브에 몇 번 나오면서 그야말로 문전성시를 이루고 있어요.

결국 홍보에도 경험과 공부가 필요해요. 홍보를 하다 보면 좋은 결과가 나오거나 반대로 기대만큼 효과가 없을 수도 있어요. 어찌 됐든 시행착오를 두려워하지 말고 공부하면서 꾸준히 홍보하면 좋은 결실을 맺을 수 있을 거예요.

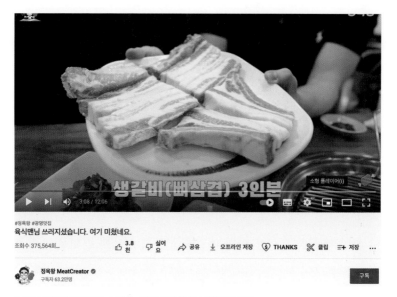

#정육왕 #광명맛집
육식맨님 쓰러지셨습니다. 여기 미쳤네요.

조회수 375,564회... 　　　👍 **3.8천**　👎 **싫어요**　↱ 공유　↓ 오프라인 저장　⑤ THANKS　✂ 클립　≡+ 저장　···

　　😊 **정육왕 MeatCreator** ✔　　　　　　　　　　　　　　　　　　　　　　**구독**
　　　　구독자 63.2만명

유튜브 '정육왕' 채널에 소개된 경기도 광명시의 '호천생갈비'

Q31

A 이문규

블로그와 SNS에 우리 식당 관련 글을 써야 하나요?

결론부터 말씀드리면 식당 관련해서 글을 쓰는 건 당연히 좋습니다. 그런데 글을 쓰는 목적과 함께 어떻게 글을 쓰느냐도 중요해요. SNS를 보면 최고 매출이 나왔다고, 손님이 만석이라고, 예약이 많다고 등의 글을 인증 사진과 함께 계속 올리는 모습을 종종 볼 수 있는데요. 가끔은 괜찮지만 그런 글 위주로 자주 올리면 점점 식상해지고 그저 자랑처럼 보일 수 있어요. 그래서 의도치 않게 역효과를 일으킬 수 있기 때문에, 그런 글은 가끔 정말 임팩트 있는 성과나 내용 위주로 올리는 게 좋아요.

제가 추천하는 글쓰기 방법은 무협지처럼 쓰는 거예요. 무협지의 주인공을 보면 처음부터 연전연승하거나 무공이 엄청 강한 경우는 거의 없어요. 오히려 열악한 환경에서 고난을 몇 번이나 겪으면서 강해지고 스스로를 단련하고 계속 노력해서 결국 무림의 최고 고수가 되지요.

식당을 창업하고 또 운영하는 우리는 모두 사연을 가지고 있어요. 처음부터 장사가 잘되는 분도 계시겠지만, 온갖 시행착오를 겪으며 식당을 운영하는 경우가 대부분일 거예요. 그런 힘든 과정이 오히려 좋은 글감이에요. 보는 사람들의 마음을 움직이고 공감을 불러일으키거든요. 온갖 장애물을 넘어서 결국엔 성공에 이르렀거나 큰 성공에 이르진 못했어도 새로운 메뉴를 개발했거나 손님이 만족해서 좋은 피드백을 받는 등의 글도 중간중간 섞어서 쓰면 좋아요. 뼈아픈 실수가 주된 내용이더라도 이를 통해 스스로 반성하고 소중한 교훈을 배운 경험을 담은 글도 충분히 가치가 있어요.

사실 글을 쓰는 게 낯설고 어려운 분들도 적지 않을 거예요. 그럴 때는 역시 글쓰기를 가르쳐 주는 교육을 수강하는 게 유용해요. 인터넷에서 검색해 보면 관련 교육을 어렵지 않게 찾을 수 있어요. 이때 교육 커리큘럼을 자세히 살펴서 내게 필요한 내용인지 알아보고, 수강생 후기도 꼼꼼히 읽어봐야 해요.

박노진, 이문규, 이완성 대표의 페이스북

본격적으로 글을 쓰기 전에 제 페이스북 친구가 300명 정도였는데요. 페이스북 글쓰기 교육을 받고 적극적으로 실천하면서 현재는 페이스북 친구가 2,300명 이상으로 늘었어요. 페이스북을 비롯해 SNS에서 친구 또는 팔로우가 많다는 건 제 이야기를 들어주고 공감해 줄 사람이 많다는 뜻이에요. 제가 아무리 좋은 주제로 이야기를 해도 들어줄 분들이 없다면 아무런 의미가 없어요. 홍보 측면에서는 더더욱 그렇고요.

그리고 예전에는 제 기분이나 일상적인 소재 위주로 SNS에 글을 남겼는데요. 교육을 받고 나서는 독자, 즉 읽는 사람의 입장에서 글을 쓰려고 노력했어요. 그렇게 몇 달 꾸준히 써보니 직접 만난 적 없는 이들과도 소통이 잘되고, 더욱 많은 사람이 제 글에 공감하고 있다는 걸 체감할 수 있었어요.

고난과 역경, 그리고 때론 행복과 기쁨이 교차하는 글을 꾸준히 쓰면 어느새 우리 식당에 관심을 가지는 손님은 물론이고 팬도 하나둘 늘어날 거예요. 그리고 우리 식당만의 스토리도 자연스럽게 생기고요. 그 스토리가 시간이 흐르며 누적되면 어느새 우리 식당의 전체적인 인상과 분위기, 마케팅 용어로 바꾸면 브랜드 이미지로 정착될 거예요. 이렇게 식당 글쓰기를 꾸준히 해서 단순히 먹거리만 파는 곳이 아니라 생생한 스토리가 살아 숨 쉬는 식당으로 거듭날 수 있습니다.

근처에 막강한 경쟁 식당이 생겼을 때 어떻게 대응해야 하나요?

보다 실용적으로 접근하기 위해 상황을 좀 더 구체적으로 가정해 보죠. 가령 내가 작은 식당을 안정적으로 운영 중인데 바로 옆에 규모가 크고 시설도 좋은 같은 업종의 식당이 공사 중이에요. 그래서 손님을 뺏길 것 같아요. 이런 상황에서 어떻게 대처하면 좋을까요?

일단 스스로 아래 사항부터 체크해야 해요.

- 우리만의 특별한 메뉴가 있고 손님들이 그 메뉴를 70% 이상 주문하는가?
- 우리 식당만의 고유한 스토리가 있으며 손님들이 그 스토리를 좋아하는가?
- 우리 식당은 다른 도시에서 일부러 찾아올 정도로 매력적인가?
- 온라인상에서 우리 식당의 인지도가 우리 동네 1등 또는 우리 동네 동일 업종 가운데 1등을 하고 있는가?
- 다른 식당이 따라 할 수 없는 우리만의 특징이 있는가?
- 손님이 줄을 서서 먹는가?

위에 나열한 질문에 절반 이상 "그렇다"고 대답할 수 있다면 옆에 어떤 식당이 새로 생겨도 괜찮을 거예요. 그런데 그렇지 않다면 위의 질문에 긍정적으로 대답할 수 있는 식당이 되는 걸 목표로 해야 해요. 사실 우리 식당이 이미 1등을 하고 있다면 옆에 식당을 신경 쓸 일이 별로 없어요. 경쟁 식당이 동일 메뉴라면 손님들이 알아서 그 식당을 우리 식당을 따라 하는 걸로 인식할 가능성이 크거든요.

그렇다면 해야 하는 일은 단순해요. 옆의 식당과 경쟁하지 말고, 내가 속해 있는 도시에서 1등을 하거나 모방하기 힘든 식당이 되는 걸 목표로 하는 거예요. 물론 단시간에 이루기는 어려운 목표예요. 그렇기 때문에 조급하게 생각하지 말고 우선순위를 정해 3개월에 한 가지씩 만들어가는 접근이 현명해요. 그리고 이때 1부 3장 대담에서 말했던 '플라이휠 전략 열 가지'를 기억하면 도움이 될 거예요.

혼자 하기 힘들면 외식경영에 관한 교육을 진행하는 곳에 가서 공부하고 본인 식당에 적용하는 게 아주 유용해요. 여러 가지 다양한 이론과 방법론, 그리고 실제 사례를 접하면서 우리 식당에 적합한 내용을 뽑아 활용하기를 꼭 권하고 싶어요. 혼자 맨땅에 헤딩하는 것보다 훨씬 효율이 좋고 성공 확률도 높거든요. 교육 콘텐츠가 좋을수록 참가하는 외식인들의 수준도 높아서 이들과 함께 교류하는 것도 정말 돈 주고도 못할 귀한 시간이 될 거예요.

물론 책과 인터넷을 통해서 공부하고 답을 찾을 수도 있어요. 아시다시피 지금 시대는 온갖 정보가 열려 있어요. 때문에 정보가 부

족해서라기보다는 공부하기 귀찮거나 시행착오가 두려워서 누군가
가 먼저 도전해서 검증한 것을 쉽게 취하고 싶은 마음들이 강한 것
같아요. 어떤 방식이든 일단 공부하고 실천하는 게 중요해요. 시행
착오 그까짓 것 열 번 겪는다 생각하세요. 그럼 정말 길이 열릴 거예
요. 물론 생각보다 시행착오도 안 겪고 말이에요.

Q33 음식에서 이물질이 나왔을 때 대처법을 알고 싶어요

A 이문규

아무리 신경을 써도 이물질이 나올 수밖에 없는 게 식당인 듯해요. 문제는 정말 뜻하지 않은 순간에 이런 일이 발생한다는 거지요. 식당 사정 봐주면서 사고가 일어나는 게 아니니 대처가 어려울 수 있어요.

제가 HACCP 교육을 받을 때 대기업 식품회사의 직원들과 같이 수강한 적이 있었는데요. 그분들의 사례를 들어 보면 정말 철두철미하게 관리하는데도 아주 가끔이지만 이물질이 나온다는 걸 알 수 있었어요. 그리고 이물질이 아닌데도 이물질처럼 보여서 컴플레인이 발생된 경우도 있다고 하더군요. 저희도 비슷한 일을 겪은 적이 있는데, 고사리가 그 주인공이었어요. 고사리 제일 윗부분에 꼬불꼬불한 부분이 조리 중에 분리되는 경우가 있어요. 그걸 본 손님이 애벌레 또는 구더기가 나왔다고 컴플레인을 해서 처음엔 저도 당황해서 새로 상을 차려 드렸는데요. 저희가 곧바로 주방에서 원인을 파악해 보니 분리된 고사리여서 손님께 설명을 드렸는데도 안 믿어주는 경우가 있더군요. 몇 번 같은 상황이 반복되어서 고사리를 반찬에서 제외했어요. 물론 지금도 아예 취급을 안 하고 있고요.

어떤 이유에서든 이물질이 발생하면 큰 이슈가 될 수 있어요. 아무튼 이런 일이 벌어지면 무엇보다 손님의 이물질 불만을 처음 접한 직원이 정중하게 사과의 말씀을 드리는 게 우선이에요. 그리고 식당의 사장에게 빨리 사실을 알려서 바로 조치해 드리겠다고 하고 사장에게 곧바로 보고해야 해요. 사장은 직원의 보고를 받으면 상황을 상세하게 파악해야 해요. 그렇지 않고 손님에게 가서 다시 물어보는 건 불난 집에 기름 붓는 격이거든요. 짜증 나는 서비스를 받았던 경험, 가령 전자제품 AS를 받았던 일을 떠올려보세요. 뭐 좀 고치려고 AS센터에 연락하면 했던 이야기를 몇 번씩 반복해야 할 때가 적지 않아요. 마찬가지로 손님이 식당에 컴플레인 이유를 몇 번씩 말해야 하면 기분 좋을 사람은 아무도 없어요. 안 그래도 기분이 상한 손님 앞에서 되물어 보는 건 최대한 피해야 해요. 이를 위해 정확한 상황 파악이 매우 중요해요.

그리고 손님 테이블에 바로 가서 이물질이 발생하게 되어 죄송하다고 다시 한번 사과하고 음식은 교환해 드리겠다고 말씀드려야 해요. 진심 어린 사과와 함께 손님이 어떤 말을 하든 먼저 경청하는 자세가 필요해요. 이때 변명하는 느낌을 전하면 득보다 실이 커요. 예를 들어 날씨 탓, 재료 탓, 직원 탓 등 어떤 변명도 하지 말고 손님의 기분을 먼저 받아들이는 게 중요해요.

그렇게 사장이 나서면 웬만하면 부드럽게 진행이 되는데요. 가끔은 그렇지 못한 경우도 일어나요. 특별한(?) 성격을 가진 손님도 계시니까요. "환불해 달라. 못 먹겠다." 이때는 죄송하다고 말씀드리고 친절하게 환불해 드리는 게 좋아요. 손님은 우리 식당에 오기 위해 시간을 내신 분이잖아요. 또 기분 좋게 식사하러 비싼 기름값 내며 일부러 차를 몰고 오셨을 수도 있어요. 손님의 시간과 돈, 그리고 저희 식당을 생각해주신 마음을 헤아리면 이물질이 발생한 이유가 무엇이든 무조건 사과하고 재방문할 수 있는 여지라도 남기는 게 제 경험으로는 최선인 것 같아요.

Q34

A 이문규

지인들의 조언으로 헷갈릴 때는 어떻게 해야 할까요?

지인들의 조언은 본인이 잘 선택해서 들어야 해요. 친한 친구처럼 나에 대해 잘 아는 가까운 지인이어도 식당에 대해서는 잘 모를 수 있고, 또 설령 식당을 운영 중이어도 내가 운영하는 업종과 상권의 특징은 잘 모를 수 있어요. 그래서 가까운 지인 말이라고 다 듣기보다는 신뢰할 수 있고, 외식업 경험을 겸비한 지인의 말을 참고하는 게 좋아요.

내가 앞으로 창업하려는 업종을 이미 경험했거나 현재 그런 식당을 운영 중인 지인의 조언은 경청할 필요가 있어요. 그들은 한발 앞서 지뢰밭을 거쳤기 때문에 그 과정의 혹독함을 누구보다 잘 알고 있어요. 그만큼 정말 유용한 정보도 갖고 있고요. 그렇다면 어떻게든 붙들어서 묻고 또 물어야 마땅하지요.

그리고 다양한 경험을 가진 외식업계의 스승 같은 분들의 조언도 중요해요. 저한테는 박노진 대표가 그런 분이세요. 오랜 세월 마실한정식과 메뉴개발실을 운영하시고 많은 외식업 컨설팅 경력을 가지고 있기 때문에 그 깊이는 정말 따라갈 수 없답니다.

마지막으로 같은 업종은 아니더라도 외식업에서 수십 년 업력을 가진 분들의 조언에도 귀 기울이기를 권하고 싶어요. 창업하고 2~3

년도 버티기 힘든 외식업계에서 10년, 20년, 30년 이상 성장해오신 분들의 이야기는 업종을 떠나서 경청해야 해요. 제 주변에는 운 좋게도 그런 분들이 많은데요. 대표적으로는 이 책을 함께 쓰고 있는 이천을 대표하는 돼지갈비 전문점 오동추야의 이완성 대표가 그런 분이세요. 30년 세월의 묵직함이 말에서 묻어나오기 때문에 잘 새겨듣고 있어요. 이처럼 실제 식당을 경영하면서 피가 되고 살이 되는 이야기를 해줄 분들의 조언을 들어야 해요.

또 하나, 단순히 매출이 높은 식당을 한다거나 규모가 큰 식당을 갖고 있다고 해서 좋은 조언을 해줄 거라는 섣부른 기대는 안 하는 게 현명해요. 작은 식당을 하더라도 자기만의 철학을 가지고 탄탄하고 정교하게 운영하시는 분들이 많아요. 아울러 조언받는 본인의 학습력과 수용력도 중요해요. 아무리 좋은 조언도 본인이 내 것으로 만들어서 현실화할 능력이 없다면 시간 낭비가 될 수 있어요. 조언 중에서 내 식당에 꼭 필요하거나 유용한 조언을 신중하게 선택해서 실행에 옮기는 과정을 꾸준히 반복하면 좋은 결과를 얻을 수 있을 거예요.

Q35

A 이문규

갑자기 식당을 이전해야 할 경우 어떻게 대처해야 할까요?

저는 2017년에 실제로 이런 상황을 경험한 적이 있어요. 그 당시에 대산보리밥은 손님들이 줄 설 정도로 성장하고 있었는데, 식당 자리가 재개발이 되면서 이사를 가게 됐어요. 공장 같은 경우에는 이사를 가더라도 큰 피해가 없을 텐데 식당이 이전을 하게 되면 손님이 따라온다는 보장이 없어서 정말 암울하고 고민 가득한 나날을 보냈어요.

처음엔 어떻게든 버티려고 했는데 변호사를 통해서 알아봐도 시간만 끌뿐 결국에는 나갈 수밖에 없다는 사실을 알게 되었어요. 재개발 관련해서 보상금을 받긴 했지만 그 돈으로는 새로운 자리에서 보증금과 인테리어 비용 등을 충당하기도 부족했어요. 하지만 다른 방법이 없어서 어떻게든 해보자는 심정으로 자리를 알아보기 시작했지요.

식당을 옮길 자리를 알아보면서 중요하게 생각한 몇 가지 기준이 있었는데요. 일단 기존에 장사하던 자리에서 되도록이면 가까워야 한다는 게 첫 번째였어요. 아무리 좋아하는 식당도 물리적으로 너무 멀어지면 자주 발길이 안 가잖아요. 두 번째는 충분히 넓은 주차장. 줄 서는 식당의 특징은 만석이 되면 대기 손님까지 받아야 하는데 그러기 위해선 주차 공간이 충분해야 해요. 처음엔 몰랐는데 장사가 잘될수록 주차장이 정말 중요하더군요. 마지막으로 임대료가 저렴해야 한다였어요. 너무 당연한 조건이죠?

부동산을 통해서 계속 알아본 끝에 현재 대산보리밥 자리를 처음 방문했어요. 대로변에서 보이긴 하지만 큰 도로와 연결된 입지가 아니고, 그나마 들어오는 길이 외길이라서 지인들 모두가 반대했어요. 그런데 저는 여기를 보자마자 딱 마음에 들었어요. 그래서 권리금 협의를 하고 바로 계약했어요. 다행히 임대료도 규모에 비해서 상당히 저렴했어요.

결과적으로는 이사를 오고 4년이 지난 지금까지도 매년 성장을 거듭하고 있으니 제 촉이 좋았다고 생각하고 있어요. 인테리어 할 때 핵심 포인트는 최소 비용에 최대 효과였어요. 당시만 해도 식당이 본궤도에 오른 지 얼마 안 되어서 여유자금이 거의 없었거든요. 그래서 기존 자리에서 장사하면서 이전할 공간의 인테리어 공사를 병행했는데요. 새벽에 원래 식당에서 장사 준비하고 이후에 새로 옮길 식당의 공사 현장에 가서 일하다가 점심 영업시간 되면 후다닥 달려와서 바쁜 시간 넘기고 다시 인테리어 현장에서 공사 보조로 일을 했어요. 다행히 예상했던 비용 안에서 공사가 마무리가 되었어요. 육체적으로 고되긴 했지만 애써 노력한 덕분인지 건물 외부는 평범해도 내부는 꽤 규모가 크고 은은한 멋이 있는 분위기로 완성이 되었어요. 지금도 남녀노소 누구나 좋아하는 거 같아요.

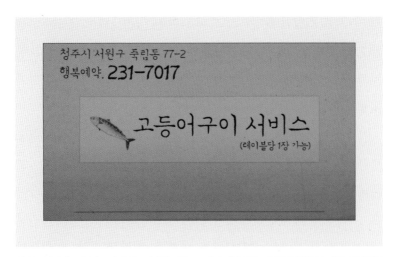

청주시 서원구 죽림동 77-2
행복예약. 231-7017

고등어구이 서비스
(테이블당 1장 가능)

대산보리밥의 고등어구이 쿠폰, 이사를 앞두고 기간 제한 없는 쿠폰을 발행해 단골 손님들을
모셔왔다.

사실 식당을 이전할 때 가장 큰 고민은 따로 있었어요. '어떻게 하면 지금 손님들을 새로운 곳으로 안내할 수 있을까?' 바로 이거였어요. 정말로 엄청 고민했어요. 여러 사람과 상의했는데요. 한 지인이 '고등어구이 쿠폰'을 나눠주는 걸 추천했어요. 그 말을 듣자마자 이거다 싶더군요. 그래서 이사를 오기 한 달 전부터 고등어구이 무료 쿠폰을 오시는 손님들에게 많이 드렸어요. 쿠폰 뒷면에는 이사 가는 곳 지도를 당연히 넣었고요. 효과가 어땠을까요?

새 자리로 옮기고 나서 처음 영업하기 전날 잠을 못 잤어요. 과연 내일 손님이 올지 안 올지 너무 걱정되어서 잠이 안 오더군요. 충혈된 눈으로 다음날 첫 영업을 시작했는데요. 손님이 정말 많이 오셨어요. 그때 느낀 기분을 지금도 생생히 기억해요. 정말이지 얼마나 기뻤는지 몰라요. 이사 간 곳 근처에 사는 분들도 오셨지만 기존 저희 단골 손님들이 아주 많이 오셨어요. 물론 한 손에 고등어구이 쿠폰을 들고요. 쿠폰의 효과가 어마어마했어요. 쿠폰을 아끼지 않고 나눠드린 게 신의 한 수였어요.

이사 가고 1년 정도 계속 쿠폰이 들어 왔는데요. 놀랍게도 4년이 흐른 지난주에도 쿠폰을 들고 오신 손님을 만났어요. 그때 만든 쿠폰은 제한 기간을 두지 않았거든요. 손님께서 어디 장롱 서랍장에 두셨다가 우연히 발견하신 거 같더군요.

식당도 어쩔 수 없이 이사를 가야 하는 상황에 직면할 수 있어요. 그때 침착하고 지혜롭게 대처해야 해요. 먼저 협상을 통해서 여유 시간을 가급적 충분히 확보하는 게 좋아요. 이사할 자리 알아보고 공사하려면 몇 달이 걸릴 수도 있으니까요. 입지를 선정하는 주요 기준 몇 가지도 정해 두어야 해요. 그리고 제가 사용한 무료 쿠폰처럼 기존 손님을 새 식당으로 끌어들일 방안도 미리 마련해야 해요. 이렇게 준비하면 제가 그랬듯이 식당 이전은 또 다른 성장의 기회가 될 수 있어요. 아시죠? 위기는 '위험한 기회'라는 것을요.

Q36 점심 영업만 해서 먹고살 방법이 있을까요?

A 박노진

밥장사에서 제일 힘든 게 사람 쓰는 일입니다. 특히 코로나19 이후 직원 구하는 일이 하늘의 별따기처럼 어려워졌고 급여도 하루가 다르게 상승하고 있습니다.

우리 가게('마실')도 구인 광고를 냈는데 한 달 동안 전화 한 통 없다가 간신히 구할 정도였답니다. 게다가 물가가 오르니 가격도 올려야 하는데 손님들은 가격 오르는 걸 싫어하니 올릴 수도, 안 올릴 수도 없는 상황이어서 외식업체들은 죽을 맛입니다. 마실의 경우 홀 영업을 중심에 두고 단체도시락과 홈파티를 좌우에 배치하여 버텨오곤 있지만 한 해 한 해 살얼음 걷는 기분입니다.

물가 상승, 임금 인상, 구인난 등 악재로 가득한 위기의 시대에 새로운 아이디어 하나를 사례와 함께 제시합니다. 논산에 가면 '함흥면옥'이라는 식당이 있습니다. 10년 전 냉면집에 한정식을 접목하는 아이디어로 대박식당이 되었지요. 자가 건물로 이전하면서 냉면과 갈비탕을 전문으로 판매하고 있는데요. 함흥면옥 지현진 대표는 '시골밥장사'라는 유튜브도 운영하고 있어 논산에서는 꽤 유명합니다.

지 대표는 논산에서 나고 자라 고향을 떠나고 싶지 않고 오랫동안 장사하면서 즐겁게 사는 게 꿈이라고 합니다. 그렇지만 이곳도 코로나로 인해 여러 문제가 생겨 장사를 접어야 하나 고민하다가 저녁 장사는 접고 점심 장사만 하기로 결정했습니다.

논산이라는 지역 특성상 매주 논산훈련소에 입소하고 퇴소하는 많은 장병과 가족들이 식당에서 점심을 먹는다고 합니다. 그러다 보니 점심 장사 매출이 많을 때는 하루 매출의 70%까지 됩니다. 지 대표는 데이터를 꼼꼼하게 분석하면서 점심 영업만으로 살아남을 수 있는지 시뮬레이션을 해보고 직원들과 상의했는데요. 근무시간이 줄어드는 만큼 급여가 낮아지는 대신 일정한 매출마다 인센티브를 제공하기로 했지만, 생계형 가장들이 있는 만큼 전체 10명 직원 중 3~4명의 이직은 불가피할 것으로 예상했다고 하더군요. 막상 점심 영업만 하기로 마음먹었지만 매출이나 직원유지 등 모든 게 불확실해서 처음에는 정말이지 너무 불안했다고 합니다.

그런데 의외로 직원들은 한 명도 그만두지 않고 그대로 일하기로 결정했습니다. 줄어든 급여보다 오후 3시 30분에 퇴근하는 여유 있는 삶의 행복을 선택한 것입니다. 게다가 휴무일 전날은 연휴 같은 기분을 느끼니, 직원들 표현을 빌리면 공무원보다 더 만족도가 높다고 합니다. 대산보리밥도 매주 휴무일 전날은 근무 만족도가 엄청 높다고 하는데 매일 4시 전에 일을 마치는 함흥면옥은 이보다 더 높다고 봐도 무리는 아닐 겁니다

함흥면옥의 매출은 처음 예상했던 대로 정상영업 때의 70% 정도입니다. 처음 점심 영업으로 전환했을 때가 쌀쌀한 날씨의 비수기

손님 특성에 맞춰 과감히 점심 영업만 실행한 논산의 함흥면옥

였다는 점을 감안한다면 성수기에는 80% 가까이 예상하고 있고요. 식재료비야 매출이 줄어든 만큼 당연히 줄었지요. 무엇보다 일반관리비가 대폭 줄어 순이익률이 정상 영업할 때만큼 유지된다는 점이 고무적입니다. 전기, 수도 등 광열비와 세금과 일반관리비가 현저하게 낮아진 점이 순이익률을 예전처럼 유지하는 데 큰 역할을 한다고 합니다. 무엇보다 식당을 일찍 마치고 '저녁이 있는 삶'으로 복귀한 만족도가 세상 어떤 것보다 행복하고 즐겁다고 말하는 함흥면옥 대표님 내외분의 말씀에 저도 저렇게 아이디어를 만들어 봐야지 하는 생각이 들 정도였어요. 얼마 전에는 큰맘 먹고 갈비탕 자판기를 설치했는데, 하루 15개 내외가 팔려서 한 사람 인건비가 여기서 빠질 정도로 쏠쏠한 재미가 있다네요.

점심 영업만 해도 장사하는데 아무런 문제가 없음을 확신한 지현진 대표는 이 아이디어를 적극 적용해보라고 주변에 추천하고 있습니다. 저녁 장사만 하는 고깃집들이 꽤 있는 것처럼 점심 장사만 해도 충분히 먹고살 만하다면 진지하게 시도해볼 만하지 않을까요?

호랑이한테 물려가도 정신만 차리면 살아날 수 있다고 합니다. 아니, 잘만 하면 호랑이 등에 타 더 높은 세상을 만날지도 모릅니다. 이제 우리 외식업계에도 새로운 아이디어를 실행하는 식당들이 점점 많아져야 한다는 생각이 듭니다.

Q37 | 점심 영업만으로 대박식당이 되려면 어떤 전략이 필요할까요?

A 박노진

　대부분의 음식점은 점심 영업과 저녁 영업으로 나뉘어져 있습니다. 술이 많이 팔리는 음식점은 저녁 영업에 초점을 맞추고 밥이 많이 팔리는 곳은 점심 영업이 중심이지요. 가령 고깃집과 횟집은 대부분 저녁 영업에 집중하고 백반집과 설렁탕, 국밥 같은 탕반 음식점들은 점심 영업이 주력입니다. 간혹 점심과 저녁 두 파트의 영업이 동시에 잘되거나 엇비슷하게 매출이 나오는 곳들도 있지만 전체 식당들의 80%는 둘 중 하나가 잘되고 다른 하나는 보조하는 형태입니다.

　점심 영업으로 전환하면 재료비와 인건비, 관리비가 동시에 줄어들지만 그래도 매출이 여전히 중요합니다. 이익은 매출에서 재료비, 인건비, 관리비를 뺀 것입니다. 그러므로 비용 삼총사(재료비와 인건비, 관리비)보다 매출 구조가 어떻게 되는지를 먼저 점검하고, 필요하다면 이를 보완할 방법을 찾아야 합니다. 점심 매출이 최소한 50%는 넘어야 점심 영업시스템으로 전환할 수 있다는 점을 기억해야 합니다. 그런 다음 점심 매출이 하루 매출의 60~70%가 되도록 만들어야 하고요.

첫째, **가성비 대표메뉴가 점심 매출의 70%를 차지하게 세팅**하세요. 점심 매출이 하루 매상의 60~70% 가까이 되려면 한두 가지의 대표메뉴가 영업 전반을 끌고 나가야 합니다. 잘되는 청국장전문점은 청국장이, 김치찌개전문점은 김치찌개가, 백반집은 역시나 그 집만의 백반정식이 주력이어야 합니다.

가성비 대표메뉴와 판매 도우미라 할 수 있는 곁들임 메뉴를 집어넣으면 좋습니다. 물론 먼저 강력한 가성비 대표메뉴가 제대로 자리 잡아야 사이드메뉴가 매출을 받쳐줄 수 있습니다. 천안의 '짬뽕작전'은 하루에 4시간만 운영하는데, 돌짜장과 돌짬뽕이 주력 메뉴이며 거기에 딤섬과 고기복만두를 사이드메뉴로 판매하고 있습니다. 점심시간 4시간만 영업해도 하루 종일 문 열 때의 70% 가까운 매출이 나온다고 합니다.

가성비 대표메뉴는 새롭게 개발하기보다 기존 메뉴 중에서 가장 자신 있는 메뉴나 잘 팔리는 메뉴를 선택해서 한 단계 업그레이드하는 방법을 추천합니다. 그렇다고 무작정 더 퍼주라는 뜻은 아닙니다. 꼼꼼한 원가분석을 통해 어떤 부분에 힘을 실어야 하는지, 또 손님들이 좋아하는 메뉴 구성은 무엇인지를 잘 파악해서 특정 부분에 포인트를 주어야 한다는 의미입니다. 차별화는 나만 할 수 있는 부분을 더 잘해서 남들이 따라오지 못하게 만드는 전략이니까요.

둘째, **포장, 배달, 온라인 판매 등 보조 판매시스템을 구축**해야 합니다. 가성비 대표메뉴와 사이드메뉴를 구비했다면 다음은 홀 판매

외 다양한 판매 루트를 개발해야 합니다. 제가 운영하는 마실 천안 본점은 마실도시락과 마실홈파티를 개발해서 강력한 보조판매시스 템을 구축했습니다. 마실도시락을 처음 개발했을 때는 배달업체를 이용했지만 지금은 이용하지 않고 '단체도시락'이라는 키워드로 전환하여 점심 영업 전 1회전에 해당하는 매출을 올리고 있습니다. 단체도시락은 하루나 이틀 전 주문받고 점심 영업 시작하기 전에 배달을 갑니다. 그리고 주말에는 홈파티가 주로 팔립니다. 특별한 경우가 아니라면 테이크아웃이 기본입니다. 그래도 꽤 잘 팔리고 있습니다.

'4way 판매시스템'은 오프식당의 가성비 대표메뉴를 홀은 물론이고 배달, 포장, 온라인으로 판매하는 방식입니다. 복잡하게 만들지 말고 지금 대표메뉴를 가성비 대표메뉴로 만들고 이걸 기초로 판매 루트를 다양하게 하는 게 효과적입니다. 잘 만든 메뉴 하나로 열 메뉴 안 부러운 장사를 할 수 있습니다.

지금까지 설명한 두 가지를 탄탄하게 갖추면 손님 만족, 직원 만족, 사장 만족이 가능한 점심 영업만으로 행복한 영업시스템을 만들 수 있습니다. 초기에는 저녁 장사를 하지 않으면 손님들이 찾아오지 않을까 걱정도 될 겁니다. 망했다고 소문이 날지도 모릅니다. 그렇지만 반대로 손님들이 '저녁에 영업을 하지 않으니 점심에 가서 먹어야지', '저녁에 못 먹으니까 배달이나 포장을 해서라도 먹어야지'하는 생각도 하지 않을까요? 부정적인 생각보다 긍정적인 방

기존 메뉴를 비틀자

가장 인기 좋았던 메뉴 ·
그 메뉴를 리뉴얼 ·
주력고객타깃 설정 ·
맛, 중독성 있는 메뉴로 ·
대접받는 기분이 들게끔 ·
재구매, 입소문 내게끔 ·

단품에 집중하자

· 폼 나는 단품
· 제대로 하나에 집중
· 가성비
· 담음새(SNS)

원칙

· 대중성: 익숙한 요리
· 창의성: 와! 하는 빈틈과 새로움
· 스토리: 재료, 소스, 조리법, 담음새 등 이야기의 확산력
· 수익성: 원가 10% 추가

벤치마킹

동네-지역 경쟁업소 5곳 정도 ·
전국구 맛집 10곳 정도 ·
트렌디한 맛집 ·
단품 벤치마킹 ·

가성비
대표메뉴
개발하기

내가 가장 자신 있는 메뉴

· 하나만 잘 만들자
· 차별화가 가능한가?
· 카피+독창성+확장성

우리 가게에는 어떤 손님이 주로 오는가?

· 식사 손님   · 점심
· 주류 손님   · 저녁
· 배달, 포장판매

우리 가게 가성비 대표메뉴 개발 아이디어 맵

향으로 밀고 나가보십시오. 사람들은 열정적이고 자부심 높은 가게에 몰리는 법이죠. 남들도 할 수 있는 것보다 나만 할 수 있는 그것을 내가 더 잘하는 방법으로 승부해 보길 바랍니다.

첫째, 구사일행九思一行, 아홉 번 생각하고 한 번 실행해야 합니다.
3년 차 정도 접어들면 둘 중의 한 가지를 생각한다고 합니다. 하나
는 '세상 참 힘들구나. 나는 왜 이렇게 장사를 못하지?' 점점 자신감
을 잃고 포기하려 듭니다. 다른 하나는 세상이 만만하게 보입니다.
장사가 잘되니 세상 뭘 해도 잘될 것 같은 거죠. 요즘 고깃집이 뜬다
니까 그것도 하고 싶고, 카페도 유행이니 점장 두고 하나 더 차려도
금방 본전 뽑을 것 같습니다. 한 마디로 바람이 들어도 한참 들어간
상태죠. 위태롭습니다.

구사일행. 지금 문을 닫아야 하는 사장님도, 지금 한 달에 몇천을
버는 사장님도 내일 내 상황이 어떻게 바뀔지 아홉 번 생각하고 움
직여야 합니다.

둘째, 매출이 30% 향상되면 이익은 두 배로 늘어납니다. 장사가 안
되거나 매출 부진에 속이 탄 사장님들에게 드리고 싶은 말입니다.
왜 매출이 떨어졌는지 원인을 찾아본 적이 있으신가요? 그렇다면
그것을 개선하고 바꿔 볼 생각은 하지 않으셨던가요? 이것저것 다
하려고 하지 마시고 지금 사장님의 가게에서 가장 자신 있는 메뉴

나 상품 한 가지로 승부하겠다는 생각을 해보라고 말씀드립니다.

삼겹살집을 하고 있다면 저는 가장 비싼 삼겹살을 하루 50인분만 제값 받고 팔겠습니다. 김치찌개 전문점이라면 김치찌개에 고기를 1인당 200g씩 넣어보겠습니다. 손님이 배불러 성질내시게끔 말입니다. 돈가스를 판다면 다른 생각 안 하고 지름 30cm 접시에 꽉 채워 드릴 겁니다. 피자처럼요. 성공하는 음식점의 동력은 아주 작은 것에서부터 시작합니다. 무엇이 되었든 지금 내가 가장 자신 있는 것을 찾아내 그것을 키워야 합니다.

셋째, 실시간 원가관리입니다. 장사가 잘되면 아무 걱정이 없습니다. 원가는 아무 관심도 없지요. 아니 없는 게 아니라 안 해도 큰 걱정이 없다는 뜻입니다. 매출이 많으면 원가는 쉽게 잡힙니다. 그런데 상황이 조금만 안 좋아지면 얘기가 완전히 달라집니다.

이 글을 쓰고 있는 현재 우크라이나 사태로 인해 물가가 천정부지로 오르고 있습니다. 특히 밀가루를 주원료로 사용하는 음식점은 대비를 잘해야 합니다. 적어도 일주일에 한 번 매출 대비 사입되는 재료비를 따져봐야 합니다. 원가 따지면 쩨쩨해 보이나요? 조금 더 주고 더 팔면 되지 뭘 그리 아껴서 언제 돈 버냐고요? 소나기는 금방 지나가지만 가랑비는 속옷을 적시는 법이랍니다. 원가 무시하면 큰코다칩니다.

넷째, 마케팅에 얼마나 투자하고 있나요? 많은 분이 마케팅은 돈을 써야 하는 일이라고 생각합니다. 인기 게시물 노출, 상위노출, 키워드 점령, 블로그 체험단 등에도 비용이 들어가니 틀린 말은 아닙니다. 돈이 많으면 업체에 맡기면 됩니다.

그런데 사장님이 직접 해보면 어떨까요? 페이스북도 만들고 인스타그램도 직접 하는 건 어려울까요? "블로그 할 시간도 없는데 그런 거 못 해요"라고 답하는 분들이 적지 않습니다. 그러면 하루 1시간 SNS에 투자해보기라도 했는지 거꾸로 제가 물어보고 싶네요. '고기리막국수'의 성공 신화가 블로그에서 출발했다는 거 잊지 마세요.

다섯째, 직원 급여와 복지에 관심을 가져야 직원 문제를 해결할 수 있습니다. 요즘 외식업 최대의 화두가 바로 구인입니다. 직원을 적게 채용하는 업종이면 괜찮지만 그렇지 못하면 직원 문제가 큰일입니다. 오죽하면 직원 못 구해서 장사 못 하겠다는 말이 나올까요?

최근에는 코로나로 인해 외국인 노동자마저 부족해 난리죠. 어떻게 하면 직원을 잘 구할 수 있을까요? 뾰족한 방법은 없습니다. 돈을 많이 주든지 직원을 최소한으로 운영하는 방식이나 업종으로 바꾸든지. 아! 한 가지 있네요. 내 사람이 되게끔 만들면 됩니다. 어떻게 하면 내 사람이 되는지 곰곰이 생각해보시기 바랍니다.

여섯째, 재방문이나 재구매는 가성비에 가치를 더해야 합니다. 이천 강민주의들밥과 오동추야를 벤치마킹해보길 추천합니다. 진짜

말 그대로 하루 종일 만석에 웨이팅입니다. 한 마디로 가성비 짱이죠. 아무리 그래도 가성비만으로 지속적인 재방문은 어렵습니다. 가치가 더해져야 합니다.

비용을 지불함으로써 기대하는 음식과 서비스 만족감의 크기, 즉 음식점을 가서 얻고자 하는 나의 욕구를 충족시켜주는 크기에 감성이 더해지면 가치 중심적 기억을 하게 됩니다. 그래서 가치는 스토리로 입혀져야 합니다. 스스로에게 물어보세요. '우리 식당은 손님들에게 어떤 스토리를 선사하고 있는가?'

일곱째, 매출이나 성장은 우상향 일직선 그래프가 아니라 계단식으로 올라갑니다. 성장과 퇴보는 극단적으로 갈리지 않습니다. 반드시 전조 신호가 있습니다. 매출과 성장은 우상향으로 죽 올라가지 않고 몇 번의 단계, 즉 계단 형태를 취합니다.

한 계단에 올라서면 성장이 정체되는 느낌을 받습니다. 불안해지지요. 금방 추락할 것 같은 공포심에 사로잡히기도 합니다. 짧으면 1~2년 만에 다음 계단으로 올라가기도 하지만, 3~4년이 걸릴 때도 많습니다. 마실 같은 경우, 15년 데이터를 살펴보면 평균 3년마다 다음 단계로 이동했습니다. 길게 보면 10년 아무것도 아닙니다. 조급해하지 마시고 굳건하게 마음 잡숫고 큰 그림을 놓치지 마세요.

Q39 | 공부하고 싶지만 시간이 없다면
어떻게 해야 하나요?

A 박노진

저는 첫 번째 식당을 하다가 폭삭 망한 적이 있습니다. 2002년 소고기전문점을 인수해서 운영하다가 2003년 말 미국에서 광우병이 터지는 바람에 하루아침에 잘 나가는 식당 사장에서 허리 휘는 줄 모르고 고생하는 신세로 전락했다가 결국엔 모든 재산을 날리고 말았답니다. 이놈의 식당이란 것이 중간에 그만두려고 해도 새로 들어올 세입자가 없으니 계약기간 동안 운영을 해야 했고 그동안 월세, 운영비, 인건비 등이 계속 나가며 배보다 배꼽이 더 큰 것처럼 지난 10여 년 벌어놓은 모든 걸 빼먹고야 놓아 주더라고요.

남은 것이라곤 대출만 잔뜩 진 아파트 한 채와 중고차밖에 없었습니다. 배운 게 도둑질이라고 다시 두 번째 식당을 시작하기 전까지 6개월간의 공백이 있었는데 이때가 저에겐 새로운 깨달음의 시간이 되었습니다. '왜 망했을까? 남들은 잘만 하는데 나는 왜 그랬을까? 과연 음식점으로 돈을 벌 수 있을까?' 번민과 고민은 계속되었고 두 번째 식당을 오픈하기 전에야 답을 찾을 수 있었습니다. 바로 실행력이었어요. 첫 번째 식당은 단순히 생각만으로 운영했었다는 걸 알게 되었습니다. 아이디어는 있었지만 실천하지 못한 것들이 너무 많았던 거죠. 고객포인트카드, 사이드메뉴 주문 시 30% 할인,

계절마다 새로운 메뉴 출시, 어린이용 메뉴개발, 직원 유니폼 제작, 단골고객 카드 만들기와 연 2회 감사카드 보내기, 어버이날 양말 선물하기 등 아이디어는 차고 넘쳤지만 실제 업장에 적용한 건 거의 없었습니다.

왜 저는 실천하지 못했을까요? 이 질문이 6개월 휴식기 동안 고민의 시작이자 끝이었다고 해도 과언이 아닙니다. 그리고 두 번째 식당의 출발은 이 질문에 대한 답을 찾아가는 과정이었고, 머리보다는 몸으로 먼저 그 답을 풀었습니다. 고객포인트카드를 만들었고, 매월 새로운 요리를 선보였으며 직원 유니폼도 예쁘게 만들었지요. 당시로는 한 달에 세 번 쉬는 직원 휴무일을 매주 하루씩 쉬게 했고 수익이 많지 않았지만 급여도 주변 음식점 중 가장 많이 지급했습니다. 매일 아침 조회를 하기 시작했고, 단체 손님의 경우 테이블세팅지에 감사 인사를 인쇄해 놓았습니다. 매달 하루는 수익금 전액을 지역사회에 기부하는 '해피데이' 행사를 시작한 지도 벌써 10년을 훌쩍 넘기고 있습니다.

이러한 결과는 실행력이라는 생각보다 몸을 먼저 움직이는 것 속에 답이 있더라고요. 창업을 준비하는 사람이나 현역 외식인들을 만나면서 제가 겪어왔던 과정을 얘기하다 보면 자주 받게 되는 질문이 하나 있습니다.

"어떻게 그렇게 할 수 있나요?"

"하루 장사하기도 시간이 빠듯한데 그런 건 가게 규모가 큰 사장님 같은 경우에나 가능한 얘기 아닌가요?"

그럴 수 있습니다. 하지만 저 역시 마실을 처음 시작할 때 매일 새벽시장에 재료를 사러 갔었고, 웬만한 전기공사는 직접 했습니다. 입구에 데크를 만들 때도 인건비 50만 원이 아까워 칠순이 넘은 장인어른하고 같이 일했을 정도였거든요. 이런 질문을 받으면 같은 대답을 해드립니다.

"가능합니다. 대신 제가 말씀드리는 한 가지만 꼭 지켜주시면 됩니다. 본인의 하루 24시간 중에서 어영부영 시간을 잡아먹는 불필요한 생활습성과 일들을 없애야 합니다. 쓸데없이 인터넷 보느라 소비하는 시간, TV 보고 농담하는 자투리 시간, 습관처럼 저녁에 술 마시는 시간 등 지금 본인 인생에서 군이 하지 않아도 살아가는 데 문제 되지 않는 활동과 낭비되는 시간을 줄일 수만 있다면 가능합니다."

불필요한 활동을 제거하고, 낭비되는 시간을 줄여야 새로운 계획에 나를 투자할 여력이 생깁니다. 뭔가를 제대로 하려면 먼저 과감히 버릴 줄 알아야 합니다. 그래야 그다음 행동으로 들어가는 실행력이 만들어집니다. 실행력은 매일 일정한 시간을 쏟아붓는 집중력과 반복 훈련으로 만들어지는 법이거든요. 실행력을 키우는 데 늘 범하는 중대한 시행착오는 일상의 잡다한 생활을 정리하지 않은 채, 새로운 실천계획부터 세우는 것입니다. TV 보는 시간, 인터넷 서핑, 혹은 스마트폰에 빠져있는 시간, 잦은 술자리만 줄여도 확보 가능한 시간이 결코 적지 않습니다. 물론 사람마다 다를 수 있지만 제가 많은 식당 사장님들과 상담을 해보니 대부분 하루 평균 2시간은 확보할 수 있더군요.

　이 시간을 활용해 스스로에게 진지하게 물어야 합니다. '어떻게 하면 대박메뉴를 만들 수 있을까? 어떻게 하면 손님이 더 만족하는 가게를 만들 수 있을까? 무엇을 해야 우리 가게의 인지도를 높일 수 있을까?' 매일 아침 1시간씩 짬을 내 이 질문들에 집중해보세요. 메모하고 아이디어를 기록해 보면 어떨까요? 관련 서적을 읽고 인터넷을 찾아보고 수시로 다른 식당에서 실마리도 구해보고요. 어젯밤 잠자리에서 떠올랐던 아이디어의 끝자락을 붙잡고 주방으로 들어가 보십시오. 손님이 만족하고 다시 찾아오고 싶은 식당으로 만들기 위해 무엇을 해야 하는지를 스스로에게 질문하고 공부하고 답을 찾아 나서는 사장님이 되시길 바랍니다.

3장

성장하는 식당을 위한 노하우

Q40 | 최근에 유행하는 아이템으로 메뉴를 정하는 게 좋을까요?

A 박노진

식당 창업을 할 때 제일 중요하면서도 어려운 게 메뉴 선정이에요. 상권과 맞지 않는 메뉴 선택은 고생길로 향하도록 하고, 한 번 정한 대표메뉴를 바꾸는 일도 상당히 어려우니까요. 그리고 본인의 체력이 약하다면 육체적으로 힘이 많이 드는 메뉴는 자칫 독이 될 수 있어요. 장사가 잘돼도 몸이 못 버티니까요.

메뉴 선정 하나만 봐도 이렇게 고려할 점이 많다 보니 식당하는 사람 입장에서는 아무래도 최근에 뜨는 아이템이 눈에 들어 오게 돼요. 그런데 유행하는 아이템은 더욱 위험 요소가 많아요. 멀리 갈 것도 없이 과거에 유행했던 아이템을 떠올리면 답이 금방 나오는데요. 조개구이, 안동찜닭, 일본가정식, 눈꽃빙수, 프리미엄김밥 등 다양한 메뉴들이 한번씩은 전국적인 붐을 일으켰어요. 특히 안동찜닭은 그 기세가 정말 대단했었는데요. 후미진 뒷골목에서도 쉽게 간판을 발견할 정도였으니까요. 그런데 지금은 어떤가요? 일부러 검색을 해야 겨우 찾을 수 있는 게 현실이에요.

다른 유행했던 메뉴들도 최고 실력자나 최후에 남은 브랜드를 제외하고는 유행이라는 동력을 잃는 순간 표류하거나 일반적인 메뉴가 되어버렸어요. 이런 해석도 가능해요. 어떤 음식이 유행을 타기 시작했다는 정보가 우리에게 오는 걸 주식 투자에 비유하자면, 흔히 하는 이야기로 개미들에게 투자 정보가 퍼지는 순간 이미 주가는 꼭대기에서 미끄러지기 시작했다는 뜻인 거예요. 그 이후 결과는 더 말 안 해도 될 거예요.

이처럼 유행 타는 메뉴를 선택하는 건 주식시장의 정보를 뒤쫓는 것과 비슷하지 않을까요? 물론 실행력과 기획력을 갖추고 감각도 좋은 분이 유행을 좇는 건 새로운 기회가 될 수도 있겠지요. 그런데 이 모두를 갖춘 사람은 매우 드물어요. 한두 번은 성공할 수 있지만 롱런하는 경우는 극소수에 불과해요.

딱 맞는 사례인지는 모르겠지만 이번에 코로나 상황 속에서 배달전문점으로 재빨리 흐름을 타신 분들이 그런 경우에 속하는 듯해요. 2년 사이에 큰 수익을 올린 업체가 많아요. 그런데 유행은 한번 떨어지기 시작하면 마치 부메랑처럼 원래의 애매한 위치로 돌아가게 되어 있어요. 제 지인의 친구도 배달 사업을 크게 해서 단기간에 많은 돈을 벌었다가 최근 코로나가 주춤하고 다시 홀 영업이 활성화되면서 역풍을 맞아 그동안의 수익을 뱉어내고 있는 상황이라고 해요. 유행이 계속 갈 거라는 안이한 생각을 가지고 있다가 갑작스럽게 또는 서서히 바뀐 현실에 대처를 못 하고 허둥지둥하는 거죠.

이렇듯 유행하는 아이템은 분명 기대 이상의 매출 상승을 이룰 가능성이 있지만 예민한 감각과 대처 능력 등 여러 능력과 조건이 맞아야 성공할 수 있어요. 여유자금이 많을수록 유리한 건 당연하고요. 또한 식당에 손님이 몰리더라도 방심하지 말고 출구전략을 잘 세워야 해요. 미리 사업을 매각하거나 유행 타지 않는 대중적인 메뉴를 런칭해서 조화를 이루도록 하는 것도 방법이 될 수 있어요.

트렌드에 따라 영민하게 움직일 자신이 없다면 처음부터 시간이 걸리더라도 대중성이 강한 메뉴를 선택하고 음식의 맛을 완벽하게 잡아야 해요. 음식의 맛을 잡는다는 건 어떤 상황에서도, 가령 대량생산을 해도 맛이 흔들림 없는 상태를 의미해요. 다만 메뉴는 대중적일지라도 분위기와 서비스는 유행을 따라가는 노력이 필요해요. 음식의 품질과 함께 사람들의 발길을 멈추게 하는 요소도 챙겨야 해요. 음식 맛에 그게 뭐든 손님들에게 작은 감동을 선사하는 서비스나 손님들이 자연스레 카메라를 들게 하는 요소가 더해지면 그 식당은 스테디셀러가 될 수 있어요. 운이 좋으면 입소문을 타고 베스트셀러 식당이 될 수도 있고요.

Q41

A 이완성

내가 잘하는 메뉴와 좋아하는 메뉴 중 무엇을 해야 하나요?

결론부터 말하자면 손님이 좋아하는 것을 해야 합니다. 내가 좋아하는 것은 집에서 해 먹거나 밖에서 사 먹으면 됩니다. 적어도 식당을 해서 돈을 벌고 싶다면 철저하게 손님이 좋아할 만한 메뉴를 해야 합니다.

저는 운명과도 같은 돼지갈비와 냉면을 30년 가까이 하고 있지만 이 아이템이야말로 롱런할 메뉴라고 확신하고 있습니다. 돼지갈비와 냉면은 남녀노소 누구에게나 통하는 국민 메뉴라고 생각하지요. 그런데 이 두 음식은 형의 식당에서 우연히 만난 거지 제 의지로 택한 건 아닙니다. 그런 점에서 저는 운이 좋았지요.

특이한 메뉴는 처음에는 호기심에 몇 번 찾을 수 있지만 계속해서 먹지는 않습니다. 적어도 한 달에 한 번 이상 찾는 메뉴가 좋아요. 1년에 한두 번 찾는 특별한(?) 음식은 쉽지 않습니다. 특히 첫 식당을 준비하고 있다면 더더욱 권하고 싶지 않군요.

메뉴의 속성을 이해하기 위해서는 많은 공부가 필요합니다. 혹시 메뉴에도 궁합이 있다는 사실 알고 있나요? 예를 들어 돼지갈비와 함흥냉면, 막국수와 수육, 쫄면과 만두, 짜장면과 탕수육 등은 우리가 자주 같이 먹는 음식입니다. 그런데 여러 음식의 궁합을 맞추는 게 생각만큼 쉽지 않습니다. 얼토당토않은 음식을 조합해 실패한 사례가 부지기수거든요. 겉으로 보기에 그럴듯해 보이고 처음엔 반응이 좋은 것 같다가도 금방 질리는 경우도 적지 않고요.

오동추야에는 양념돼지갈비 외에도 돼지생갈비, LA갈비, 한우명품육회가 있는데요. 돼지갈비는 직접 포 작업을 해서 만들고, LA갈비는 양념돼지갈비를 선호하지 않는 손님을 위해 만든 메뉴입니다. 하지만 LA갈비 양념은 돼지갈비 양념하고 비슷해서 크게 어려운 메뉴는 아니지요. 한우육회를 하면서 육회 비빔밥을 함께 준비했고, 최근에 출시한 한우물회냉면은 기존의 냉면 육수에 한우육회를 결합했기에 이 또한 아주 어려운 메뉴는 아니라고 볼 수 있습니다.

만약에 오동추야에서 내가 좋아하는 돼지국밥을 한다면 어떨까요? 같은 돼지고기를 취급하는데 하면 되지 않을까 싶겠지만 하면 안 된다는 게 제 결론입니다. 내가 좋아하는 메뉴라고 넣는 건 어리석은 선택이 되기 쉽습니다. 달리 말하면 식당의 철학과 정체성이 중요합니다. 이 집이 갈비집인지 돼지국밥집인지 손님들이 헷갈리면 곤란해요. 누가 봐도 이 집은 돼지갈비집, 누가 봐도 돼지국밥집 이래야 전문성이 느껴지고 홍보는 물론 재료 준비도 효과적입니다.

식당은 식당다워야 한다는 게 제 생각입니다. 식당이 무슨 빵집 같거나 사무실 같으면 분위기가 나지 않습니다. 식당다운 식당을 만들고 내가 좋아하는 메뉴보다는 손님이 좋아하는 메뉴를 만들라고 말씀드리고 싶습니다.

Q42 간판은 어떻게 설치해야 잘 보일까요?

A 이완성

사람들 눈에 쏙 들어오는 간판 설치 노하우를 알고 싶다는 게 질문의 요지네요. 예전에는 대체로 간판이 단조로웠습니다. 하얀색 바탕에 빨간 글씨나 까만 글씨가 대부분이었지요. 이제는 과학기술이 발전해서 간판의 종류와 제작 방식도 다양해졌습니다. 동시에 시장 경쟁이 치열해지면서 내 가게의 색깔과 개성을 보다 과감하게 강조하는 데 주안점을 두고 있습니다.

간판의 기본 기능은 뭐니 뭐니 해도 내 가게를 많은 사람에게 최대한 각인시키는 것이지요. 다시 말해 간판은 보는 이로 하여금 편안하고 눈에 띄게 설치해야 합니다. 이때 건물이나 주변의 환경도 무시할 수 없습니다. 골목길에 너무 화려한 네온이나 지나치게 선정적인 간판은 오히려 역효과를 낼 수 있거든요.

요즘은 간판에 관한 규제가 까다로워지면서 기존의 허가된 간판도 불허되기 일쑤인데요. 얼마 전에 오동추야도 민원이 들어와서 전면적으로 간판을 교체했답니다. 이 민원 때문에 적지 않은 시간과 비용이 발생해 속상했지만, 그래도 이참에 새로운 간판을 설치하면서 다시금 초심을 다지는 계기로 삼자고 스스로를 다잡았던 기억이 나네요.

간판은 우리 식당의 개성과 분위기를 전달할 수 있는 가장 보편적이고 기본적인 수단입니다. 좀 과장해서 말하면 간판은 식당 얼굴에 비유할 수 있는데요. 잠재 고객이 우리 식당의 첫인상을 어떻게 가지게 될지 좌우하는 요인이라는 점에서 그렇습니다. 그러니 중요할 수밖에 없습니다. 멀리 갈 필요도 없이 도심 길거리를 잠시만 둘러봐도 간판 천지입니다. 때문에 수많은 간판 중에 눈에 띌 수 있다면 일단 성공이에요. 멋진 간판을 보고 손님이 들어올 수 있으니 간판으로 50% 먹고 들어갈 수도 있습니다.

간판을 어디에 어떻게 설치하는지도 중요하지만 그 안에 무엇을 표현할지도 중요합니다. 일반적으로 간판에 많은 내용을 담을 수는 없습니다. 따라서 우리 식당의 본질 내지는 고객에게 꼭 전하고 싶은 핵심을 보기 좋게 표현해야 하는데요. 무엇보다 간판에 무엇을 판매하는지 명확해야 합니다. 눈에 띄기는 하는데 도대체 무엇을 하는 곳이고 또 뭘 판매하는지 알 수 없다면 실패입니다. 눈에 띄고 보기 편하고 우리 가게의 개성을 잘 살린 간판이 최고라는 말입니다. 여기에 더해 주변 환경과 조화롭고 무엇을 파는 집인가를 잘 생각해서 디자인을 입히면 좋지요.

간판 제작도 전문 분야입니다. 디자인은 둘째치고 간판 종류만 해도 플렉스 간판, LED 채널 간판, 스카시 간판, 돌출 간판, 네온사인 간판 등 다양해서 이 중에서 무엇을 선택할지 고르는 일도 쉽지 않습니다. 여기에 더해 간판은 실내보다 외부에 설치하는 경우가 압도적으로 많다 보니 적절한 설치 위치와 주변 환경과의 조화, 간

간판 조명만 교체했는데 가시성이 훨씬 좋아졌다.

판의 내구성 등 고려할 요소도 많고 까다롭습니다. 그러므로 유능한 전문가나 업체의 도움을 받는 게 현명합니다. 또한 간판 관련 법령은 담당 공무원들도 헷갈릴 정도로 복잡하기로 유명한데, 실력 있고 경험 많은 간판 전문가는 관련 규제와 법규에도 해박하니 이 점도 도움이 됩니다.

발품을 팔아서라도 믿을 수 있는 간판 제작업체를 찾는 게 돈과 시간을 아끼는 길입니다. 주변에 두루 물어보고 여러 업체와 직접 접촉해봐야 합니다. 간판 제작업체를 고를 때는 '옥외광고사업등록증'을 가지고 있는지 확인하는 일도 필수입니다.

Q43 상표등록은 꼭 해야 하나요?

A 이완성

고객은 기능이나 설명보다는 브랜드 또는 상표로 제품을 인식하는 경향이 있습니다. 아무리 좋은 제품이라 할지라도 고객에게 브랜드로 각인되지 않거나 이미지가 좋지 않으면 그 제품이나 회사는 오래가지 못합니다. 많은 기업이 잠재 고객들에게 브랜드를 알리기 위해 큰 비용과 시간을 투자하는 이유입니다.

식당이 브랜드 자산을 쌓는 기본적인 방안 중 하나가 상표등록입니다. 그럼 상표등록을 하지 않았을 때의 불이익을 알아보죠. 첫째, 타인이 내 브랜드를 도용했을 때 소유 권한을 주장할 수 없습니다. 둘째, 타인이 우리 브랜드를 도용하여 질 낮은 상품과 서비스를 제공해 우리 브랜드의 이미지에 손상을 입힐 수 있습니다. 셋째는 두 번째와 반대되는 일인데 타인이 내 브랜드를 표절해서 품질이 비슷하거나 더 좋은 상품력을 갖췄을 때는 고객을 뺏길 수 있습니다. 이런 일들을 미연에 방지하기 위해서라도 상표등록을 해야 합니다.

오동추야도 2006년에 상표등록을 마쳤는데요. 하지만 인터넷에서 오동추야를 검색하면 꽤 많은 식당을 찾아볼 수 있습니다. 법적으로 해결할 수도 있지만 대부분 작은 가게라서 아직까지는 소송 등은 생각하지 않고 있습니다.

좋은 상표는 손님들에게 긍정적인 인상을 남길 수 있기 때문에 상호나 상표는 신중하게 지어야 합니다. 요즘은 인터넷으로 손쉽게 상표등록을 할 수 있으니, 일단 자신이 지은 상표가 등록이 가능한지 알아보고 등록 여부를 판단하면 됩니다. 2022년 봄에 오픈한 육탐미도 상표출원을 냈는데 최종 등록까지 약 1년의 시간이 필요합니다. 실제 등록은 본인이 직접 해도 되지만 시간을 아끼고 스트레스를 받지 않고 싶다면 전문업체나 변리사에게 의뢰하기를 추천합니다.

요즘도 상표등록을 하지 않아서 가게 이름을 빼앗기거나, 상표를 도용당했다는 언론 기사를 심심찮게 접하게 되는데요. 본인이 애써 지은 간판을 내리거나 내 상호를 쓸 수 없다면 얼마나 억울하고 분할까요. 억울한 상황에 처하지 않기 위해 선제적으로 등록 절차를 진행하여 권리를 취득하고, 안정적으로 사업을 영위해 나가길 바랍니다.

Q44
A 이완성

효과적인 벤치마킹
방법을 알고 싶어요

저는 꽤 오래전부터 벤치마킹을 꾸준히 해왔지만, 처음엔 벤치마킹이 뭔지도 모르고 했습니다. 실제로 초창기 벤치마킹 방식은 주먹구구에 가까웠고 내용도 피상적이었어요. 식당에 들어가 스윽 살펴보고 대표메뉴를 시켜서 맛보고 눈에 띄는 게 있으면 사진 찍는 게 전부였으니까요. 그래도 이제는 10년 넘는 벤치마킹 경험이 쌓이면서 나름 노하우가 생겼답니다.

일단 벤치마킹에 임하는 태도가 중요한데요. 달리 말하면 목적의식이 확실해야 해요. 내가 그 식당에 가서 하나라도 제대로 배우고 와야겠다는 의지를 가져야 합니다. 벤치마킹은 그저 식사하러 가거나 친목 모임에 참가하는 것과는 차원이 다른 자세로 임해야 해요. 벤치마킹을 하는 동안 '우리 가게에 무엇을 어떻게 적용할 수 있을까?' 스스로에게 계속 질문하고 고민해야 합니다.

예를 들어 찾아간 식당의 후식코너에서 아이스크림과 뻥튀기가 인상적이었다면, '잘해놨네'나 '좋네'가 아니라 다음 날 바로 아이스크림과 뻥튀기 기계를 알아볼 정도는 되어야 해요. 어떤 반찬이 매력적이었다면 본인 주방에서 만들어 보고 새롭게 응용도 해봐야 하고요. 음식에 자신이 없다면 박노진 대표와 '월간 외식경영' 김현수 대표처럼 메뉴개발실을 운영하는 전문가에게 도움을 받는 것도 방법입니다.

두 번째로 어떤 식당에 벤치마킹을 갈 때 가급적 혼자가 아닌 여러 분야의 외식인과 동행합니다. 같은 식당을 가도 요리사와 식당 경영자, 인테리어 전문가, 마케팅 전문가의 시선이 각기 다릅니다. 음식 맛부터 메뉴 구성, 식재료와 조리법, 음식 담음새와 상차림, 접객 서비스, 인테리어에 이르기까지 각자의 관점과 생각이 달라요. 특히 전문가의 안목에서 나온 이야기는 배울 점이 분명 있습니다. 그래서 다양한 외식 전문가들이 서로의 느낌과 생각을 나누고 공유하는 자리는 여러모로 유용합니다.

각자의 전문성을 가진 이들과 함께하는 벤치마킹은 한 식당을 입체적으로 분석할 수 있다는 점에서 혼자 하는 것에 비해 효과가 상당합니다. 한 마디로 '살아 있는 교육'이라고 할까요. 실제로 저는 다양한 분야의 전문가들과 벤치마킹을 다니면서 음식만이 아니라 식당의 여러 요소들, 즉 인테리어, 메뉴판, 마케팅, 주인의 철학 등 하나의 식당을 체계적으로 분석하는 눈을 뜰 수 있었습니다. 특히 공부하는 식당 주인과 외식 전문가들은 확실히 수준이 다르더군요. 그들과 인터뷰하고 대화 나누는 것만으로도 아주 좋은 자극이 되고 있습니다.

효과적인 벤치마킹을 위한 세 번째 노하우는 기록입니다. 벤치마킹을 다녀오면 반드시 기록으로 남겨야 합니다. 그냥 메모하는 수준이 아니라 제대로 써야 해요. 내가 관찰하고 느끼고 배운 점은 물론이고 함께 간 외식인들, 그들의 시선과 느낌과 생각, 서로 공유한 내용도 종합해서 정리합니다. 꾸준히 기록을 해보니 사유는 기록과 함께 자란다는 걸 알게 되었습니다. 아이디어와 교훈을 기억하기 위해 기록하는 것도 맞지만, 기록을 통해 새로운 아이디어가 떠오르고 교훈이 다듬어지고 선명해집니다. 다음에 첨부한 '벤치마킹 업소 체크리스트'를 참고하기 바랍니다.

벤치마킹 업소 체크리스트

매장명	○○○○○	방문일시	20XX.12.5		
영업시간	11:30 - 22:00	매장위치	경기도 ○○시 ○○동		
동반고객	지인 1명	네이버 노출정도	**상**	중	하
주문메뉴	갈비 정식	SNS 노출정도	상	**중**	하

운영	고객특성	주부(평일점심), 가족(주말)
	가성비	8,000원 청국장(上), 나머지는 별로
	회전율	점심(0.5 회전?)
	객단가	점심(10,000원 정도)
맛	맛과 향	나름 매력은 있음
	음식 제공시간	빨리 나오는 편(10분 이내)
	메뉴판 분석	1장으로 구성되어 있어 가독성이 좋음
	주관적 평가	맛있음, 갈비&청국장 좋았음
위생	주방, 종업원	청결한 편이지만 직원 유니폼이 통일되지 않았음
	식기, 식공간	잘 정리되어 있음
	화장실 청결	깨끗함
서비스	홀, 종업원	친절함(직원은 사모님에 비해 수동적임)
	주인 인심	별도의 서비스는 없음 그러나 넉넉한 느낌
가격	가격대 만족도	제주갈비 정식(下), 청국장(上)
동반고객	동반고객	수원 ○○식당 사장님
재방문의사	재방문의사	있음, 그러나 제주갈비 정식은 비추천

벤치마킹 업소 체크리스트

예약	주차장	호출기	대기석	업셀링
음악	조명	디자인	스토리	이벤트

벤치마킹 포인트

1) 제주돼지, 한돈 인증점이라 신뢰가 있음
2) 10년간 한 곳에서 영업해서 인지도도 높음
3) 청국장과 돼지갈비의 조화가 잘 어우러짐
4) 그러나 베스트 메뉴였던 '만원의 행복'이 가격 인상으로
   점심영업이 심각한 타격을 받았음 (10,000원 → 12,000원)
5) 킬러 콘텐츠가 부족함 (10년 내외의 점포들이 갖고있는 공통점 같음)

우리 가게 접목 아이디어

1) 역시 점심은 밥을 중심으로 세팅되어야 함!
2) 가성비 메뉴 → 점심 / 주말 / 저녁 / 배달 순환 고민 필요함
3) 한정식에 돼지갈비를 접목할 수 있을까?
4) 스토리 구성력이 좋았음
   → 1층 ○ ○ ○ 부대찌개
   → Take out 메뉴 설명

식당 경영자에게 꼭 필요한 태도가 있을까요?

한 마디로 성공에 대한 압박감에서 벗어날 줄 알아야 합니다. 이를 위한 가장 좋은 방법은 식당 주인이 점수보다 게임에 몰두하는 겁니다. 축구 경기를 예로 들어 보죠. 2006년 독일 월드컵에서 한국 대표팀은 첫 경기에서 원정 첫 승을 올렸습니다. 당시 대표팀을 이끈 딕 아드보카트 감독은 우리가 2대1로 역전을 한 다음 거의 20분가량을 백패스를 하면서 공을 돌리게 했고 한국은 승리했습니다. 그러나 첫 시합을 단순히 이기는 데 만족한 나머지 한국은 결국 16강에는 실패했습니다.

감독의 마음을 모르는 바는 아닙니다. 그러나 저는 잘못된 결정이었다고 생각합니다. 그에 비해 열두 번째 전사인 붉은 악마는 한국 대표팀의 경기 내내 엄청난 게임 집중력을 보이면서 길거리 응원의 진수를 보여주었습니다. 정작 경기를 뛰는 선수는 결과에 발이 묶여 있었던 반면 관전하는 팬들은 경기에 몰입했던 것이죠. 그래서일까요, 세계의 언론들은 한국 대표팀의 경기보다 붉은 악마들의 열정적인 응원에 더 많은 관심을 표하기도 했지요.

금메달은 여러 사람에게 돌아가지 않습니다. 오직 한 명의 선수나 팀에게 자격이 주어집니다. 남들과 똑같이 해서는 받을 수 없는 무엇이 있었기에 금메달을 차지하는 것입니다. 무엇보다 오직 경기 그 자체에 몰입할 때 최상의 실력을 발휘할 수 있습니다. 경기를 즐겨야 하고 경기 중에 투지와 전투력을 높여나가는 과정을 통해 값진 승리를 쟁취하는 것이지요. 팬들은 멋진 경기를 보면서 열광하고 승자와 패자에게 힘찬 박수를 보냅니다.

경기하는 도중에 선수들이 스코어에 신경 쓰다 보면 경기의 내용이 떨어지게 됩니다. 관중들은 그런 경기가 반복되면 다시 경기장을 찾지 않습니다. 승패와 관계 없이 게임 그 자체에 몰입하는 스포츠에 열광하는 관객들을 생각해보십시오. 역사에 남은 명승부와 명장면은 항상 전적인 몰두에서 나왔습니다.

식당 경영도 다르지 않습니다. 오늘 얼마를 팔았는지에만 관심이 있는 식당은 오래가지 못합니다. 즐거운 마음으로 식사하러 온 손님을 한 명당 얼마짜리 돈으로 보는 식당은 자멸합니다. 그런 식당은 손님이 자리를 조금만 오래 차지하고 있으면 눈치를 줍니다. 빨리 나가야 회전율을 높일 수 있기 때문에 쫓아내듯이 손님을 내몹니다. 아무도 다시는 가고 싶지 않습니다. 대부분의 식당 경영자는 손님보다 돈을 좋아합니다. 승리하는 데 급급해 점수를 지키려 공을 돌린 그날의 축구 대표팀처럼 말이죠. 그런데 그것은 단지 손님 머릿수를 세는 장사꾼이지 식당을 찾아준 손님에게 감사하는 경영자가 아님을 알아야 합니다.

물론 손님을 먼저 생각하는 경영이 마음만으로 이루어지는 건 아닙니다. 실제 현장에서 손님 한 분 한 분을 상대로 실현되려면 경영자와 직원들의 마음과 정성을 바탕으로 한 다양한 요소들이 조화를 이뤄야 합니다. 손님을 가장 먼저 생각하며 식당 비즈니스의 중심에 놓고 운영하는, 고객 중심 경영의 틀을 생각해야 한다는 말입니다.

지키는 경기나 비기기 위한 경기에서 선수들의 움직임은 활발하지 않습니다. 결코 멋진 경기를 기대할 수 없습니다. 이것은 결과가 목적일 수 없음을 의미합니다. 손님의 머릿수만큼 들어오는 돈이 식당 비즈니스의 목적일 수 없다는 뜻과 하나도 다르지 않습니다. 경기의 목적이 좋은 경기 그 자체이듯 식당의 목적은 손님들이 좋아하는 식당을 만드는 것입니다. 경기하는 동안 몰입과 열정이 중요하듯, 손님이 좋아하고 즐겨 찾는 식당을 만드는 것도 과정과 노력 그 자체가 중요합니다.

Q46 맛있는 음식과 다양한 경험을 파는 식당을 추천해주세요

A 박노진

사람들이 식당에 가는 이유는 여러 가지입니다. 그중에 음식의 맛도 중요하지만 다양한 경험을 중시하는 손님들도 많습니다. 맛집으로 널리 알려진 경기도 구리시 수택동에 위치한 '청춘집'은 '1988년 시간 속으로 여행' 체험 콘셉트로 행복한 시간을 파는 냉동삼겹살 전문점입니다.

청춘집에 들어가면 자개농, 앰프, 전자밥통, 막걸리 주전자, 은박 지구이판, 말뚝박기 사진, 교복 등이 눈에 들어오면서 나이 든 아재가 과거 시간 속으로 여행을 가게 만듭니다. 여기에 메뉴 궁합도 수택동의 레트로 분위기와 잘 맞습니다. 냉동삼겹살, 돈차돌, 시골청국장, 고소계란밥, 쫄면순두부가 식사와 술을 함께 부르게 구성했어요. 80년대 분위기에 젖어 뭔가 어어 하는 상황에 한잔 두잔 하다가 꽤 취해서 나갈 것 같은 냉삼맛집. 이게 청춘집이 취한 포지셔닝이 아닐까 싶습니다.

첫인상부터가 장난 아니에요. 알록달록한 가게 내부가 무슨 전파상도 아니고 얼핏 촌스럽긴 한데 그렇다고 불편한 느낌도 아니면서 뭐랄까, 그리운 한때를 떠올리게 한다고 할까요. 아재 감성에는 취향저격입니다. 수택동이라는 오래된 골목 자체가 풍기는 이미지가 약간 옛스럽다는 점을 감안하면 어쩌면 청춘집은 자연스럽게 레트로 스타일을 살린 냉동삼겹살 맛집으로 자리매김하고 있는 게 당연하다고 보여집니다. 실제로 청춘집의 황순호 대표도 "수택동 좁은 골목길에서 사귄 오래 가까이 두고 싶은 벗처럼 인테리어 소품 하나부터 음식까지 브랜드화시켜서 고객에게 행복한 경험을 만들어주는 맛집을 경영 목표로 삼고 있다"고 말합니다.

이미 언급했듯이 청춘집은 '1988년 시간 속으로 여행'이라는 콘셉트에 모든 게 맞춰져 있습니다. 그래서일까요, 사진 각이 잘 나옵니다. 철저하게 기획된 느낌이 들지만 불편하게 보이지는 않습니다. 한 마디로 인스타그래머블(Instagramable)한 공간기획이 돋보여 인스타그램을 통한 고객 유입도 꽤 활발하게 일어나고 있습니다. 가게 내부에 "청춘집을 어떻게 찾아오셨나요?"라는 질문에 스티커로 답하는 보드판이 놓여 있는데 여기에 네이버와 지인 추천이 압도적으로 많습니다. 그런데 이게 인스타와 밀접한 관련이 있습니다.

최근 대세 트렌드는 유튜브와 인스타입니다. 여기에서부터 고객들은 맛집을 검색합니다. 그리고 네이버와 지인 추천을 통해 최종 방문지를 결정하지요. '기승전 네이버'가 정답인데 '기' 초기에 인스타가 있다고 보면 틀림없습니다. 그리고 "어디서 오셨나요?"라는 또다른 보드판을 잘 살펴보면 청춘집이 위치한 수택동 외에 서울과 남양주가 꽤 많습니다. 이건 단순히 입소문만으로 될 수 없는 모습입니다. SNS를 통해 2차 상권, 3차 상권에서 고객들이 찾아오는 현

가게 외부와 내부 인테리어, 메뉴 구성까지 모두 레트로 콘셉트로 기획한 '청춘집'.

상을 보여주는 증거죠. 달리 말해 온라인 마케팅 수단인 인스타그램과 페이스북을 통해 정보를 접하고 네이버 블로그와 플레이스를 통해 검증 확인한 후 방문하는 패턴에서 한치도 벗어나지 않습니다.

청춘집에는 독특한 메뉴가 여럿 있습니다. 계란밥과 명란은 그렇다고 하더라도 웬 청국장? 게다가 쫄면순두부까지. 계란후라이가 2개나 들어 있는 계란밥은 버터랑 함께 비벼 먹어야 맛있다고 하는데, 이런 게 요즘 트렌드인가 싶습니다. 여왕명란은 짜지 않고 고기랑 함께 싸 먹으면 진짜 맛있어요. 청양고추를 넣은 간장에 냉삼을 푹 담궈서 먹어야 더 맛있다고 합니다. 간장에 계속 손이 가서 물어보니 비법이라고 하는데 맛집의 공통점 중 하나인 좋은 간장을 쓰는 것 같습니다. 쫄면순두부는 냉삼과 잘 어울리는 환상의 짝입니다. 순두부찌개의 굵직한 맛과 면의 조합이 술을 부르는 조합, 여기에 젊은 고객들이 별로 찾지 않을 것 같은 청국장도 수택동이라는 골목과 꽤 잘 어울립니다. 부조화의 조화가 묘한 매력을 던져주는 곳입니다.

아직도 여인숙이 있는 골목, 점집들이 많은 수택동 주택가상권 1층에 자리한 청춘집. 철저하게 '#구리냉삼 #구리냉동삼겹살 #구리삼겹살' 키워드를 사용하는 청춘집은 '1988년 시간 속으로 여행', '누구나 사진 찍고 싶은 즐거움이 있는 가게'를 모토로 잘 만들어진 맛집입니다. 독특한 분위기와 체험으로 승부를 보고 싶다면 벤치마킹해봐야 할 식당입니다.

Q47 외식업을 지배하는 가장 큰 욕망은 무엇인가요?

A 박노진

얼마 전 꽤 돈을 번다는 변호사를 만난 적이 있습니다. 지인들이 모두 인정할 정도로 성실한 분인데 만나서 나눈 대화가 의외로 충격을 주었지요. 그는 법조 시장의 치열한 경쟁으로 인해 변호사가 제대로 살아갈 길이 없다면서 부업으로 외식업을 하고 싶다고 했습니다. 그가 제게 만남을 요청한 이유입니다.

그는 마실을 보니 시스템으로 돌아가는 것 같아서 꼭 해보고 싶다고 했습니다. 그래서 제가 물었습니다. "아니, 그렇게 돈을 많이 벌었다고 소문이 자자한데 얼마나 더 벌려고 그러시냐?" 했더니 법조 서비스 바닥은 그렇게 많이 버는 시장이 아니랍니다. 돈을 더 벌어야 한다는 겁니다. 왜 그런지 물어보니 "자본주의 사회에서 돈이 최고다. '이념'과 '주의'보다 돈이 우선이다"라는 말을 했습니다.

누구나 처음 외식업에 뛰어들 때는 돈을 벌려고 시작합니다. 시간이 흐르며 누구는 망하고 또 누구는 돈을 많이 벌기도 합니다. 그렇게 많은 군상이 지금 이 시각에도 부나방처럼 외식업의 현장으로 뛰어듭니다. 그렇습니다. 외식업을 시작하는 사람의 욕망은 자기실현보다는 많은 돈을 벌기 위해서 또는 먹고살기 위해서입니다.

그럼 왜 돈을 버는가? 많은 이가 돈이 사람의 인생을 바꾸어 줄 수 있다고 믿기 때문입니다. 물론 돈이 전부는 아니겠지만 돈으로 인생의 여러 문제를 좀 더 잘 풀어낼 수 있다고 믿고 있지요. 아울러 돈이 있으면 더 많은 사람을 만날 수 있고, 멋있는 곳에서 살 수 있고, 자신이 좋아하는 일에 맘껏 빠져들 수 있기도 하고요. 또 있군요. 하루 세끼 원하는 걸로 고급 식당에서 밥을 먹을 수도 있네요.

과연 이러한 돈 많은 삶이 우리의 가치를 충실히 채워줄지는 의문입니다만 지금 시대 사람들의 가장 큰 화두는 돈이라는 점은 부정하기 어려울 듯싶습니다. 앞으로도 상당 기간 이로부터 자유로울 수 있는 사람이 얼마나 될지도 모르겠고요.

돈을 많이 벌겠다는 생각은 외식업뿐만 아니라 어느 직종, 어느 세대에도 만연하고 있습니다. 특히 외식업은 비교적 쉽게 접근 가능한 낮은 문턱으로 인해 인생 2막을 시작하는 분들에게 마지막 보루 같은 방법이면서도, 또 다른 한편으론 돈을 많이 벌 수 있을 거란 막연한 기대를 품게 하는 것 같습니다.

제가 보기엔 위기에 몰려 대안이 없을 때 선택하는 일이면서도 한편으로는 돈을 더 많이 벌기 위해서 하겠다는 어쩌면 너무나도 다른 두 욕망이 외식업을 대표하는 것 같습니다. 그러다 보니 나눔, 가치, 착한 돈보다는 장사를 하면서 특별한 대우나 대접을 받으려는 외식업의 일반적인 모습들이 떠오릅니다. 물론 자신이 몸담은 분야에서 대우받고자 하는 건 당연한 욕망일 겁니다. 더 솔직하게 외식업의 욕망에 대해 이야기하다 보면 공부하지 않고 준비하지 않으면서 쉽고 간단한 레시피나 마케팅 방법으로 돈을 많이 벌려고만 하는 그런 모습들이 떠오릅니다.

'외식업을 지배하는 가장 큰 욕망은 무엇인가?', 이 질문은 실제 음식 장사에 별 도움이 안 될지도 모릅니다. 하지만 식당 주인이라면, 그리고 앞으로 오랜 시간 식당을 경영해 나갈 마음이라면 가치 없이 돈만 추구하는 외식업 풍토에 대해서 한 번쯤 스스로를 솔직히 성찰해 보는 시간이 필요합니다. 아울러 나는 어떤 욕망과 동기를 가지고 있는지, 어떤 식당을 만들고 싶은지도 고민해봐야 합니다. 이를 바탕으로 식당 사장으로서의 궁극적 비전과 꼭 달성하고 픈 미션, 중시하는 핵심가치, 그리고 우리 식당의 경영원칙을 정립해 보기를 꼭 권하고 싶습니다.

Q48 | 식당 경영자에게 데이터가 중요한 이유가 궁금해요

A 박노진

여러 이유가 있지만 여기서는 제 이야기로 답을 대신할까 합니다. 2005년 첫 식당인 고깃집이 망하고 마실을 시작하기 전까지 약 6개월간 쉬었습니다. 말이 쉬는 거였지 거의 반강제적인 실업자 신세였습니다. '왜 망했을까? 나는 망하면 안 되는 사람인데⋯' 속으로 곱씹었습니다. 망하면 안 되는 사람인데 결과는 참담했지요. 인정할 수 없는 패배 앞에서 술과 담배로 시간을 보냈지만 마음은 풀어지지 않더군요.

지금은 작고하신 구본형 선생님을 만나 변화경영연구원으로 책 읽기와 글쓰기를 하면서 조금씩 응어리가 풀리기 시작했습니다. 그때부터 본격적으로 외부의 원인보다 저 자신에게서 고깃집이 망했던 원인을 찾아보게 되었습니다.

2000년대 초반은 포스가 막 보급되던 초창기여서 매출을 분석하거나 원가관리 같은 개념이 거의 없었습니다. 당연히 저도 그냥 손님이 많으면 됐지 숫자나 분석이 왜 필요한지 몰랐지요. 그때 세무사무소에서 정년퇴직한 분을 만났습니다. 그분이랑 친해져 자주 만나며 제 고민을 털어놓았어요. 이 만남이 비즈니스와 수치라는 개

넘을 처음 배우는 계기가 되었습니다. 변화경영연구원으로 공부하면서 글로 생각을 정리하는 것을 배웠고, 이어서 숫자로 비즈니스를 분석하게 된 것이었죠.

저는 처음부터 원가관리에 관심이 많았습니다. 아무리 많이 팔아도 돈이 남지 않으면 아무 소용이 없으니까요. 겉으로 남고 속으로 밑지다 망한 고깃집의 경험도 작용했던 것 같습니다. 마실을 시작하면서 컴퓨터의 엑셀 프로그램으로 매출과 매입을 기록하기 시작했지요.

아직도 기억나네요. 영업 첫 달 매출 대비 재료비가 32%였습니다. 나중에 매출이 두 배 정도 올랐을 때는 27%까지 떨어지는 걸 보고 똑같은 메뉴인데도 원가율이 다른 이유가 궁금해지기 시작했습니다. 또 매출이 등락할 때 순이익은 어떻게 변하는지도 궁금하더군요. 어떤 날은 손님이 많고 또 어떤 날은 손님이 적잖아요? 그럼 이건 왜 그런지도 궁금해지고요. 이런 질문들이 하나둘 계속 늘어나고, 저는 질문의 답을 너무 알고 싶었습니다. 그렇지만 알려주는 사람도 없고 물어볼 데도 없었어요. 그러니 엑셀로 하루하루의 매출과 사입하는 재료들, 메뉴별 판매 현황만 기록하는 수밖에요.

그렇게 10년의 시간이 지나고 경험이 쌓일 만큼 쌓이자 비로소 데이터가 주는 대략의 의미를 이해할 수 있게 되더군요. 알고 보니 숫자를 찾아내고 기록하는 일은 시작일 뿐이었습니다. 계속 연구해보니 데이터경영의 활용 범위는 그야말로 무궁무진하다는 걸 알게 되었습니다. 일례로 한식 식당의 매출 황금 비율부터 적정 원가율,

실시간 원가관리, 손익프레임, 수익률, 매출을 움직이는 지표들에 이르기까지 데이터경영을 통해 숫자와 숫자를 연결해 의미를 해석함으로써 새로운 성장 요인과 문제 해결의 돌파구를 찾아낼 수 있습니다. 또한 우리 가게가 나아가야 할 방향도 데이터경영을 통해 정립할 수 있습니다.

매출의 황금비를 찾아내다			
	점심 매출	저녁 매출	주말, 공휴일 매출
2011.09	33	35.6	31.3
2011.11	33.5	28.8	37.6
2012.01	31.7	31.9	36.2
2012.03	27.9	34.7	37.2
2012.05	29.8	31.5	38.5
2012.07	30.7	31.4	37.8
2012.09	29.8	28.9	41.2
평균	30.9	31.8	37.1
매출분포비율	30%	30%	40%

한식 식당 매출 황금 비율표

데이터경영의
가장 큰 효과는 무엇인가요?

데이터경영을 통해 안정적인 손익프레임을 구축해놓으면 그다음부터는 외부환경의 변화에 선제적 대응이 가능합니다. 기본적으로 데이터경영은 순이익과 관련된 매출, 재료비, 인건비, 일반경비의 분석부터 시작해야 해요. 매출이 높고 낮음을 떠나서 재료비, 인건비, 일반경비 중에서 어떤 요소가 순이익에 가장 큰 영향을 미치는지 파악해야 해요.

편의상 어떤 식당의 순이익이 매출 대비 20%라는 전제로 이야기해볼게요. 가령 매출이 100% 일 때 재료비 30%, 인건비 30%, 일반경비 20%이면 순이익이 20%가 나오게 될 텐데요. 물론 업종과 매출 규모에 따라 구체적인 비율은 식당마다 조금씩 달라요. 즉, 업종에 따라서 재료비 45%, 인건비 15%가 되는 곳도 있고요. 재료비 20%, 인건비 40%가 되는 식당도 있을 수 있어요.

먼저 우리 식당의 재료비와 인건비, 그리고 일반경비가 어느 정도 수준을 유지하고 있는지 파악해요. 비용 구조를 정확하게 알고 있어야 하는 또 다른 이유가 있는데요. 내년에 최저시급이 조금이라도 오르면 우리 식당은 어떤 영향을 받을까요? 인건비가 현재

40%라면 내년에는 그 이상으로 44% 정도로 인건비가 높아질 확률이 크다는 걸 예상할 수 있어요. 그러면 지금 같은 조건이라면 자동적으로 순수익도 그만큼 줄어들게 될 거예요.

인건비가 오르면 식자재비도 오를 가능성이 높아요. 인건비만큼 오르진 않더라도 식품 제조공장의 인건비가 올라가는 만큼 일정 비용은 구매자인 식당으로 넘어온다고 보는 게 합리적이에요. 최저시급처럼 이 부분도 식당 주인이 결정할 수 있는 게 아니에요. 그렇다면 철저하게 분석을 해도 할 수 있는 게 없는데 왜 하는지 의문이 들수 있어요. 그렇지요?

결론부터 말하자면 현실을 파악하고 순수익을 유지할 방법을 찾기 위해 데이터 분석이 필수적이에요. 매년 인건비와 식자재비가 오르는 상황에서 아무런 대안을 마련해 두지 않으면 적지 않은 식당이 수년 안에 문을 닫아야 할 거예요. 실제로 신규 창업하는 식당들이 3년을 채 못 버티고 폐업하는 이유 중 하나이기도 해요.

최악의 상황을 피하려면 현실을 정확하게 파악하고 순수익을 어디에서 더 만들지 선제적으로 궁리해야 해요. 예를 들어 재료비를 낮추기 위해서 더 저렴하고 맛있는 재료를 부지런히 찾아서 대체하는 방안을 찾아봐야 해요. 인건비도 로봇과 키오스크 등을 도입하거나 주방과 홀 동선을 효율적으로 업그레이드해서 절감 효과를 노리고요. 일반경비의 경우 고정비용에서 절감할 수 있는 틈새는 없는지 샅샅이 찾아봐야 해요. 이런 작업들이 쌓이면 적지 않은 순이익을 추가로 만들어 낼 수 있어요. 이런 연구를 2~3년 하면서 어떻게든 순수익을 유지하려고 노력하다가 최후의 보루로 선택하는 게 가격 인상이라고 저는 생각해요. 그래야 가격을 올려도 손님에게 당당할 수 있어요.

이 모두가 가능하기 위해서는 거듭 강조하건대 우리 식당을 정확하게 알고 있어야 해요. 100% 정확하게 파악을 하는 게 힘들다면 그래도 최대한, 아니 90% 이상은 파악할 수 있어야 해요. 그래야 하루살이 같은 장사에서 벗어나서 장기적인 관점으로 먼 미래를 보면서 장사할 수 있어요. 요즘처럼 급변하는 시장에서는 식당 경영에서도 나무만 보지 않고 숲을 보는 안목이 점점 더 중요합니다.

Q50

A 박노진

데이터경영에서 꼭 기억해야 할 세 가지를 알려주세요

외식업은 음식이나 음료 같은 먹을거리를 손님들에게 제공하고 그 대가로 돈을 버는 장사입니다. 데이터는 이러한 장사를 잘할 수 있도록 도와주는 역할을 합니다. 우리는 학교에서 수학을 너무 어렵게 배웠습니다. 그러다 보니 현금으로 돈 세는 건 좋아하는데 이것을 숫자로 표현하는, 즉 회계로 풀어내는 일은 힘들어 합니다.

장사하다 보면 어쩔 수 없이 회계 용어와 손익계산 분석 같은 내용을 알아야 합니다. 돈은 들어오고 나가는데 이게 우리 가게에 어떤 영향을 주는지 사장인 내가 모르면 안 되니까요. 그래서 **데이터경영의 첫 번째 포인트가 우리 가게의 하루하루를 숫자로 느끼고 인식하는 일입니다.** 어렵고 복잡하다고만 생각할 필요가 없습니다. 처음엔 하루에 1시간, 경험이 쌓이고 노하우가 생기면 하루 15분을 투자하면 나도 모르게 자연스럽게 익혀집니다. 그런 과정이 한 달 두 달 지나면 서서히 장사하는 전반적인 모습이 한눈에 들어옵니다.

장사의 신들은 가게 어디에 무엇이 있는지, 언제쯤 뭘 해야 하는지 눈으로 보지 않아도 귀신 같이 압니다. 쌀은 언제쯤 주문해야 하고, 냉장고 어디에 김치찌개용 묵은지가 얼마만큼 남아 있는지 파악하고 있지요. 한 마디로 가게의 모든 것이 머릿속에 입력된 척척

박사 같습니다. 막힘이 없지요. 이런 모습을 저는 '조감적 사고'를 가졌다고 말합니다.

조감적 사고가 데이터경영의 두 번째 핵심입니다. 조감적 사고는 매가 사냥하는 모습을 생각하면 딱 맞습니다. 매는 하늘에서 천천히 날다가 잡아야 할 짐승을 포착하면 전광석화같이 낚아챕니다. 하늘에서 어디에 먹잇감이 있는지, 어떤 짐승이 사냥하기 좋은지 한눈에 살펴 공격합니다. 데이터경영을 하면 비로 이런 매의 시각을 가질 수 있습니다. 매출현황, 원가분석, 예상수익이 한눈에 들어온다는 것이죠.

매출을 올리기 위해 어느 부분에 파열음을 내야 하는지, 또 적정 원가를 유지하기 위해 어떤 재료의 사입을 줄이고 늘려야 하는지 한눈에 보입니다. 제 수업에서 사용하는 '데이터일보'는 바로 이러한 조감적 사고를 가능하게끔 만들어졌습니다.

장사라는 건 하루아침에 흥하고 망하는 사업이 아닙니다. 처음부터 잘되면 좋겠지만 그런 경우는 극히 드물고, 외식시장은 그야말로 전쟁터입니다. 그래서 어떻게 하면 장사가 잘될까 고민하고 공부하면서 무엇인가를 꾸준히 개선해 나가는 게 아주 중요합니다. 맞습니다. 매일 손님이 좋아할 만한 것을 조금씩 만들어가는 것. 리뉴얼이라고도 하고 개선이라고도 하는 이 작업이 외식업에서는 정말 중요합니다.

새로운 메뉴를 개발했다고 무조건 대박이 나는 건 아닙니다. 그렇다고 오늘 개발하고 내일 폐기할 순 없습니다. 짜다면 염도를 조금 줄이고 달다면 당도를 낮춰야죠. 담음새가 예쁘지 않다면 이렇게도 저렇게도 담아보면서 손님이 좋아할 만한 음식으로 만들어가는 게 우리네 외식업의 일상이 아닐까 싶습니다. **이렇게 매일 조금씩 무엇인가를 개선해 가는 일.** 데이터경영도 우리 가게를 찾아오는 손님들의 만족도와 매출, 수익을 조금씩 개선해 가는 과정입니다.

정리해 보지요. 매일 조금씩 숫자랑 친해지는 습관을 들이면 우리 가게의 하루와 한 달이 한눈에 수치화되어 보이게 됩니다. 그러면 무엇을 어디서부터 고쳐나가야 할지가 드러납니다. 그다음 그걸 하나하나 개선하면서 내가 원하는 가게로 만들어가는 것이죠.

① 숫자와 친해지는 하루 15분의 습관
② 우리 가게의 하루와 한 달을 한눈에 파악하는 조감적 사고
③ 매일 조금씩 고쳐나가는 개선의 힘

이게 데이터경영의 시작과 끝입니다.

Q51

A 박노진

3년 차 미만 사장이 꼭 봐야 할 데이터는 무엇인가요?

일단 식당을 개업한 지 3년이 안 된 분들을 초보 사장이라고 칭하겠습니다. 대부분의 초보 사장님들은 매출을 가장 중요하게 여깁니다. 사업 초기에는 매출이 발생해야 현금이 들어오고 그 돈으로 재료비, 임대료, 인건비, 세금 등 비용을 충당할 수 있으니까요.

저도 30대 후반에 첫 식당을 경영할 때 한 달 내내 돈 구하러 다니는 것이 가장 큰 일이었어요. 보름은 재료비 줄 돈을 구하러, 나머지 보름은 직원 월급 줄 돈 구하러 다녔지요. 창업 3년 차까지는 이익만큼 중요한 것이 매출입니다. 아무리 적자가 나더라도 현금이 있으면 망하지 않거든요. 식당 사장이 기억해야 할 **첫 번째 숫자는** '매출'입니다.

두 번째로 기억해야 할 데이터는 '방문고객 수' 또는 **'주문 수량'**입니다. 오늘 몇 명의 손님이 오셨는지, 또는 몇 건의 주문을 받았는지 매일 체크하는 습관을 들여야 합니다. 그러면 우리 가게를 방문하는 고객의 수가 증가하는지 감소하는지 흐름을 알 수 있습니다.

세 번째는 '재방문율'입니다. 무료로 쓸 수 있는 캐시노트 앱을 활용하면 보다 편하게 재방문율을 산정할 수 있습니다. 포인트 카드 같은 것으로도 가능하지만 오랫동안 진행하지 않으면 잘 모릅니다.

네 번째는 '손님 리뷰(후기) 숫자'입니다. 리뷰 내용도 중요하지만 리뷰 숫자도 무시 못 합니다. 장사가 잘되면 리뷰가 늘어나는 게 눈에 보일 정도입니다. 얼마 전 제가 자문한 '아중리 육전골'의 경우 리뷰가 눈에 띄게 늘어나더라고요. 한 마디로 고객만족도가 높으면 좋은 리뷰가 늘어나고 요즘은 리뷰가 아주 중요한 고객 선택 요인이 되기도 합니다.

또 하나 잘 살펴봐야 할 포인트가 '네이버 플레이스 상위노출'입니다. 예를 들어 홍대맛집, 여수맛집, 천안맛집처럼 경쟁이 센 키워드에 상위노출되면 가장 좋겠지만 쉬운 일이 아닙니다. 그래서 창업 초기에는 경쟁이 상대적으로 덜한 키워드에 상위노출이 되게끔 집중하는 게 효과적입니다. 즉, 홍대맛집보다 홍대족발맛집, 여수맛집보다 여수보리굴비맛집, 천안맛집보다 천안한정식맛집 같은 키워드에 말이죠.

'대표메뉴 판매 비율'도 자주 점검해야 하는 데이터입니다. 시그니처 메뉴 없이 이것저것 다 평균인 집은 엄청나게 규모가 크거나 인지도가 높지 않으면 3년 안에 문 닫기 십상입니다. "뭐가 맛있어요?" 했을 때 "아무거나요"하는 음식점치고 잘되는 집 못 봤거든요. 대표메뉴의 판매 비중이 40% 가까이 되거나 잘 팔리는 메뉴 두세 가지의 판매 비율이 80% 가까이 되어야 장사가 잘되는 곳입니다.

마지막으로 체크해야 할 지점은 '현금흐름'입니다. 통장에 남아 있는 돈과 앞으로 들어올 돈에 대비해 지출해야 할 현금은 얼마가 되는지 일주일에 한 번 정도는 확인하는 습관을 가져 보세요. 이게 처음엔 쉽지 않지만 꾸준히 확인하다 보면 어느 순간 돈의 흐름이 눈에 보입니다.

MBA에서는 돈 버는 방법을 딱 세 가지로 요약해서 알려줍니다. 줄 돈 늦게 주고, 받을 돈 빨리 받고, 재고를 줄여라. 초보 사장님들에게 현재의 시장 상황은 너무 힘듭니다. 오늘 하루 장사하기도 힘든데 뭔 놈의 할 일은 그리도 많은지요. 그래도 하루에 1시간, 아니 30분 만이라도 데이터경영에 힘을 쏟아야 합니다. 하루 15분 데이터일보를 기록하고, 아침에 15분 오늘 할 일을 정리해보세요. 하루 30분 데이터경영에 투자하면 5년 차가 넘어갈 즈음 남부럽지 않은 탄탄한 식당을 운영하고 있을 겁니다.

초보 식당 사장이 꼭 확인해야 할 데이터

① 매출 ② 고객방문 수 또는 주문수량 ③ 재방문율(캐시노트) ④ 리뷰와 리뷰 숫자(플레이스) ⑤ 플레이스 키워드별 상위노출 ⑥ 대표 메뉴 판매 비율 ⑦ 현금흐름

Q52

A 박노진

데이터경영 관점에서 잘 나가는
식당 사장이 유의할 점이 있을까요?

마실 같은 경우 평균 3년 주기로 변화의 변곡점을 맞았다고 얘기했습니다. 지금까지 저는 마실을 17년째 데이터를 기록하면서 운영하고 있습니다. 그동안 네 번의 위기가 있었고, 지금 다섯 번째 위기인 코로나19를 지나가고 있습니다.

첫 번째 위기는 2007년 마실에 불이 나면서 시작되었습니다. 두 번째 위기는 4년 뒤 한정식이라는 메뉴의 단조로움으로 인해 초래되었고, 세 번째 위기는 2014년 세월호 참사와 메르스 사태로 인해 거의 2년간 지속되었지요. 네 번째 위기는 2017년 주변 식당들의 난립으로 경쟁이 극심해지면서, 그리고 다섯 번째는 코로나19로 인해 지금까지 계속되고 있습니다.

데이터를 봐도 각 위기 때 매출이 떨어지고 사기는 극도로 위축되었지요. 그렇지만 버티고 버텨 고비를 넘기니까 다시 성장 곡선을 그렸습니다. 그리고 보니 위기가 거의 3~4년에 한 번씩 찾아왔던 것 같네요. 데이터를 분석해보니 공통적인 현상을 하나 발견할 수 있었는데요. 바로 매출이 떨어진다는 점이었습니다. 당연히 어려울 때 장사가 안 되는데 그걸 누가 모르냐고요?

맞습니다. 그렇지만 누적된 데이터를 검토하면 매출이 하락하는 흐름이 나타나기 전에 전조현상이 보입니다. 바로 이 점에 주목해야 합니다. 무슨 소리냐 하면 성장 곡선이 주춤할 때쯤 매출이 정체됩니다. 그게 대략 1~2년 정도 지속됩니다. 그러다 어떤 계기, 즉 금융위기나 메르스 사태와 같은 외부환경의 변화가 맞물리면 여지없이 매출이 떨어지기 시작한다는 겁니다.

다시 말씀드리자면 매출이란 놈은 가만히 놔두면 하락하려는 성질을 가지고 있더라고요. 이게 웃기는 말 같지만 진짜입니다. 장사 좀 된다고 오는 손님만 받으면 어느 틈엔가 손님이 줄고 파리만 날리거든요. 그래서 많은 식당 주인이 떨어지려는 매출을 인위적으로 떠받치는 노력을 하지요. 마케팅이나 신메뉴 개발 또는 프로모션 등의 이름으로 말입니다.

다시 처음으로 돌아와서 얘기하면요. 매출은 떨어지기 전에 먼저 신호를 보입니다. '내가 하락할 거야. 그러니까 너는 준비를 하든지 해.' 이렇게 얘기를 하는데도 지금 당장 장사가 잘되니까 무슨 귀신 씻나락 까먹는 소리냐면서 무시하고 맙니다.

그때가 언제냐고요? 거듭 말씀드립니다만 매출이 정체되는 시점입니다. 인위적으로 매출을 떠받치던 노력에도 불구하고 매출이 몇 달째 주춤주춤하면 이때가 성장이 멈추는 시기라는 겁니다. 그렇다고 무조건 성장만을 바라면서 'Go Go' 하는 것도 바람직하지만은 않습니다. 차도 2시간 이상 운전하면 쉬라고 신호를 주잖아요. 그렇듯이 성장의 시간이 멈출 때쯤 한 템포 쉬었다가 다시 준비하는 편이 좋습니다. 이때를 기회 삼아 신상품을 개발하거나 인테리어와 설비를 보수하거나 브랜드를 트렌드에 맞게 조정해도 좋고요. 느슨해진 조직을 재정비하는 일이 필요할지도 모릅니다. 어쨌든 재충전하고 점검하라는 신호입니다. 짧게는 1년, 길게는 2~3년 지속되는 정체의 시간을 잘 견뎌야 다음 성장 곡선에 올라탈 수 있습니다.

지금 아무리 잘 나가도 정체의 시간은 반드시 옵니다. 부정하지 말고 받아들이세요. 그리고 다시금 성장의 기회를 준비하면 됩니다. 기회는 위기와 함께 찾아온다고 합니다. 그러니까 위기를 인식하지 못하면 기회도 볼 수 없습니다.

식당 경영에서 꼭 지켜야 하는 기본은 무엇인가요?

지금까지 대략 100건 내외의 상담과 컨설팅을 의뢰받았습니다. 저에게 연락하는 분들은 이상하게도 다른 업체들과 컨설팅을 하고 난 후거나 운영하는 업장이 더 이상 버티기 어려운 상황인 경우가 많았습니다. 정확하게 숫자를 세어 보지는 않았지만 70% 이상의 분들이 그런 상황이었던 듯합니다.

그렇게 연락 온 분들과 얘기를 나눠보면 한결같이 비슷한 부분이 있습니다. 다들 똑똑하시다는 거예요. 배울 만큼 배웠고 여기저기 벤치마킹도 많이 다니셨더라고요. 그리고 자기 문제도 잘 알고 있습니다. 그래서 제가 거꾸로 물어봅니다. 분석하신 대로, 생각하신 대로 개선하면 되는데 굳이 저를 만나러 온 이유가 무엇이냐고 말입니다. 그러면 신기하게도 열에 여덟은 이렇게 대답합니다. "잘 안되니까요.", "지금 당장 무엇을 해야 할지 몰라서요.", "제대로 된 한 방 터트려 대박 내고 싶어요."

가수 송창식 씨 아시죠? 일흔이 훌쩍 넘은 지금에도 매일 한두 시간 기타 연습을 한다고 합니다. 기타로 치면 거의 신의 경지에 올랐을 텐데 왜 매일 연습하는 걸까요? 연습이 노래하고 음악하는 이의 기본이라고 생각하기 때문이라고 합니다.

맞습니다. 기본이 제대로 갖춰져 있을 때 음식점도 성공할 수 있습니다. 기본이 갖춰져 있지 않으면 외부환경이 조금만 바뀌어도 흔들립니다. 외식업의 기본은 무엇일까요? 음식의 맛, 친절한 서비스, 깨끗한 위생과 청결. 이 세 가지입니다. 가성비, 고객 만족, 매출, 수익, 마케팅은 그다음입니다. 선후가 뒤바뀌니 매번 상황이 변할 때마다 흔들리고 불안해집니다. 그래서 제가 항상 하는 말이 있습니다. "기본에 충실해야 합니다. 대표님 가게의 기본을 다시 세팅하고 거기에서부터 리뉴얼을 해야 합니다."

단번에 점핑하는 비결은 없습니다. 천리 길도 한 걸음부터 시작하듯이 장사도 내 가게부터 다지고 그다음 손님을 맞이하고 그 손님이 다시 찾아오고 그래서 손님이 손님을 몰고 와야 다음 단계로 넘어갈 수 있는 법입니다. 제 이야기가 여기에 이르면 앞에 앉은 분들 표정이 슬슬 일그러집니다. "다른 방법은 없을까요? 제가 좀 급하거든요. 한 방 터트릴 레시피 하나 주실 수 없으세요?"

대부분의 사장님은 장사가 부진한 원인이 무엇인지 잘 알고 있습니다. 그런데도 이런 말을 합니다. 그러면서 막상 고치려고 하면 뭘 어디서부터 어떻게 손을 대야 할지 힘들어합니다. 저는 다시 한 번 강조합니다. 일정한 맛, 친절한 접객 서비스, 깨끗한 청결 유지. 이 세 가지를 잘 갖춘 다음에야 가성비, 고객 만족, 매출, 수익, 마케팅을 해야 합니다. 자꾸만 이것을 거꾸로 하니까 배가 산으로 가는 겁니다.

그래서 순서가 제대로 된 실행이 중요합니다. 승부를 볼 때 화력을 집중해야 승산이 있는 법이지요. 여기저기 막 쏘아댄다고 되는 게 아닙니다. 후퇴할 때 질서 있는 퇴각이어야 손실을 최소화할 수 있듯 공격도 선택과 집중이 제대로 맞춰져야 성공 확률이 높은 법입니다.

Q54 우리 식당은 무엇을 위해 존재하는 것일까요?

A 박노진

식당을 처음 시작하는 분들에게 물어보곤 합니다. "왜 식당을 하시려고 하나요?" 여러 대답이 나옵니다.

- 삼겹살을 좋아해서 고깃집을 차리고 싶어요.
- 저희 집사람이 청국장을 기가 막히게 끓여요. 그런 재주를 놀리기가 아까워서요.
- 퇴직하고 보니 막상 할 게 없네요. 식당이라도 하면 굶지는 않겠다 싶어 해볼까 합니다.
- 취업이 잘 안 되니까 차라리 창업하는 게 더 낫지 않을까요?
- 남편이 아파서 제가 가족들 먹여 살려야 해서 어쩔 수 없이 식당을 하려고 해요.

열에 여덟은 먹고사는 문제로 식당을 차리려고 합니다. 대부분 식당이 어렵고 힘들다는 걸 알고 있지만 다른 선택지가 없다고 합니다. 그래도 돈 벌기에 식당만큼 만만한 게 없다고 생각하는 것 같습니다. 어쩔 수 없이, 진짜 먹고 살아야 하는데 할 수 있는 게 없어서 식당을 차린다는 분도 있습니다.

이 책을 함께 쓰고 있는 대산보리밥 이야기를 좀 해보려고 합니다. 1부 2장에도 나오지만 위 질문에 대해 이곳만큼 적합한 사례를 찾을 수가 없네요. 대산보리밥은 아침에 오픈할 때부터 손님이 몰리기 시작해서 마칠 때까지 가득 차는 말 그대로 대박식당입니다. 대산보리밥의 철학은 '청주에서 엄마가 제일 행복한 식당'입니다. 이문규 대표는 힘든 순간이 오면 항상 이 문구로 돌아간다고 말합니다. 처음 식당을 시작해 네 번을 망하고 나니 식당을 운영하는 기준이나 원칙 없이 돈을 벌고 싶다는 욕심으로만 장사를 하다가는 백번 창업해도 백번 망할 수밖에 없다는 걸 깨달았다고 합니다. 이 대표의 말을 직접 들어 보지요.

"엄마… 어쩌면 너무 뻔한 듯하지만 여기엔 제 나름의 이유가 있습니다. 엄마는 항상 가족을 먼저 생각하잖아요? 자녀와 남편을 걱정하고 늘 가족 모두에게 조금이라도 좋은 음식을 먹이고 싶어 합니다. 가족에게 그저 배만 부르면 그만인 그런 끼니 때우기식 밥상을 주고 싶어 하는 엄마는 없습니다. 우리 엄마는 물론이고 제 친구 엄마도 그랬고 제가 아는 모든 엄마가 그렇습니다. 가족이 행복한 식사를 할 때 엄마는 진정 행복합니다. 그러니까 엄마가 제일 행복한 식당은 엄마 혼자만이 아닌 온 가족이 즐길 수 있는 음식과 서비스를 제공하는 식당인 것이고, 대산보리밥은 그런 식당이 되기 위해 노력하고 있습니다."

이것이야말로 대산보리밥의 본질입니다. 그래서 대산보리밥은 백설탕이 아닌 흑설탕을 요리에 쓰고, 천일염도 신안에서 4~6년 간수를 뺀 걸로만 사용합니다. 임산부와 현역 군인, 당일 생일인 손님에게 무료로 고등어구이를 선물하는 것도 '엄마라면 어떻게 할까?' 고민하다가 나온 이벤트라고 하더군요.

식당은 음식만 제공하는 장소가 아닙니다. 맛없는 식당이 성공할 수 없듯이 나만의 원칙과 기준이 없는 식당도 오래 갈 수 없습니다. 맛도 시스템도 철학이 없으면 결국 돈벌이의 도구로 전락해 식당이 어려워진다는 말이지요.

대표님의 식당은 어떤 식당이 되고 싶으신가요?

고객들에게 '마실'은 어떤 식당으로 기억되고 싶은가요?

앞의 질문에 답하면서 제가 독자들에게 권한 질문('대표님의 식당은 어떤 식당이 되고 싶으신가요?')은 중요합니다. 저라고 예외는 아니지요. 이번 기회에 저도 같은 질문에 답해보려고 합니다. 제 대답이 독자 여러분에게 작게나마 참고가 되면 좋겠습니다.

솔직히 마실을 처음 시작했을 땐 겉과 속이 달랐습니다. 첫 식당이었던 대형 고깃집을 쫄딱 말아먹고 6개월 후 두 번째 식당을 열었으니 무조건 돈을 벌어야겠다는 생각밖엔 없었습니다. 그 6개월의 시간 동안 5개월가량은 '왜 망했을까?' 고민했었고, 해답을 찾지 못하면 어떤 일을 해도 성공할 수 없을 거라는 강박관념에 사로잡혀 살았습니다. 그러니 돈을 버는 게 첫 번째 고민이었고 두 번째, 세 번째 고민 역시 돈벌기였습니다.

왜 망했을까요? 광우병 때문이었을까요. 아니면 장사에 신경 쓰지 않고 골프나 치면서 대충 살았던 저의 부주의한 자세 때문이었을까요. 그것도 아니면 주방장 실력이 별로여서 그런 것일까요. 6개월의 휴식 기간 동안 다른 일을 알아보는 와중에도 저는 무의식 속에서 고깃집이 망한 이유를 찾고 있었던 것 같았습니다.

- 광우병이 터졌을 때 잽싸게 돼지고기 메뉴를 추가했어야 하지 않을까?
- 직원들을 해고하고 비용을 최소한으로 줄였어야 했나?
- 건물주한테 임대료를 낮춰달라고 했어야지. 이 바보야!
- 그냥 포기하고 도망갔어야지. 왜 미련 곰탱이처럼 남았니?

'그냥 눈 질끈 감고 밥장사를 떠났더라면 지금쯤 뭘 해도 했을 텐데…' 하는 아쉬움은 아직도 남습니다. 천성이 모질지 못해 결국 모든 원인을 나 자신에게 돌리고, 앞으로 마실을 하게 된다면 어떻게 하면 좋을지 많이 고민했습니다. 어쨌든 돈을 벌고 싶었습니다. 아니 돈을 벌어야 했습니다. 그렇다고 돈 벌겠다고 겉으로 떠벌리고 다닐 수 없으니 속으로 삭이고만 있었습니다.

그러다 마실을 계약하기 한 달 전쯤에 평생의 스승이신 구본형 선생과 단둘이 보름 동안 여행을 떠날 기회가 생겼습니다. 하루 평균 10시간을 걷고 또 걸으면서 수많은 얘기들을 나눴습니다. 주로 제가 묻고 스승이 답을 주셨지요.

"왜 사는가? 무엇을 하고 살아야 하는가? 나는 어떤 사람이 되고 싶은가?" 묻고 또 묻고 귀를 열고 들었습니다.

"노진아, 하고 싶은 일을 잘하는 것이 무엇보다 중요하다. 어쩔 수 없는 상황이 닥쳐 네가 원하지 않는 일을 해야 한다면 그것으로 인해 받아야 할 고통과 스트레스가 너와 모두를 더 힘들게 할 확률이 높다. 네가 잘할 수 있는 걸 바탕으로 해서 즐겁게 일할 수 있는 비즈니스를 하는 게 좋겠구나. 넌 사람을 귀하게 여기고 믿음을 저버리지 않으니 잘 판단해서 결정하는 것이 좋겠구나."

마침내 마실을 하겠다고 결정하면서 마음먹었던 한 가지가 즐기면서 하자입니다. 다시는 식당을 하지 않겠다고 했던 것이 불과 6개월 전의 각오였습니다. 어쨌든 다시 시작하게 되었고 그런 만큼 잘해야 한다고 생각했습니다. 그러자면 이 일을 즐겨야 했습니다. 그렇지 못하면 일이 귀찮고 재미가 없어지게 되고 자연히 몸과 마음이 지치게 될 테니까요. 사실 그때나 지금이나 외식업이 저에게 아주 즐겁지는 않습니다. 대신 즐겁게 일할 수 있는 환경을 만들면 좋겠다는 생각이 들었습니다. 직원들과 재미있게 식당을 운영하다 보면 손님도 늘고 돈도 벌지 않겠냐고 생각했습니다.

말이 좀 길어졌는데요. 정리하면 이렇습니다. 즐겁게 일하는 모습을 바라보는 손님들, 맛있는 음식을 즐기는 손님을 반갑게 맞이하는 직원들, 그리고 음식으로 세상을 즐겁게 만드는 데 작은 힘이라도 보태는 식당. 마실은 그런 식당으로 기억되고 싶습니다.

Q56

A 박노진

식당을 경영하며 가장 크게 배운 한 가지는 무엇인가요?

저는 밥장사 20년을 하며 세상 사는 법을 배운 것 같습니다. 특히 '사람의 중요성'을 가장 크게 배웠습니다. 외식업을 두고 이론상 입지 의존성이 높은 산업, 음식 서비스 및 가치 판매 산업이라 말하지만 제가 보기엔 무엇보다 사람에게 의존성이 높은 산업이라고 생각합니다.

요즘은 로봇이나 조리기구, 기계설비 자동화가 많이 이루어지고 있습니다만, 그럼에도 외식업은 기본적으로 사람이 조리하고 서비스하는 산업입니다. 한 마디로 노동 집약적 산업이며 사람 중심의 비즈니스입니다. 그래서 식당 경영에서 가장 중요한 한 가지 꼽으라면 제 대답은 '적합한 사람을 버스에 태워라'입니다. 그런데도 외식업계에서 사람의 중요성은 여전히 우선순위에서 밀리는 느낌입니다. 구인 문제가 심각한 요즘에도 외식업에서 사람의 역할은 단순 노동 정도로 치부하는 인식이 여전해 보입니다. 과연 앞으로도 그럴까요? 단연코 아니라고 저는 확신합니다. 그렇다면 외식업에서 '사람 경영'이 중요한 이유는 무엇일까요?

첫째, 식당 운영의 틀을 좌우하는 매출과 이익을 창출하는 원천적인 파워가 이젠 달라졌기 때문입니다. 무한경쟁의 시대에 들어선 지금 스토리와 담음새, 가격, 마케팅 등과 같은 요소가 성공의 열쇠라고 합니다만 저는 음식의 맛과 고객 접점에서 이루어지는 접객 서비스를 담당하는 사람의 역할이 가장 중요하다고 봅니다. 이들의 실력이 뛰어날수록 식당의 성공 확률은 배가될 수밖에 없습니다. 사람의 경쟁력이 곧 식당의 경쟁력이라는 말입니다.

둘째, 능력 있는 셰프나 홀 서버들이 원하는 만큼 많지 않기 때문입니다. 언젠가 한 대기업 회장이 한 명의 탁월한 인재가 수만 명의 먹거리를 만들어낸다고 강조한 적이 있습니다. 대부분의 식당 경영자들은 이 말이 큰 기업에나 해당되지 식당 하나 운영하는 자신과는 관계가 없다고 여깁니다. 그런데 다른 어떤 산업보다 사람의 노동에 의존하는 외식업에서 인재의 중요성은 크지 않을까요?

구인난에 시달리는 요즘은 월급을 높여도 능력 있는 사람을 구하기 어려운 실정이지요. 하지만 그렇다고 가만히 앉아 있을 수만은 없습니다. 보통 식당에는 경영자(관리자나 점장 포함)와 셰프(주방장 또는 찬모), 그리고 영업 책임자(홀 실장 또는 서버) 이렇게 세 명 정도만 제대로 준비되어도 나름의 경쟁력을 가질 수 있습니다. 고객의 소리를 겸허하게 들을 수 있고, 제대로 된 음식을 일정하게 만들 수 있지요. 환경의 변화와 경영 시스템을 구축할 핵심 인력을 구성하는 것은 식당 경영자라면 누구나 바라는 꿈입니다. 앞으로 외식시장의 경쟁은 더욱 치열해질 겁니다. 유능한 사람들을 조직화하는 일은 불붙은 경쟁에서 이기려면 꼭 갖춰야 할 필수사항이 되었습니다.

세 번째 이유는 핵심 인력으로 평가되는 외식 인재들이 창업하거나 다른 업체의 스카우트를 통해 빠져나가 상대적으로 식당에서 일하는 인력풀이 적어질 수밖에 없다는 점입니다. 앞으로 외식업소들이 직면할 새로운 과제는, 능력 있는 인력을 어떤 방법과 수단으로 붙들어놓을 것인가라고 확신합니다. 그동안 식당에 소속된 직원들은 임금을 대가로 자신의 능력과 아이디어를 제공했지만 앞으로도 그런다는 보장은 없습니다. 치열한 인재 쟁탈전에서 누가 우리 가게의 핵심 인력을 빼낼지는 아무도 모릅니다. 반대로 사장님이 능력 있는 인근 식당의 직원을 스카우트해서 데려올 수도 있습니다. 어쨌든 식당 수는 많아지고 필요한 사람은 줄어드는 시대에 접어들었다는 점은 확실합니다.

구본형 선생은 《사람에게서 구하라》(을유문화사, 2007)라는 책에서 "사람은 경영자가 자신의 대부분의 시간을 할애하여 집중할 만한 무엇보다 훌륭한 투자처다. 매출을 챙기고 수익을 챙기는 데 대부분의 시간을 쓰는 경영자는 삼류다. 결코 위대한 기업을 만들어 낼 수 없다. 좋은 경영자의 비밀은 사람에게 자신의 시간을 우선적으로 할애할 수 있다는 데 있다"라고 말했습니다. 적극 동의합니다. 외식업은 식당 주인이 주도하는 단순한 음식 장사가 아닙니다. 식당에서 일하는 모두가 힘을 합쳐 고객을 창출하고 고객을 돕는 비즈니스야말로 외식업의 본질입니다. 식당 경영자의 임무 중 가장 중요한 점이 바로 이거라고 저는 믿습니다.

Q57 | 식당 경영자로서 궁극적인 꿈이 무엇인지 궁금합니다

A 박노진

어찌 보면 어렵고 좀 거창한 질문이네요. 뭐라 답할지 생각하다가 김형민 작가의 책《마음이 배부른 식당》(키와채, 2005)에서 본 이야기를 소개하려고 합니다. 언젠가 저자가 서울 잠실에 위치한 '할아버지돈가스'라는 식당을 촬영하러 갔을 때의 일입니다. 식당 벽에 하얀 모자와 하얀 옷을 입은 노인장의 사진이 실린 신문기사들이 붙어 있었는데, 식당 주인은 기대했던 할아버지가 아닌 마흔 살가량의 남성이었습니다. 그에게 사연을 물어보니 이 할아버지는 어쩌다 인연이 닿아 자신한테 돈가스를 가르쳐준 분이라고 답하면서 이야기 하나를 들려주었다고 합니다.

한번은 밤을 새워가며 돈가스 소스 열 통을 만들었는데 할아버지가 맛을 보더니 죄다 버리라는 겁니다. 너무 아까워서 대충 팔면 되지 왜 버리냐고 했더니 할아버지가 호되게 질책했습니다. "내가 먹기 싫은 걸 손님들한테 먹이냐! 내가 먹기 싫은 음식을 손님들한테 어떻게 줘! 이렇게 할 거면 때려치워라!" 이때 할아버지의 불호령을 경영원칙으로 삼아 운영하고 있다고 합니다. 젊은 '할아버지돈가스' 사장님의 모습에 우리가 꿈꾸는 식당도 이랬으면 좋겠다는 생각을 저는 했습니다.

철학이 별건가요? 무조건적인 고객 중심 사고보다 나와 손님이 함께 웃고 웃을 수 있는 환경을 같이 만들어가는 공간, 고객에게 포근한 마음을 선물할 수 있는 식당, 그래서 그들이 아닌 우리가 더불어 밝게 살아가는 세상을 만들어가는 공간으로서의 식당을 꿈꾸며 실천해가는 게 우리네 밥장사들의 철학이 아닐까요? 이런 음식점을 '철학이 있어 따뜻한 식당'이라고 부르고 싶습니다. 그리고 이러한 식당을 자립형 식당이라 부르며 외식업의 미래로 만들어가고 싶습니다. 이런 제 생각을 좀 더 구체적으로 정리하면 다음과 같습니다.

① 리더십을 가진 좋은 고용주
② 윤리적 소비가 가능한 착한 판매자
③ 나눔과 사회공헌활동을 적극 실천하는 식당
④ Only One, 우리 집만의 맛있는 음식을 만드는 식당
⑤ 손님들이 착한 가격과 친절한 서비스를 받을 권리가 있음을 인정하는 식당
⑥ 공부하는 식당
⑦ 손익프레임 구축이 가능한 건강한 매출
⑧ 세금 잘 내는 정직한 식당

물론 이 모두를 다 갖춘 완벽한 식당은 존재하지 않을지도 모릅니다. 성장의 결과는 매출이지만 하루 30회전, 오늘 최고 매출 달성과 같은 수치로 자립형 식당의 모든 걸 대신하려는 게 아닌, 고민해

서 정리한 아이디어를 현장에서 실천하고 결과로서의 고객 만족과 매출의 결합지점이 위의 여덟 가지로 나타나는 것을 자립형 식당이라고 부를 수 있을 겁니다. 그리하여 직원과 고객 모두가 함께 행복하고 나눔과 협업의 가치가 잘 구현되어 가게 문을 여는 아침이 기다려지는 하루를 만들어가고 싶습니다. 같은 맥락에서 구본형 선생의 말씀을 소중히 간직하고 있습니다.

"나는 돈으로 다른 사람을 도울 수 없다. 그러나 내 일을 가지고, 내 일의 특성으로, 다른 사람이 스스로 삶을 불지를 수 있도록 잠시 '쏘시개 불꽃' 역할을 할 수 있다. 1인 기업이든 대기업이든 기업은 반드시 먼저 본업으로 고객을 도와야 한다. 돈만 추구하는 기업이 옳고 그름을 가리지 않고 번 돈의 일부를 사회기금으로 내놓았다고 선해지는 것은 아니다. 그것은 더 큰 범죄를 위한 사소한 속죄의 형식일 뿐이다. 돈이 면죄부 역할을 하는 것을 타락이라 부른다. 본업으로 사회를 도와야 그 일 자체로 의미와 보람이 된다."

제 대답은 여기까지입니다. 이제 이 글을 읽고 있는 그대에게 묻고 싶습니다.

"식당 경영자로서 궁극적인 꿈은 무엇인가요?"

전통과 함께 젊은 식당으로
성장하기를 꿈꿉니다
'오동추야' 이완성 대표

초심初心. 이 한 단어가 나의 화두입니다. 초심이야말로 늘 깨어 있는 정신이기 때문입니다. 오늘 아침만 해도 우리 식당의 에어컨 필터를 보니 청소할 때가 되었고, 주차장엔 어느새 풀이 무성하더군요. 사장인 내가 하지 못하면 직원들에게 때맞춰 작업 지시를 내려야 합니다. 이처럼 식당 주인은 항상 깨어 있어야 하지요. 주인이 늘 가게에 신경 쓰고 있음을 직원들에게 확실하게 보여줘야 하고요. 그래서 한시도 방심할 수가 없답니다. 방심하는 순간 문제가 터지거든요. 대비 없이 발생한 문제를 복구하려면 시간과 돈을 배로 써야 합니다.

초심은 달인, 즉 진정한 고수의 마음가짐이기도 합니다. 전문가와 달인은 다릅니다. 달인達人은 문자 그대로 풀면 막힘없이 트여서 통달한 사람입니다. 달인 또한 전문가처럼 숙련된 기술을 보유하고 있지만 거기에 매이지 않습니다. 분야를 막론하고 달인은 유연하고 마음이 열려 있습니다. 또한 한 분야에 통달하기 위해서는 늘 가능성을 찾아내고 새롭게 시작할 줄 알아야 합니다. 초심과 발심이 바로 달인의 정신인 이유입니다.

내가 생각하는 달인은 노련한 경륜과 어린아이의 순진무구를 겸비하고 있습니다. 그래서 달인은 세월과 함께 정신적으로 깊어지는 동시에 더욱 젊어집니다. 나는 그런 외식인이 되고 싶습니다. 오동추야도 숙성된 전통과 함께 늘 젊은 식당으로 성장하기를 꿈꿉니다.

달인의 정신은 '흰 띠의 정신'입니다. 현대 일본 유도의 창시자 가노 지고로嘉納 治五郎는 임종을 앞두고 제자들에게 자신이 죽으면 '흰 띠'를 매어 묻어달라고 말했다고 하더군요. 최고의 고수가 죽는 순간 초심자의 상징인 흰 띠를 원한 걸 보면 그가 평생 흰 띠의 정신을 간직했음을 짐작할 수 있습니다. 이 책을 쓰는 동안 도움을 받은 홍승완 작가에게 들은 이야기입니다. 지고로의 말이 마음에 훅 들어왔습니다. 가노 지고로와 마찬가지로 훌륭한 외식인은 마음속에 늘 흰 띠를 맬 준비가 되어 있습니다. 진정한 외식인은 오늘 검은 띠를 따도 내일이면 매트 위에서 땀 흘려야 한다는 진실을 알고 있습니다. 모든 성취는 과거의 것이며 현장만이 현실입니다. 나는 스스로를 담금질하는 방편으로 매일 스스로에게 묻습니다.

'나는 언제든 기꺼이 흰 띠를 맬 수 있는가?'

1부에서 오동추야의 꿈은 '삼대가 함께 즐길 수 있는 소울 음식이 나오는 백년식당'이라고 말했습니다. 아울러 내 건물에서 오동추야를 운영하며 100억 매출을 달성하는 게 중장기 목표라고 밝혔습니다. 식당이 아닌 개인 차원의 꿈도 있습니다. 이천에서 그저 장사 잘하는 갈비집 사장으로 남고 싶지 않습니다. 《박노진의 식당 공부》를 필사하며 한 문장이 내 마음을 울렸습니다. 저자가 자신의 철학이라 밝힌 '행복을 나누는 일에 투자하라'는 메시지에 깊이 감동했습니다. 그동안 식당을 운영하며 분에 넘치는 사랑을 받았고 지금도 받고 있습니다. 이제 나도 장사 잘해서 돈 많이 버는 식당 사장을 넘어 세상 사람들과 소중한 뭔가를 나누는 외식인이 되고 싶습니다. 어디서도 당당하고 신뢰할 수 있는 외식 전문가가 되고 싶습니다.

이렇게 적고 보니 내가 하고 싶은 게 아주 많네요. 내 안에 큰 꿈을 가지고 있다는 것도 알게 되었고요. 처음에는 글을 쓴다는 게 정리된 생각을 글로 옮기는 거라 여겼는데, 이렇게 쓰다 보니 한결 정리가 됩니다. 앞으로 하고 싶은 일이 명료해지고 내 손으로 창조하고자 하는 미래가 선명하게 그려집니다. 언젠가는 오동추야와 내 삶을 진솔하게 담은 단독 저서도 쓰고 싶습니다. 이 역시 이 책을 쓰며 마음에 뿌린 또 하나의 꿈입니다.

이 책을 마무리하는 지금, 다시금 초심을 마음에 새기며 스스로에게 다짐합니다.

'늘 열린 자세로 호연지기의 마음으로 사람들을 대하고, 세상에 스승이 많다는 것을 받아들이자. 겸손한 마음으로 낮은 곳에서 높은 곳을 바라보자.'

손님과 직원, 가족이 행복한
식당을 이어가고 싶습니다
'대산보리밥' 이문규 대표

대산보리밥이 문을 연 지도 어느새 7년이 되었습니다. 우리 보리밥집이 자리를 잡은 뒤에 청주에 보리밥집이 여럿 생겼습니다. 후발 주자들인 만큼 우리보다 규모가 크고, 인테리어도 잘 되어 있습니다. 우리 손님들이 좋아할 환경을 잘 꾸며놓은 거죠. 그렇다 보니 경쟁 업체에 대해 분석을 안 할래야 안 할 수가 없는 상황이지요.

여러 경로를 통해 알게 된 사실은 현재 청주에 생기고 있는 보리밥집이 우리와 비슷하거나 거의 같은 메뉴를 구성하고 있다는 점이에요. 메뉴와 상차림만 봐도 대산보리밥을 벤치마킹했다는 걸 알겠더군요.

어떻게 생각하면 기분이 나쁠 수도 있지만, 나 스스로 더 나은 음식과 서비스를 유지하고 발전시키는 게 더 중요하다고 생각하고 있습니다. 만약 우리보다 더 뛰어난 음식과 서비스를 제공하는 곳이 생긴다면 오히려 내가 벤치마킹을 해야겠지요. 서로에게 긍정적인 자극을 주고 함께 발전해나가는 게 가장 이상적이지 않을까 싶습니다. 한편으로는 우리 지역에 보리밥집이 더욱 많이 생겨서 청주가 보리밥의 메카로 유명해지면 좋겠습니다. 그래서 전국에서 많은 분이 청주로 여행 오셔서 특색 있는 다채로운 보리밥을 드시고 즐거운 시간을 보내시면 정말 좋겠다고 생각해요.

사실 나는 경쟁 식당보다 우리 식당, 즉 '청주에서 엄마가 제일 행복한' 식당이 되기 위해 고심하고 있어요. 이 책을 쓰는 중에도 중요한 결단을 내렸어요. 2022년 8월 고민 끝에 주 5일 영업을 하기로 결정했거든요. 처음 일주일에 5일만 식당 문을 열겠다고 하자 많은 지인이 직원들은 주 5일 근무를 할 수 있어도 식당이 주 5일 영업을 어떻게 하냐고 물어보더군요. 맞습니다. 쉽지 않은 결정이었어요. 그래서 진지하게 고민을 한 것이고요. 결국 식당 사장의 철학이 중요하다고 생각해요. 나 같은 경우는 돈과 명예보다는 가족과 직원, 그리고 나 자신에게 최선이 무엇일지 고민했어요.

세계보건기구에서 발표한 우리나라 남성의 평균 수명을 보니 80세더군요. 주변의 70세 이상인 분들을 보면 건강한 경우보다 이런저런 질환에 시달리거나 큰 수술을 해서 고생하시는 분들이 대부분이에요. 그리고 보니 우리 어머니도 어깨를 수술해서 힘들어하시고 있고요. 당연한 말입니다만 건강이 제일 중요해요. 사람 앞날은 알수 없다지만 이 조사에 비춰보면 앞으로 내가 최소한 15년 정도는더 대산보리밥을 이끌어야 하는데 지금처럼 일하면 몸이 못 버티겠다는 게 솔직한 심정이에요. 휴식과 충전하는 시간이 꼭 필요해요.

그리고 나도 여느 아버지들처럼 아이들과 더 많은 시간을 보내고 싶어요. 실제로 잘 놀아주지 못하는 어설픈 아빠지만 그래도 최대한 곁에 있는 아빠가 되고 싶어요. 한때는 나중에 돈 벌어서, 빚 다 갚고, 여유가 생기면 해도 된다는 마음도 있었어요. 그런데 지금은 생각이 달라졌어요. 과연 그런 최적의 날이 올지 솔직히 모르겠고, 정말 그런 날이 온다 해도 지금처럼 일하면 그때는 내가 아프거나, 사고가 나거나, 아이들 마음이 돌아섰을 것 같아요.

우리 직원들도 크게 다르지 않아요. 아니, 나보다 더하면 더하지 덜하지는 않을 거예요. 대부분 나이가 50~60대인데요. 모두가 합심해서 대산보리밥을 위해 헌신하며 많은 사랑을 받도록 해주셨는데 적어도 식당 일 때문에 건강을 잃게 하고 싶지는 않아요. 대산보리밥은 '청주에서 엄마가 제일 행복한 식당'이라는 철학을 가지고 있는 곳인데, 정작 누군가의 엄마인 직원들의 행복을 온전히 챙겨주지 못했던 건 아닐까 생각해요. 지금이라도 엄마 직원이 행복한 식당이 되고 싶어요. 직원들을 위해서라도 주 5일 영업이 필요해요.

그렇다고 주 5일 영업을 하기로 한 이유가 직원과 나 자신을 위해서만은 아니에요. 이 결정은 손님을 위한 것이기도 해요. 우리 가족과 직원 모두가 건강해야 대산보리밥에 오시는 손님들에게 더 맛있는 음식과 최상의 서비스를 제공할 수 있다는 점에서, 주 5일 영업은 손님들을 위한 선택이기도 하다고 나는 믿어요.

이 책을 마무리하는 시점에서 가만히 돌아보니, 원고를 쓰면서 '엄마가 제일 행복한 식당'이라는 철학이 명료해졌습니다. 그리고 이 점이 주 5일 영업이란 쉽지 않은 결정을 하는 데 영향을 미쳤고요. 이 자리를 빌려 함께 책 작업을 한 박노진 대표와 이완성 대표, 홍승완 코치, 그리고 대산보리밥을 사랑해주시는 모든 분께 진심으로 감사하다는 말씀을 드리고 싶습니다.

감사합니다!

위기는 항상 있는 것,
주어진 시간에 '행동'하십시오

'마실한정식' 박노진 대표

사람들이 음식 장사에 뛰어든 이유는 가지가지입니다. 그 이유가 어찌 되었든 그 모두에게 식당은 밥줄이자 미래입니다. 식당을 하는 사람은 밥을 팔아 밥을 먹어야 하는 사람입니다. '밥'이란 한 글자에 담겨 있는 의미는 전혀 간단치 않습니다. 모든 인간은 동물이든 식물이든 한때 살아 있던 생명을 죽여서 만든 음식으로 목숨을 이어갑니다. 그러니까 우리 모두는 죽음을 먹고 살아갑니다. '밥'의 의미가 이럴진대 다른 사람에게 그 밥을 팔아 생계를 유지하는 게 쉬울 리 없으며, 이처럼 중요한 일도 없습니다. 하지만 흔히 먹고살 일이 막막하면 '음식 장사나 하지, 뭐' 이렇게 생각합니다. 그런데 밥장사는 누구나 할 수 있는 일처럼 보이지만 아무나 할 수 있는 비즈니스는 아닙니다.

국내의 전체 음식점 수는 일본이나 미국에 비해 인구 대비 3배 이상 많습니다. 그만큼 경쟁이 치열할 수밖에 없습니다. 정부 통계만 봐도 한 해에 수만 개의 음식점이 새로 문을 열고 닫습니다. 구체적으로 한국외식산업연구원에서 2021년 6월 발표한 보고서에 따르면 2020년 창업한 일반음식점은 총 65,806개, 폐업한 음식점은 54,437개에 달합니다. 창업 대비 폐업 비율을 단순 계산하면 82.7%로, 일반음식점 10개가 창업할 때 8개 이상은 폐업한 셈입니다.

음식점 폐업률은 다른 업종과 비교해도 높은 편입니다. 같은 보고서에서 국세청의 통계 자료를 바탕으로 산출한 결과를 보면 2019년 기준 음식점업 총사업자는 754,000개, 폐업은 162,000개로 집계돼 폐업률이 21.5%에 이릅니다. 이는 전체 산업 평균 폐업률(11.5%)의 2배에 가까운 수치입니다. 음식점업 폐업률은 2019년 국세청 통계 기준으로 52개 업종 가운데 단연 1위입니다. 요컨대 식당 경영은 가장 치열하고 어려운 일 중 하나입니다.

식당의 폐업률이 높은 이유 중 하나는 외식업이 실물경제의 최전선에 위치하기 때문입니다. 경제는 물론이고 정치사회적 변수에 가장 먼저 흔들리는 업종이 외식업이라고 봐도 무방할 정도입니다.

이제까지 수많은 위기가 잊을 만하면 반복되어왔습니다. 외환위기가 터졌던 25년 전이나 메르스 사태가 발생한 7년 전에도 그랬습니다. 위기가 덮칠 때마다 세상은 움츠렸고 식당 사장들은 매일 전전긍긍하며 지냈습니다. 그렇게 시간이 흐르고 이번엔 코로나19가 모든 세계를 뒤흔들었습니다. 다시 세상은 어둠에 휩싸였고 우리네 삶은 힘없이 무너져 내렸습니다. 하루하루가 지옥 같았고 살아도 산목숨이 아닌 소상공인, 자영업자는 그저 하루하루 무사히 지나가기만 기우제 지내는 심정으로 버텨내지 않았던가요.

책을 쓰는 내내 영화 〈반지의 제왕〉에서 사우론으로 대표되는 악의 힘에 대항해 평화를 지키려 모르도르를 향하는 반지원정대와 프로도를 떠올렸습니다. 이상하게 들릴지 모르지만 그들의 꿈과 다짐이 이 책을 쓴 우리의 마음과 크게 다르지 않다고 느꼈습니다. 그게 뭐든 앞으로 닥쳐올 환난을 외면할 수 없음을 나도 그대도 알고 있습니다. 그러니 등을 돌리지 마십시오. 반지원정대의 멘토인 간달프는 "가장 중요한 것은 그대에게 주어진 시간에 무엇을 하느냐"라고 강조했습니다. 그렇습니다. 세상이나 외부 탓을 하기 전에 스스로 사유하고 치열하게 대비해야 합니다. 바로 오늘, 지금 그렇게 하고 있지 않다면 그 게으름을 부끄러워해야 합니다.

6개월 넘게 두 명의 대박식당 경영자와 책을 썼습니다. 지금은 잘나가는 식당 사장이지만, 스무 세 살에 형의 가게에서 장사를 배우던 중 갑작스레 유명을 달리한 형의 가게를 이어받아 몇 번의 실패와 시행착오를 거듭하며 30년을 돼지갈비와 냉면에 올인한 이천 오동추야의 이완성 대표, 그리고 호주 유학파 셰프 출신으로 네 번의 실패를 딛고 한식, 그것도 보리밥으로 대박의 기틀을 만든 청주 대산보리밥의 이문규 대표가 그 주인공입니다.

공저 작업을 하는 동안 코로나19 거리두기가 해제되면서 일상이 회복되기 시작해서 드디어 좋은 시절이 열리는가 싶었습니다. 실제로도 영업은 호전되었고 매출과 수익은 코로나 이전으로 회복되었습니다. 하지만 방심하지 말 일입니다. 여기저기서 또다시 위기가 오고 있다고 경고 메시지를 보내고 있습니다. 지난 3년의 악몽이 완전히 가시기도 전에 우리가 잘 알지도 못하는 지역에서 전쟁이 터졌고 그로 인해 촉발된 충격은 물가 상승과 유가 상승, 그리고 환율 상승까지 불러왔습니다. 코로나19의 악몽을 잊을 만하니 전쟁이라는 놈이 인플레와 경기 위축의 양손으로 우리 숨통을 움켜쥐려 합니다.

일부에서는 앞으로 다가올 위기가 외환위기나 코로나 이상이 될 거라고 합니다. 그러면서 위기를 빌미로 하루 벌어 하루를 사는 자영업자의 등을 치는 사기꾼들도 슬슬 고개를 들고 있습니다. 이들은 카톡과 문자는 물론이고 다양한 SNS 채널로 주식과 부동산과 암호화폐로 한방 투기를 부추기고 있습니다. 그러니 조심하고 또 조심해야 합니다.

분명 위기는 다가오고 있습니다. 20년 넘게 외식업계에서 생존하기 위해 애써온 나는 다가올 위기에 무엇을 준비해야 하는지 묻고 또 물었습니다. 그리하여 경험하고 공부해서 찾아낸 답을 세상에 알리고자 이번 책을 기획했습니다. 제 경험과 지식만으론 부족할 것 같아 여러 번 큰 위기를 극복한 이완성 대표와 이문규 대표와 함께 치열하게 토론하며 책을 완성했습니다. 우리가 거쳐 온 지난 시간의 과오를 다시 겪지 않게끔, 내 삶과 가족과 주변의 음식점들이 더는 속수무책으로 문 닫지 말라고 말입니다.

치열한 공저 작업을 마무리하니 가슴 깊이 뜨거운 뭔가가 느껴짐

니다. 찬 바람이 불던 3월부터 가을로 접어든 지금까지 10년, 15년
은 더 젊은 두 저자와 함께 보낸 시간을 통해 위기를 기회로 바꾸는
통찰을 얻었습니다. 책쓰기라는 만만치 않은 여정에 마음을 모아
함께해준 두 저자에게 감사드립니다. 더불어 이 책의 집필 첫날부
터 출간하는 날까지 우리를 즐겁고 충실하게 안내해준 홍승완 작가
에게도 고마운 마음을 전합니다.

특별
부록

대박식당에서 사용하는

'우리 식당 진단 및
점검 체크리스트'

우리 식당 진단하기

1. 가게 이름과 주소를 적어주세요.(상호의 의미나 작명 계기)

가게 이름 : 숟가락반상 마실한정식

가게 주소 : 충남 천안시 서북구 월봉1길 50-1

가게 콘셉트 : (자연이 선물하는) 제철 식재료와 반상 문화가 어우러진 우리 음식

2. 가게는 자가건물인가요? 임차건물인가요?

자가	임차	규모(평수)	층수	가시성	대로변	이면도로	주차장(대수)
O		120평	1층	안좋음	아님	O	30대

3. 가게의 업종은 무엇인가요?

한식	일식	중식	양식	아시아요리	고기요리	해산물요리	기타
O							

4. 가게의 주력메뉴는 무엇인가요?

분류	주력메뉴1	주력메뉴2	주력메뉴3	사이드메뉴1	사이드메뉴2	사이드메뉴3	기타
메뉴명	런치B	마실반상	참조은반상	런치A	보리굴비반상B	떡갈비반상	보리굴비반상A
가격대	17,000	22,000	27,000	15,000	33,000	18,000	38,000

5. 가게의 직원은 어떻게 구성되어 있나요?

전체 직원수	홀 직원 수	주방직원 수	RA/일당	4대보험 가입자수	4대보험 미가입자수	유니폼 유/무	인센티브
15명	7명	8명	주말 1~2명	15명	×	O	×

6. 현재 가게 매출, 원가, 수익에 대한 기초자료조사입니다.

월 매출 최고	2억1500	월 매출 최저	1억 4000	월 매출 평균	1억 8000	희망 매출	2억
원가율(%) 최고	34.6%	원가율(%) 최저	30.9%	원가율(%) 평균	33.8%	희망 원가율	32%
수익률(%) 최고	23.4%	수익률(%) 최저	5.1%	수익률(%) 평균	17.1%	희망 수익률	20%

7. 우리 가게의 주요 고객과 영업 현황에 대한 조사입니다.

고객분류①	직장인	관광객	단체/회식	주부/가족	친구/연인		
고객분류②	20대	30대	40대	50대	60대 이상	남성	여성
영업비중(%)	점심	저녁	주말	24시 운영			

8-1. 선택속성에 대한 여러 시각에서의 조사입니다.
대표님은 고객이 어떤 선택속성으로 가게를 방문하고 있다고 보시나요?

메뉴(맛)	메뉴 가격	메뉴 다양성	메뉴 양	서비스	분위기	입지	주차장
2	4	1			3		

8-2. 고객은 어떤 부분에서 가장 불만을 갖고 있을까요?(순서별 중복표기 가능)

메뉴(맛)	메뉴 가격	메뉴 다양성	메뉴 양	서비스	분위기	입지	주차장
	3					2	1

8-3. 대표님이 가장 자신있는 부분은 어떤 부분인가요? (순서별 중복표기 가능)

메뉴(맛)	메뉴 가격	메뉴 다양성	메뉴 양	서비스	분위기	입지	주차장
1		2			3		

9. 대표님께서 요즘 고민하는 내용은 주로 어떤 것인가요?(순서별 중복표기 가능)

직원구인	고객만족도	매출향상	마케팅	교육(공부)	시스템구축	대박메뉴개발	원가절감
8	4	3	2	5	1	7	6
기타(자유롭게 적어주세요)							

10. SNS 노출현황에 대한 내용입니다. 유/무와 활용도 표기해주세요.

	있다	없다	활용도 상	활용도 중	활용도 하	
네이버 플레이스	O		O			
네이버예약	O		O			
네이버톡톡	O		O			
네이버 블로그	O		O			
페이스북 개인계정	O		O			
페이스북 가게페이지	O			O		
카카오톡 플러스친구	O			O		
인스타그램	O			O		

11. 경쟁가게에 대한 조사입니다. 아시는 대로 기술해주세요.

	경쟁가게 상호	○○궁	○○원	○○○○집	○○갈비	○○초밥
기본정보	면적(평수)	180평	200평	280평	80평	80평
	입점(층수)	1층	1층	1~2층	1층	1층
	주력 업종	고기한정식	고기한정식	한상차림한정식	샤브고깃집	초밥
	대표자 상근	X	X	O	O	O
	총 직원 수	25~30명	25~30명	10~15명	8~10명	8~10명
메뉴분석	메인메뉴①	양념갈비 세트	상견례한정식	한상차림특선	특 생갈비살	점심특선
	메인메뉴②	보리굴비정식	꽃갈비살코스	한상차림 스페셜	행복세트	초밥
	메인메뉴③	양념갈비	불고기점심한상	한상차림 B	수제갈비	특초밥
	사이드메뉴①	평일 숯불갈비살	양념갈비정식	수려한 보리굴비	스페셜육회	모듬사시미
	사이드메뉴②	평일 런치한정식	생갈비	수려한 갈비찜	꽃목살	모듬참치
	사이드메뉴③	상견례한정식	한우꽃등심코스			해물탕
매출추정	평균 객단가	70,000	50,000	15,000	14,000	18,000
	테이블 수	72	50	50	25	20
	룸(개수)	15	15	5	0	0
	일일 고객 수	400명	450명	300명	300명	250명
	월 매출액	2.5~4억	3~3.5억	1.5억	1~1.3억	1억
	평일매출(1일)	700	700	500	300	200~300
	주말매출(1주)	1,000~1,500	1,000~1,500	1,000	1,000	500
	고객비중(남/여)	70/30	70/30	60/40	50/50	50/50
	고객연령대	40~50대	40~50대	40대	30~40대	30~40대
	판매비중 (점심/저녁/ 주말)	30/30/40	30/30/40	30/30/40	30/30/40	30/30/40
장단점분석	메뉴 맛	中	中	中	中	中
	메뉴 양	中	小	中	大	小~中
	메뉴 가격대	높음	높음	낮음	낮음	중간
	메뉴 다양성	많음	많음	적음	적음	중간
	서비스	95점	85점	70점	80점	75점
	분위기	90점	90점	80점	80점	80점
	입지	80점	100점	90점	100점	100점
	주차장	90점	100점	100점	100점	100점
	인지도	최고	상	상	상	상
평가점수		88점	85점	80점	85점	80점

우리 식당 점검표(카운터·외부 점검표)

구분	점검사항	1주 월 일			2주 월 일			3주 월 일			4주 월 일		
		적합	부적합	점수	적합	부적합	점수	적합	부적합	점수	적합	부적합	점수
카운터	직원이 고객이 도착했음을 인지하고 있는가?												
	입점시 "어서오십시오" 라고 활기차고 기분 좋은 웃음으로 인사를 건넸는가?												
	예약 여부를 안내하고 친절하게 안내했는가?												
	손님이 기다려야 할 경우 적절한 안내가 이뤄지고 있는가?												
	전화벨이 2~3회 울리기 전에 받으며 늦을 경우 사과멘트를 하는가?												
	친절하고 참을성있게 전화를 받으며 더 필요한 것은 없는지 질문했는가?												
	고객 요구사항을 재차 확인하고 적절하게 대응하는가?												
	계절에 맞지 않는 소품이나 냉난방 기기가 방치되어 있지는 않은가?												
	계산대 주변은 깨끗하게 정돈되어 있는가?												
	업무시작 전 금액대별 잔돈이 미리 준비되어 있는가?												
	현금 받았을 경우 받은 금액 및 잔액에 대한 안내를 하는가?												
	화장실, 야외데스크 중간점검을 하며 청결을 유지하고 있는가?												
	카운터에서 고객반응을 체크하며 재방문을 유도하는가?												
	단정한 두발과 복장, 미소짓는 얼굴을 유지하고 있는가?												
	커피자판기는 채워져 있는가?												
	신메뉴 게시판에 현재 나가는 요리로 교체가 되어 있는가?												

구분	점검사항	1주 월　일			2주 월　일			3주 월　일			4주 월　일		
		적합	부적합	점수	적합	부적합	점수	적합	부적합	점수	적합	부적합	점수
카운터	LED 모니터 작동은 잘 되고 있는가?												
외부 환경 및 기타	조경의 정리는 되어있는가?												
	주차장과 주변은 청결한가?												
	현관문과 입구는 얼룩없이 깨끗한가?												
	간판과 외부 조명 주변이 청결하고 작동이 잘 되고 있는가?												
	외부 쓰레기통은 깨끗한가?												
	입구 발판 상태는 청결한가?												
	외부 의자, 테이블, 재떨이는 청결한가?												
	내·외부 벽면 타일에 구멍이나 깨진 곳은 없는가?												
	화장실 비누, 물비누, 핸드타올이 잘 구비되어 있는가?												
	화장실은 청결하게 관리되고 있는가?												
	화장실 용품(휴지, 생리대 등) 모자란 것은 없는가?												
추가 내용													
종합 의견													

※ 작성 요령 : 양호O, 불량X (불량시는 비고란에 시정조치 내용을 기재) / 점수 : 1~5점으로 기재

우리 식당 점검표(타카·서버 점검표)

구분	점검사항	1주 월 일			2주 월 일			3주 월 일			4주 월 일		
		적합	부적합	점수	적합	부적합	점수	적합	부적합	점수	적합	부적합	점수
QA	요리에 올려주는 고명의 상태는?												
	운반카와 음식이 나오는 입구의 청결 상태는?												
	주방에서 나오는 요리가 제대로 나오고 있는지 확인하는가? (이물질/담음새/메뉴)												
서버	고객이 기다리는 시간이 적당한가?												
	대기시간이 길어질 경우 대응방안이 있는가?												
	직원은 고객과 눈을 맞추며 주문을 받았는가?												
	(고객 질문시) 메뉴 및 재료에 대한 지식이 충분하고 자신있게 설명하는가?												
	고객 상황에 맞게 메뉴를 추천하고 적당한 판촉행위가 이뤄지는가? (추가 주문)												
	주문한 요리가 맞게 나왔는지 요리에 이물질은 없는지 담음새는 적당한지 확인하는가?												
	서빙 시 고객에게 적절하게 고지한 후 그릇을 내려놓는가? (주문하신 음식 나왔습니다.)												
	메뉴 세팅 후 음식에 대한 설명과 인사말을 남겼는가?												
	적절한 타이밍에 음식이 제공되는가?												
	빈 그릇을 치울 때 고객에게 양해를 구하고 치우는가?												
	대기시간이 길어질 경우 고객에게 양해를 구하고 적절한 안내를 하는가?												

구분	점검사항	1주			2주			3주			4주		
		월 일			월 일			월 일			월 일		
		적합	부적합	점수	적합	부적합	점수	적합	부적합	점수	적합	부적합	점수
서버	테이블 위가 깨끗한가?												
	고객을 모시기 전 테이블세팅 상태, 바닥상태, 방석이 정리정돈되어 있는가?												
	유니폼을 단정히 착용하고 이름표를 달고 있는가?												
	유니폼은 규정에 따르며 얼룩이 없고 다림질되어 있는가?												
	화장은 고객에게 부담을 주지않고 화사하고 밝은 느낌을 주는가?												
	용모는 규정에 따르고 있는가? (손톱, 머리, 액세서리)												
	직원이 고객과 눈을 마주치려 하고 항상 미소를 짓고 응대하는가?												
	직원과 고객이 맞닥였을 경우 직원이 멈춰서서 고객 먼저 지나가도록 우선시 해주는가?												
	고객에게 즐거운 식사 되었는지 묻는가?												
	영업시간에 직원끼리 업무 외의 듣기 싫은 잡담을 하고 있는가?												
	영업시간에 휴대폰은 사물함에 넣어 놓았는가?												
	반찬이나 음료 리필 시 친절하고 신속하게 제공하였는가?												
	손님이 뭔가를 찾는 듯하면 직원이 눈치채고 안내하러 왔는가?												
	식사 도중 점장 또는 직원이 고객의 만족도를 체크하였는가?												

구분	점검사항	1주 월 일			2주 월 일			3주 월 일			4주 월 일		
		적합	부적합	점수	적합	부적합	점수	적합	부적합	점수	적합	부적합	점수
서 버	고객에게 불평을 들었을 경우 먼저 하는 말은 무엇인가?												
	고객의 불평·불만을 경청하는가?												
	고객의 니즈에 항상 주의를 기울이는가?												
	천정과 벽이 깨끗한가? (거미줄/환풍기/먼지)												
	모든 조명은 ON 되어 있는가?												
추가 내용													
종합 의견													

※ 작성 요령 : 양호O, 불량X (불량시는 비고란에 시정조치 내용을 기재) / 점수 : 1~5점으로 기재

우리 식당 점검표(메뉴 및 주방 점검표)

구분	점검사항	1주 월 일 적합	부적합	점수	2주 월 일 적합	부적합	점수	3주 월 일 적합	부적합	점수	4주 월 일 적합	부적합	점수
조리 기구	튀김 기름은 적정기간마다 한번씩 교체하는가? 예시) 약 2일												
	주방 조리기구들에 기름때가 껴있지는 않은가? (채반, 후라이팬 등)												
	냄비에 그을음이나 탄 자국은 없는가?												
	플라스틱 채반이나 국자 등 불에 가열되어 녹은 조리도구는 없는가?												
	작업하는 칼과 도마의 위치는 청결한가? 예시) 락스 소독 등												
	각자 사용하는 행주는 청결한가?												
	주방 선반, 싱크대, 싱크대 거름망 안쪽까지 깨끗한가?												
청결 관리	냉장, 냉동고에 성에가 있거나 물고임, 이물질은 없는가?												
	냉장, 냉동고 가스켓에 이물질은 없는가?												
	실온 식재료 보관 선반, 작업대에 기름때는 없는가?												
	주방 후드에 기름때 없이 청결한가?												
	주방 바닥에 물기가 없고 트렌치를 매일 청소하는가?												
	주방 벽면에 소스 자국, 기름때를 제거했는가?												

구분	점검사항	1주 월 일			2주 월 일			3주 월 일			4주 월 일		
		적합	부적합	점수	적합	부적합	점수	적합	부적합	점수	적합	부적합	점수
음식 맛	요리 각각의 염도와 당도는 적당한가?												
	요리에 들어가는 소스 양은 적당한가?												
	레시피대로 조리하고 있는가? (어림잡아 하지 말 것 당부!)												
	각 요리마다 소스 등 요리의 양념이 적절히 배합이 되었는가?												
	요리에 들어가는 식재료를 변경하지는 않았는가?												
	식재료를 바꿨다면 그 이유는 무엇인가?												
	음식의 맛이 변질되었나? 예시) 쉬거나 색이 변질되었음												
	소스나 육수는 2일 이내에 소진하였는가? (숙성소스 제외)												
	나물반찬은 당일 사용하였는가?												
	반찬은 두번 나누어서 조리하는가?												
조리 과정 및 관리	상미기한이나 유통기한이 지나지는 않았는가?												
	조직과 성질이 약한 채소 및 야채는 당일 작업하는가?												
	채소, 과일 등 사용하는 식재료의 크기를 알맞게 프렙했는가?												
	각 요리에 맞는 온도로 적절하게 신선도를 유지했는가?												
	식재료들이 각 보관온도에 준수하여 보관되어 있는가? (냉장, 냉동, 실온, 해동)												
	2차 조리된 모든 요리는 상미기한 라벨지를 부착하고 있으며 해동중인 제품은 '해동중' 표기가 되어 있는가?												
	각 파트마다 냉장고가 청결하게 정리정돈이 잘 되어 있는가?												

구분	점검사항	1주 월 일			2주 월 일			3주 월 일			4주 월 일		
		적합	부적합	점수	적합	부적합	점수	적합	부적합	점수	적합	부적합	점수
조리 과정 및 관리	주 재료에 비해 고명의 양이 적당한가?												
	부재료, 주재료, 소스가 적절히 배합이 잘 되어있는가?												
	인원 수에 따라 음식의 양이 잘 조절되어 제공되고 있는가?												
요리 담음 새	각 요리의 담음새가 볼륨감 있는가? (샘플사진이 있다면 사진에 준수해 담았는가?)												
	각 요리가 색감을 잘 구성하고 있는가?												
	각 요리에 맞는 그릇을 사용하고 있는가?												
	요리가 그릇라인에서 벗어나진 않는가?												
	소스 등 요리의 양념을 적질히 데코레이션하였는가?												
추가 내용													
종합 의견													

※ 작성 요령 : 양호O, 불량X (불량시는 비고란에 시정조치 내용을 기재) / 점수 : 1~5점으로 기재

기획 및 집필코치

홍승완   8권의 책을 쓴 작가이자 책쓰기 전문 코치이다. 경영컨설팅사와 HRD 전문기업에서 온·오프라인을 아우르는 자기계발과 조직경영, 인문학 프로그램을 개발한 교육 콘텐츠 전문가이며, 현재 구본형 변화경영연구소의 연구원이자 콘텐츠랩 심재(心齋) 대표로 활발한 저술과 강연을 진행하고 있다. 2009년부터 책쓰기 코치로 활동하며 직장인을 비롯해 누구나 실천할 수 있는 실용적인 책쓰기 방법론을 소개하고 있으며, 다수의 출간 프로젝트를 성공적으로 수행했다. 저서로 《내 인생의 첫 책 쓰기》, 《스승이 필요한 시간》, 《인디 워커》, 《위대한 멈춤》 등이 있다. kmc2123@daum.net

대박식당 사장들의
돈이 되는 전략

초판 1쇄 발행	2022년 11월 17일
초판 2쇄 발행	2022년 11월 25일
지은이	박노진, 이완성, 이문규
기획	홍승완
펴낸곳	(주)행성비
펴낸이	임태주
책임편집	이윤희
디자인	이유진
출판등록번호	제2010-000208호
주소	경기도 파주시 문발로 119 모퉁이돌 303호
대표전화	031-8071-5913
팩스	0505-115-5917
이메일	hangseongb@naver.com
홈페이지	www.planetb.co.kr

ISBN 979-11-6471-207-6 (03320)

※ 이 책은 신저작권법에 따라 보호를 받는 저작물이므로 무단 전재와 무단 복제를 금합니다. 이 책 내용의 일부 또는 전부를 이용하려면 반드시 저작권자와 (주)행성비의 동의를 받아야 합니다.

※ 책값은 뒤표지에 있습니다. 잘못 만들어진 책은 구입하신 서점에서 교환해 드립니다.

행성B는 독자 여러분의 참신한 기획 아이디어와 독창적인 원고를 기다리고 있습니다.
hangseongb@naver.com으로 보내 주시면 소중하게 검토하겠습니다.